# LES HÉRITIERS
# DE TIANANMEN

Michel Cormier

# LES HÉRITIERS
# DE TIANANMEN

Présent

LEMÉAC

Photo en couverture : © gary718, 2011 – Utilisé sous licence de Shutterstock.com

*Leméac Éditeur reconnaît l'aide financière du gouvernement du Canada par l'entremise du Fonds du livre du Canada pour ses activités d'édition et remercie le Conseil des arts du Canada, la Société de développement des entreprises culturelles du Québec (SODEC) et le Programme de crédit d'impôt pour l'édition de livres du Québec (Gestion SODEC) du soutien accordé à son programme de publication.*

ISBN 978-2-7609-1213-7

© Copyright Ottawa 2011 par Leméac Éditeur
4609, rue d'Iberville, 1er étage, Montréal (Québec) H2H 2L9
Dépôt légal – Bibliothèque et Archives nationales du Québec, 2011

*Imprimé au Canada*

*À mes fils, Philippe, Dominique et Samuel.*

# PROLOGUE

Il est tombé dix centimètres de neige durant la nuit et Xi Xin Zhu peine à retrouver l'emplacement de son ancienne résidence, dont il ne subsiste que les fondations. Il s'arrête, lève la tête, trouve un point de repère et repart vers la gauche. Sous la neige, le sol est boueux. Le quartier où habitait Xi Xin Zhu, dans l'ouest de Pékin, n'est plus qu'un vaste terrain vague, rasé pour faire place à des villas de luxe. Au loin, on aperçoit le Palais d'été, où se rendaient les empereurs de Chine pour échapper aux chaleurs de la capitale. « C'est en partie pour cela que les promoteurs immobiliers voulaient mettre la main sur le terrain, me dit-il, en raison de la vue qui donne sur le Palais d'été. » Les avis d'expropriation et de démolition sont arrivés le même jour, un vendredi. Xi Xin Zhu et sa famille avaient jusqu'au lundi pour quitter les lieux. Il juge le dédommagement qu'on lui a offert dérisoire. Et il ne voit pas de quel droit on a pu démolir sa maison pour construire des villas. Xi Xin Zhu a bien tenté de faire appel, mais les bureaux de la municipalité sont fermés le week-end. Il a donc décidé de résister. Il a envoyé son épouse et ses enfants chez des parents et s'est barricadé dans la maison. Lorsque les démolisseurs sont arrivés, le lundi, Xi Xin Zhu a tenté de les raisonner. Rien à faire. La pelle mécanique s'est avancée pour prendre la première bouchée de sa propriété. Mais il ne peut se résoudre à assister à la démolition de ce qu'il avait mis vingt ans à construire. Désespéré, Zhu s'est aspergé d'essence et a tenté de s'immoler par le feu. Les démolisseurs sont intervenus, ont appelé les secours puis ont repris leur besogne. Xi Xin Zhu a été sauvé des flammes, mais sa propriété a été détruite, comme prévu. Plusieurs mois plus tard, il est sorti de l'hôpital, où il est toujours en convalescence, pour me raconter son histoire et me montrer ce qu'il reste de sa propriété. Il a le cuir chevelu et une partie du visage brûlés, de même que les deux mains. L'une d'elles est recouverte d'un pansement de gaze. La douleur est encore vive. À force de chercher, il finit par trouver les fondations de sa demeure. On devine le muret d'une trentaine de centimètres sous la neige. Il ouvre péniblement son téléphone portable dans lequel il a conservé des photos de la maison. « Voici ce qu'ils ont détruit, me dit-il. Ils n'avaient pas le droit. Mais ils sont de connivence, les autorités et les entrepreneurs. Ils font ce qu'ils veulent. » Xi Xin Zhu s'est adressé au tribunal pour tenter de faire renverser l'ordre d'expropriation. Le juge a refusé d'entendre sa cause. Pire, c'est lui qu'on accuse d'avoir troublé l'ordre public en s'interposant pour empêcher les démolisseurs de faire leur travail. Pour s'être illégalement opposé à la volonté du parti.

Comme des millions de Chinois, Xi Xin Zhu avait l'impression d'avoir posé sa pierre à l'édifice de la nouvelle Chine. Il avait répondu à l'appel de Deng Xiaoping qui, à la fin des années 1980, invitait les Chinois à s'enrichir. Le patriarche levait ainsi la lourde hypothèque socialiste du règne de Mao et lançait la Chine sur la voie de sa fulgurante ascension économique. Xi Xin Zhu avait ouvert un petit atelier de fabrication de meubles. Au fil des ans, le commerce avait grandi et il avait économisé assez d'argent pour se construire une maison sur un beau terrain dans l'ouest de la capitale. Mais son rêve a pris fin brutalement avec la décision des autorités de saisir sa propriété pour la céder à des entrepreneurs. Aujourd'hui, Xi Xin Zhu ne peut plus confectionner de meubles en raison de ses brûlures aux mains. Debout dans la neige, les mains endolories par le froid, il me jure qu'il ne lâchera pas. « Mon esprit est toujours intact », dit-il. Mais il sait au fond qu'il ne dispose d'aucun recours.

L'histoire de Xi Xin Zhu, c'est le visage caché du miracle économique chinois, de cette Chine qui a réussi le virage économique le plus spectaculaire du vingtième siècle tout en maintenant le cap sur l'autoritarisme politique.

Une Chine qui non seulement offre peu de recours à ses citoyens, mais qui brutalise souvent ceux qui sont victimes d'injustice, de corruption, voire de catastrophes naturelles. Tous ceux, en d'autres mots, dont les griefs risquent de porter ombrage à l'image de société harmonieuse que le gouvernement chinois veut présenter au monde. C'est un visage que j'ai maintes fois rencontré en près de cinq ans de journalisme en Chine. C'est celui de cette femme qui vivait dans une pauvreté absolue au bas d'un dépotoir chimique dans ce qu'on appelle en Chine les villages du cancer. L'usine qui surplombait sa propriété sur un affluent du fleuve Yantze se spécialisait dans les produits chimiques utilisés dans la fabrication d'écrans d'ordinateurs et de téléphones portables. Elle avait relevé son pantalon pour me montrer la lésion qu'elle avait au mollet après une exposition aux déchets toxiques et qui, même après sept ans, n'arrivait pas à guérir. Elle aussi s'était plainte aux autorités. Elle aussi s'était fait accuser de troubler la paix. C'est le visage de cette mère qui a perdu sa fille dans l'effondrement d'une école mal construite lors du tremblement de terre du Sichuan et qui nous avait donné rendez-vous sur une route de campagne pour nous dire sa colère envers les autorités qui voulaient la faire taire. Elle était sur écoute téléphonique. Lorsque nous l'avons rejointe, elle avait à peine eu le temps de nous accueillir que des policiers en civil ont débarqué de trois voitures noires banalisées et l'ont emmenée de force. C'est le visage de cet homme qui était venu du nord de la Chine juste avant les Jeux olympiques en pensant qu'il pourrait manifester pour réclamer qu'on lui dise la vérité sur la mort suspecte de sa fille dans une caserne militaire. Mais on lui avait refusé le permis de manifester. Il nous avait donné rendez-vous sur la place Tiananmen, où il a déroulé une banderole réclamant justice. Lui aussi a aussitôt été emmené par des policiers en civil. C'est le visage de Zhao Lianhai, qui a voulu mettre sur pied une organisation pour les parents des enfants empoisonnés par du lait contaminé à la mélamine et qui a été condamné à deux ans et demi de prison pour avoir troublé la paix. Son crime : avoir réclamé une enquête indépendante sur ce scandale.

Cette Chine qui conjugue liberté économique et intransigeance de l'État, c'est la Chine qui est sortie tout droit de la crise de Tiananmen. En 1989, confronté à des centaines de milliers de personnes qui réclamaient des réformes démocratiques sur la place Tiananmen, le Parti communiste se trouvait à la croisée des chemins. Il a opté pour la répression du mouvement étudiant. L'idée de démocratie s'est retrouvée sous les chenilles des chars. Le leadership chinois a conclu non seulement que la nouvelle économie de marché pouvait coexister avec l'autoritarisme politique, mais que cet autoritarisme était la condition de sa réussite. La Chine qui en a émergé en est une où les dirigeants politiques ne sont redevables qu'à eux-mêmes, où la justice est arbitraire, où les libertés politiques sont brimées, une Chine qui est la deuxième puissance économique mondiale, mais aussi l'un des pays les plus corrompus au monde.

On entend souvent dire dans les facultés et les capitales occidentales que la démocratisation de la Chine est inévitable. Que l'instauration de l'économie de marché en Chine va nécessairement mener à la démocratie. Cet argument tient de moins en moins la route. La Chine est en train de faire la preuve que le capitalisme et l'autoritarisme politique sont plus compatibles qu'on n'aurait voulu le croire. L'affirmation du gouvernement chinois, dans la foulée de l'attribution en 2010 du prix Nobel de la paix à l'un de ses dissidents emprisonnés, Liu Xiaobo, voulant que la démocratie et les droits de la personne ne sont pas des valeurs universelles mais de nouvelles manifestations de l'impérialisme occidental, est à cet égard sans équivoque. Non seulement les dirigeants chinois actuels ne considèrent pas l'établissement d'un système politique où les Chinois choisiraient leur gouvernement parmi plusieurs partis politiques comme souhaitable pour la Chine, mais ils le considèrent comme contraire aux intérêts, voire à la nature de leur société.

Ce constat donne-t-il pour autant raison à ceux qui prétendent que la Chine est trop peuplée pour que la démocratie puisse y être viable, ou encore que son développement est trop fragile pour permettre aux Chinois de choisir leurs dirigeants? Que la culture même de la Chine, en particulier sa tradition d'obéissance filiale, est incompatible avec l'idée de démocratie? Que les Chinois, en d'autres mots, sont faits pour être gouvernés par l'incarnation moderne d'un empereur? Au contraire. Un tel raisonnement équivaut à nier la réalité et l'Histoire. La soif des Chinois d'un gouvernement redevable de ses actions devant le peuple est en effet constante et très ancienne. L'idée que le souverain doit mériter la confiance du peuple était déjà au cœur de la philosophie de Confucius. Avant même la Révolution américaine ou la Révolution française, avant l'avènement du gouvernement responsable en Grande-Bretagne, les empereurs de Chine reconnaissaient que leur pouvoir, qui prenait la forme d'un «mandat céleste», pouvait légitimement être révoqué s'ils ne satisfaisaient pas aux besoins du peuple. Cette idée est à l'origine de révoltes paysannes qui ont menacé les dynasties et inspiré les réformateurs tout au long du vingtième siècle, de la première tentative de fonder une république après la chute des Qing en 1912 jusqu'aux manifestations de la place Tiananmen en 1989. C'est cette même soif de justice qui anime les centaines de milliers de Chinois qui descendent dans la rue chaque année non pas nécessairement pour réclamer un droit de vote à l'occidentale, mais une plus grande imputabilité de leur gouvernement. C'est ce refus de l'arbitraire qui amène Xi Xin Zhu à dénoncer, debout dans la neige, un gouvernement qui lui a pris sa maison et contre lequel il ne peut rien.

Les raisons pour lesquelles la Chine ne s'est pas démocratisée sont nombreuses et complexes. Aussi l'objet de ce livre est-il d'explorer les blocages politiques, historiques, voire culturels qui expliquent pourquoi la Chine est l'un des seuls grands pays à ne pas s'être engagé sur la voie d'un gouvernement responsable. Et de tenter de mesurer les effets qu'un siècle de luttes infructueuses pour la démocratisation risque d'avoir sur l'avenir politique de la Chine. Ce n'est ni un plaidoyer pour ou contre la démocratie en Chine, ni une étude universitaire. C'est une sorte de grand reportage sur l'histoire du débat sur la démocratie en Chine. Chaque chapitre relate un jalon important de cette histoire à travers les yeux de personnages qui les ont incarnés. C'est un projet qui m'a amené à plonger dans les livres d'histoire pour voir ce qui motivait les premiers militants pour la démocratie au tournant du vingtième siècle. C'est un projet qui m'a mené de New York à Washington, de Londres à Hong Kong, où j'ai rencontré les militants exilés des grandes luttes plus récentes, celles du Mur de la démocratie et de Tiananmen. C'est un projet qui m'a conduit dans les salons d'anciens leaders chinois disgraciés qui, plus de vingt ans après leur tentative infructueuse de lancer la Chine sur la voie des réformes démocratiques, vivent toujours en résidence surveillée, prisonniers dans leurs propres appartements. Un projet qui m'a amené aux portes des tribunaux qui ont condamné les militants actuels pour la démocratie, ceux qu'on appelle les cyberdissidents, à de lourdes peines de prison. Et à rencontrer les membres du mouvement de la Charte 08, qui ont payé cher leur tentative de relancer le débat sur la démocratie au lendemain des Jeux olympiques de 2008.

Pourquoi s'intéresser à la démocratie en Chine, au moment où la question semble presque démodée ? Parce que la question de la démocratisation inachevée de la Chine est importante. L'absence d'imputabilité des différents pouvoirs chinois a vu naître une corruption généralisée qui est en train de miner le miracle économique chinois. De plus, la façon dont la Chine se gouverne et se gouvernera aura des incidences non seulement sur les Chinois, mais également sur le reste du monde. La Chine, en effet, n'est plus ce parent pauvre de l'Asie qui peinait à nourrir sa population. C'est le nouveau géant de l'économie mondiale qui commence à exporter ses valeurs politiques et son modèle de développement à d'autres régions du globe. Un modèle qui réussit à conjuguer libéralisme économique et autoritarisme politique et qui est en train de devenir une alternative, voire un concurrent, au modèle occidental de développement industriel et politique. À bien des égards, ce modèle chinois découle de la décision des autorités chinoises, en juin 1989, de briser l'élan de réforme politique du mouvement de Tiananmen. C'est donc par l'exploration de ces événements aussi tragiques que déterminants que commence notre saga, ces jours de juin 1989 qui ont contribué à lancer la Chine sur sa trajectoire actuelle.

# 1

## L'EXIL DE WANG JUNTAO

*New York, décembre 2008*

*Wang Juntao m'a donné rendez-vous dans un café Starbucks à l'angle de Broadway et de la 111ᵉ Rue, en face de l'université Columbia, son pied-à-terre universitaire à Manhattan. J'ai offert de louer une voiture et d'aller le voir chez lui, dans le New Jersey. « Tu risques de t'égarer, m'a-t-il dit au téléphone. De toute façon, j'ai à faire à l'université. » Le ton est chaleureux, comme si nous nous connaissions depuis longtemps. « Comment est-ce que je vais te reconnaître ? » ajoute-t-il. « Je saurai bien vous reconnaître... » Wang Juntao, après tout, est l'un des dissidents chinois les plus connus. Considéré comme l'une des « mains noires » derrière le mouvement étudiant de Tiananmen, il sera condamné à treize ans de prison, la peine la plus sévère imposée dans la foulée de la crise du printemps de 1989 à Pékin. Libéré pour des raisons médicales en 1994, à la veille de la visite du président américain Bill Clinton en Chine, il vit depuis en exil aux États-Unis.*

*Il arrive à l'heure dite, ponctuel comme une horloge, son porte-document en bandoulière. Il me précède au comptoir. En habitué de la place, il me paie le café avec sa carte de fidélité. « C'est le moins que je puisse faire pour quiconque s'intéresse à l'avenir de la Chine », dit-il. Nous prenons place à la dernière table libre, près de la fenêtre. Dehors, des passants pressent le pas, sous le froid précoce. Le ciel est couleur d'acier. J'installe le magnétophone sur la table et demande à Wang Juntao de me raconter Tiananmen.*

*« Le soir du 3 juin 1989, dit-il, j'avais rendez-vous, comme chaque jour, avec les leaders étudiants pour notre réunion quotidienne de stratégie. Je me présente à l'hôtel où se trouve notre quartier général, non loin de la place Tiananmen, mais je n'y trouve personne. J'envoie mon chauffeur voir ce qui se passe. Il revient en me disant que l'armée avance vers la place. Je me*

*précipite à pied. Je sais que c'est la fin. Mon seul objectif est de sauver les leaders étudiants du massacre qui se prépare. Pour cela, il nous faut quitter Pékin. Je pars à leur recherche avec mon chauffeur. Partout, c'est la cohue.»*

Sur la place Tiananmen, il reste peu de protestataires. Beaucoup, devant la rumeur d'une intervention militaire, sont rentrés chez eux. Les leaders étudiants qui s'y trouvent toujours décident, dans un dernier baroud d'honneur, de prêter serment à la cause qu'ils défendent depuis plus d'un mois. Leur combat pour la démocratie, ils le savent, est perdu. Déjà, les blindés de l'Armée populaire avancent vers la place; au loin, on entend des coups de feu. Deng Xiaoping, le patriarche du régime communiste, a décidé d'en finir avec la révolte étudiante. Dans les quartiers populaires de l'ouest de la ville, des centaines, peut-être des milliers de civils, portés par l'illusion que l'armée ne fera pas feu sur le peuple, tombent sous les balles des soldats ou meurent écrasés sous les chenilles des blindés.

«Nous jurons de protéger la cause de la démocratie chinoise», proclament à l'unisson les étudiants. «Nous n'avons pas peur de mourir. Nous ne voulons pas continuer à vivre dans un pays troublé. Nous protégerons Tiananmen jusqu'à la mort. À bas le gouvernement militaire de Li Peng!» La place qui, quelques jours auparavant, regroupait près d'un million de manifestants, n'en compte maintenant que quelques milliers. Des tentes et des débris jonchent le sol. Résignés au martyre, les étudiants attendent l'assaut final.

L'avancée de l'armée, cependant, est pénible. Le peuple semble décidé à empêcher les soldats de se rendre jusqu'à Tiananmen. De simples citoyens érigent des barricades de fortune en mettant des autobus en travers de la rue. Un syndicat d'ouvriers distribue des pelles et des pioches à ses membres. Certains d'entre eux défoncent le mur d'un chantier de construction pour permettre aux gens de s'armer de briques et de pierres. Sur la grande rue Fuxing, à plusieurs kilomètres à l'ouest de la place Tiananmen, des milliers de personnes forment une chaîne humaine pour entraver les mouvements des militaires. Le gouvernement, doutant de la loyauté des soldats cantonnés à Pékin, a fait appel à des détachements de province jugés plus dociles. Ils tirent des coups de semonce. Mais la chaîne humaine refuse de céder. Les militaires tirent alors dans *la foule. Ils tirent même sur les ambulanciers qui tentent de porter secours aux blessés. À l'hôpital Fuxing, les médecins ne suffisent plus à traiter tous ceux qu'on y transporte avec des moyens de fortune, à bicyclette, à moto et même sur des portes transformées en brancards. Inexorablement, les militaires poursuivent leur marche pour «libérer» la place Tiananmen. La foule recule mais ne fait pas de quartier aux soldats lorsqu'elle réussit à leur mettre la main dessus. Deux militaires qui tentent de s'extirper d'un blindé incendié par des cocktails Molotov sont battus à mort. Dans un accès de violence inouï, la foule s'acharne sur l'un d'eux jusqu'à lui fendre le crâne.*

*Vers une heure du matin, le 4 juin, l'armée investit finalement la place Tiananmen. Munis de haut-parleurs, les dirigeants militaires proclament qu'ils ont l'ordre de mettre fin au mouvement antirévolutionnaire des protestataires. Quelques étudiants tentent de convaincre les soldats de déposer les armes, mais ils sont tués à bout portant. La détermination des leaders étudiants vacille. Ceux qui, quelques heures auparavant, ont juré de mourir plutôt que d'abdiquer ne sont pas portés par la même haine ou le même courage que les ouvriers et les simples gens qui se sont mis en travers de la route des soldats au prix de leur vie. Les étudiants n'auraient jamais cru qu'on en arriverait là. Lorsqu'ils ont commencé à manifester, en mai, après la mort du réformateur et ancien président Hu Yaobang, c'était pour réclamer la fin de la corruption et davantage de transparence dans le parti. Personne ne songeait à renverser le régime. Ils croyaient même avoir l'appui de Zhao Ziyang, le secrétaire général du parti et numéro deux du régime après Deng Xiaoping.*

*Chai Ling, celle qu'on surnomme la Jeanne d'Arc du mouvement étudiant, s'adresse aux derniers protestataires massés autour du monument aux héros. «Que ceux qui veulent partir s'en aillent, dit-elle au groupe, et que ceux qui veulent rester restent.» Pendant que les troupes d'élite, fusil d'assaut au poing, avancent vers les étudiants, ceux-ci passent à un vote de vive voix. Une majorité décide de partir. Non loin de là, Liu Xiaobo, un jeune universitaire et critique littéraire qui est rentré des États-Unis pour participer au mouvement de Tiananmen, a entamé, deux jours plus tôt, une grève de la faim, avec trois autres militants, dont un jeune chanteur rock. Décidés à empêcher le massacre appréhendé, ils s'interposent comme médiateurs entre l'armée et les étudiants. Grâce à leur intervention, les chefs militaires acceptent de laisser partir les étudiants. Escortés par les militaires, ils quittent la place en chantant* L'Internationale *et en traitant les soldats d'animaux et de fascistes. Dans une grotesque parodie de leur lutte, l'effigie de la statue de la Liberté américaine qu'ils ont érigée en face du portrait de Mao est renversée sans cérémonie par un blindé. Certains des étudiants seront arrêtés; d'autres réussiront à s'échapper et à quitter le pays. Le printemps démocratique de la Chine meurt dans le sang, l'humiliation et la fuite.*

*Wang Juntao sait que pour survivre à la répression militaire qui déferle sur la capitale, lui et les leaders étudiants doivent quitter Pékin au plus tôt. Dans la confusion et la panique, il lui faudra tout de même deux jours pour retrouver tout le monde. «Je ne savais pas ce qui allait arriver, mais j'étais certain d'une chose, raconte-t-il. Si nous voulions rester vivants, il nous fallait nous éloigner de Pékin le plus vite possible. À ce moment-là, la situation était très fluide. Il était même possible que des éléments des forces armées favorables à notre lutte se rebellent et organisent un coup d'État. Nous devions être prêts à toute éventualité.» Au matin du 7 juin, ils partent en train en direction du nord-est, évitant de justesse la vaste opération de ratissage qui va balayer la capitale. D'ici quelques jours, leur photo sera placardée dans les gares et les autres lieux publics. Ils font partie des vingt et une personnes les plus recherchées pour leur rôle dans les protestations de la place Tiananmen.*

*Wang Juntao, Wang Dan et deux autres étudiants réussissent ensuite à gagner Shanghai. Ils croient que la métropole leur permettra plus facilement de se fondre dans le décor. Mais la police est partout. Sentant qu'ils sont plus vulnérables en groupe, ils se séparent. Wang Juntao tente de se rendre dans le sud de la Chine avec l'espoir de passer clandestinement à Hong Kong. Trahi par quelqu'un dans le réseau des passeurs, il est arrêté alors qu'il tente d'acheter un billet de train dans une gare. Wang Juntao est ramené à Pékin menottes aux poings. Suivent son procès, la prison, puis sa libération aussi soudaine qu'inattendue en 1994 à la faveur de la visite du président américain Bill Clinton. Depuis,*

*Wang Juntao s'est refait une vie dans le monde universitaire américain. Il n'est plus considéré comme citoyen chinois depuis que son passeport est périmé. Il lui est toujours interdit de rentrer dans son pays. Mais il n'a rien abandonné de son rêve d'une Chine démocratique.*

\* \* \*

Plus de vingt ans plus tard, l'héritage de Tiananmen demeure, comme un combat inachevé, un problème non résolu. Les grands ténors de cette lutte, comme Wang Juntao ou Wang Dan, le leader du mouvement étudiant de Tiananmen, vivent pour la plupart en exil aux États-Unis, en Europe, à Hong Kong ou à Taiwan. Leurs voix, en pratique, ont été réduites au silence. En Chine continentale, le combat pour la démocratisation ne survit qu'en pleine clandestinité. Toute discussion sur l'avenir politique du pays en dehors du cadre du Parti communiste est sévèrement réprimée. Dans un tel contexte, que reste-t-il de l'idéal démocratique auquel tant de Chinois avaient cru le temps d'un printemps en 1989? Que pensent-ils aujourd'hui de leur combat d'alors et des perspectives de démocratisation de cette Chine qui a réussi le virage capitaliste le plus spectaculaire de l'Histoire, tout en gardant officiellement le cap sur le parachèvement de sa révolution socialiste? Quelles sont les véritables perspectives de démocratisation de la Chine, au moment où la démocratie a si mauvaise presse, en regard de la parodie qu'elle est devenue en ex-URSS et des difficultés qu'éprouve l'Occident à en faire prendre la greffe en Irak et en Afghanistan? La lutte pour la démocratie doit-elle même être prioritaire pour les réformateurs chinois, ou doivent-ils d'abord travailler à constituer une société civile et un État de droit capables de la rendre effective le jour où elle prendra forme? Ce sont des questions qui occupent la conscience des vétérans exilés du mouvement de Tiananmen et le quotidien de ceux qui continuent de lutter pour les réformes politiques en Chine.

Aujourd'hui, le terme même de Tiananmen est toujours investi d'une puissante charge symbolique dont le sens varie diamétralement selon qu'on le considère du point de vue de l'Occident ou du leadership chinois. Pour une bonne partie de la communauté internationale, Tiananmen représente le symbole d'un régime qui a préféré sacrifier la fleur de sa jeunesse plutôt que d'envisager le changement. L'image emblématique du jeune Chinois qui bloque le passage à une colonne de chars d'assaut au lendemain du massacre figure désormais, pour l'Occident, aux côtés de scènes comme celles du Printemps de Prague, dans la galerie des tableaux de la répression communiste du vingtième siècle. Mais Tiananmen, c'est aussi le symbole du combat pour le triomphe de la démocratie libérale, dont plusieurs penseurs, surtout américains, avaient postulé l'inévitabilité avec l'effondrement du mur de Berlin et la chute subséquente de l'empire soviétique. Aujourd'hui, Tiananmen est toujours, dans une large mesure, le prisme à travers lequel l'Ouest regarde la Chine. Lorsque les dirigeants occidentaux se rendent à Pékin et qu'ils appuient la signature de contrats de la nécessité pour la Chine d'améliorer son bilan en matière de droits de la personne, la présence de Tiananmen est perceptible dans la pièce, comme un malaise et un remords. Le fait que l'Occident continue de répéter, comme un mantra, que l'économie de marché va engendrer la démocratisation de la Chine, renvoie implicitement à la question non résolue de Tiananmen.

Inversement, pour la Chine et ses dirigeants, Tiananmen demeure à la fois un traumatisme et un tabou. La leçon que le leadership communiste a retenue de Tiananmen est qu'ouvrir la porte aux réformes politiques en dehors du cadre restreint du parti menace la survie même du régime. Pour comprendre la crainte que lui inspire la perspective d'une démocratisation de la société, il faut revenir au contexte qui a mené aux événements de Tiananmen.

Dans les années 1980, le successeur de Mao, Deng Xiaoping, avait non seulement amorcé une libéralisation économique du pays, mais il avait également permis une large discussion sur les réformes politiques qui devaient accompagner le passage à l'économie de marché. Cette réflexion engendra nombre de groupes de discussions, de revues et de magazines et même la mise sur pied d'un comité chargé d'étudier les différents scénarios de réforme au sein du gouvernement. Lorsque les étudiants sont descendus dans la rue et ont investi la place Tiananmen dans le but de secourir les réformes de l'aile conservatrice du bureau politique, cela a provoqué une profonde scission au sein du leadership chinois. Cette information provient du livre *Les archives de Tiananmen*[1]. (Publié en 2001 aux États-Unis par deux sinologues américains réputés, Andrew Nathan et Perry Link, ce recueil est constitué d'une série de rapports, de procès-verbaux et de comptes-rendus de conversations qui proviennent des plus hautes sphères du régime communiste. Ils permettent de suivre au jour le jour les discussions, les divisions et les prises de position du gouvernement tout au long du printemps de 1989 et jusqu'au lendemain de l'intervention militaire qui a mis fin au mouvement étudiant.)

Ces *Archives* révèlent à quel point Deng Xiaoping était déchiré entre la tentation de laisser les étudiants s'exprimer et le réflexe de mater leurs manifestations. En fin de compte, le vieux révolutionnaire ne pourra se faire à l'idée que ces jeunes, avec l'appui d'une importante partie de la population, puissent mettre en doute non seulement l'héritage de la révolution communiste, mais aussi, dans une certaine mesure, la légitimité du régime.

Dans les semaines fatidiques qui vont mener au dénouement sanglant de Tiananmen, Wang Juntao se croit pourtant en position de trouver un compromis entre les étudiants et le gouvernement et de conclure une entente qui permettra aux dirigeants chinois de sauver la face et aux protestataires de rentrer la tête haute. À l'époque, Wang Juntao est l'une des vedettes intellectuelles de l'heure en Chine. Très rapidement, il devient l'une des éminences grises du mouvement étudiant. Mais il sert également de porte-parole informel auprès de l'aile réformatrice au sein du leadership communiste. Wang doit sa notoriété au fait qu'il a fait de la prison pour avoir participé aux manifestations commémorant la mort de Chou En-lai en 1976. Il n'a alors que seize ans. Sa libération puis sa réhabilitation en font un symbole en Chine. Pour montrer à quel point il est prêt à faire une place aux réformateurs et aux victimes des purges de l'époque de Mao, le nouveau leadership du parti nomme Wang au Comité central de la Ligue de la jeunesse communiste. Wang, pourtant, continue de jouer sur plusieurs tableaux. Il devient, en 1978, l'un des militants les plus actifs mais aussi les plus modérés du Mur de la démocratie. Il lance, avec d'autres, la revue *Printemps de Pékin*, allusion à peine voilée au Printemps de Prague. Ceux qui écrivent dans ces pages ne remettent pas directement en cause le pouvoir du Parti communiste, mais militent pour un socialisme à visage humain[2]. Ils réclament le respect des droits garantis par la Constitution, en particulier le respect de la liberté de presse, condition essentielle pour garder le parti dans le droit chemin.

   Wang Juntao est non seulement le plus célèbre des militants pour la démocratie, il est aussi, avec son ami et partenaire Chen Zeming, l'un des seuls à avoir réussi en affaires. Les deux incarnent en quelque sorte l'esprit du temps où l'on peut avoir des idées et faire de l'argent, voire faire de l'argent avec des idées. Ils sont propriétaires de leur propre institut de recherche et de la première maison de sondage privée en Chine. Chen s'est servi des profits qu'il a amassés avec deux écoles de cours par correspondance pour acheter, avec Wang, un institut de recherche économique associé à l'Académie des sciences. Ils le rebaptisent Centre de recherches sur le développement économique et social. Cette privatisation de la connaissance et de l'analyse est une première en Chine. Ils font des études pour des clients publics ou privés, éditent des livres, effectuent des sondages d'opinion sur des sujets aussi sensibles que les attitudes politiques des

Chinois. À partir de 1988, ils publient également une revue qui devient très populaire auprès des jeunes Chinois et dans laquelle ils abordent les thèmes de la démocratie et de la réforme. Selon Wang Juntao, le fait que leur institut ait été financièrement indépendant du gouvernement est crucial. «Puisque nous étions propriétaires d'une entreprise, personne ne pouvait contrôler ce que nous publiions, alors nous disposions d'une liberté de parole totale.» Leur institut devient rapidement le carrefour de bien des propositions de réforme et assure à Wang Juntao et Chen Zeming un rôle de premier plan dans la poussée démocratique de la fin des années 1980.

Contrairement à d'autres, qui veulent faire la révolution à la française, Wang et Chen rêvent plutôt d'une transition à la britannique «où on en arriverait à un nouvel arrangement avec le roi. Nous n'étions pas intéressés à un changement drastique», dit Wang Juntao. Wang et Chen représentent quelque chose de nouveau dans la longue lignée des militants pour la démocratie en Chine. À leur avis, pour que la démocratie, une fois atteinte, fonctionne, elle doit reposer sur une société civile, des institutions et un État de droit. Réclamer la démocratie sans avoir au préalable préparé le terrain de son fonctionnement mènerait à un échec. Au fil de leurs discussions, Wang et Chen en arrivent à un constat important: ils veulent être des agents de changement, et non de simples agitateurs politiques. Pour cela, il leur faut proposer des idées pratiques, pragmatiques, sur les réformes et cultiver des alliances à l'extérieur, mais aussi, et surtout, à l'intérieur du gouvernement. «Si vous voulez avoir de l'influence en Chine, dit Wang Juntao, vous devez disposer d'un réseau à l'intérieur du système et être branché sur les groupes indépendants en dehors du gouvernement. C'était là notre stratégie.»

Dès lors, Wang et Chen travaillent à rassembler tous ceux qui veulent changer la Chine, les intellectuels, les étudiants, les journalistes, les nouveaux entrepreneurs qui s'intéressent à la politique. Ils organisent des séminaires, publient des articles, éditent des livres, tout cela dans le but de créer un pôle de réforme dans la société chinoise. «Notre intention était de construire une base politique pour le changement, dit Wang. De rassembler tous les esprits indépendants et de créer une opinion publique en Chine.» Idéalement, ils auraient voulu fonder un parti politique, mais cela n'est pas possible dans la Chine de Deng. Faute de mieux, dit-il, leur institut est devenu une sorte de parti informel. Compte tenu de sa notoriété, il est tout à fait naturel que Wang Juntao se retrouve au cœur des événements de Tiananmen au printemps 1989. Il devient rapidement, avec son ami Chen Zeming, l'un des principaux conseillers du mouvement étudiant. Mais il a aussi des contacts soutenus avec les réformateurs au sein du gouvernement, notamment Bao Tong, l'adjoint du secrétaire général Zhao Ziyang, qui dirige le comité de réforme politique nommé par Deng Xiaoping.

Au début, les manifestations ont des airs de fête. Jusqu'à un million de personnes se massent sur la place Tiananmen. Mais Wang Juntao sait que la spontanéité du mouvement étudiant est aussi son talon d'Achille et que les tenants de la ligne dure autour de Deng Xiaoping ne toléreront pas éternellement un tel affront. «Le problème des leaders étudiants, me dit-il, c'est qu'ils n'avaient pas de revendications précises qui auraient pu mener à un compromis négocié. Ils réclamaient plus de transparence du gouvernement, la fin de la corruption et une vague idée de démocratie. Je savais, alors, que la négociation était à peu près impossible. Les réformistes, au sein du gouvernement, me le disaient: "Mais que veulent-ils? Faites-nous une liste, ce qui nous permettra de discuter." Cela était devenu impossible.»

Fin mai, la situation est devenue critique. Le secrétaire général du parti et leader du camp réformiste, Zhao Ziyang, est arrêté. Li Peng, le premier ministre et nouvel homme fort du régime, vient de faire proclamer la loi martiale. Les soldats se massent aux portes de la capitale. Wang Juntao sait qu'il reste peu de temps pour désamorcer la crise. Mais il sait également que les étudiants eux-mêmes sont divisés. L'aile modérée, représentée par Wang Dan, un jeune étudiant en histoire qui sait soulever les foules, veut libérer la place Tiananmen pour éviter l'intervention de l'armée. Il considère que les étudiants ont remporté une victoire morale et que poursuivre l'occupation mettrait en péril les gains acquis. Il a fait une grève de la faim avec des dizaines d'autres étudiants, qui a cristallisé l'opinion des Chinois en leur faveur. Mais l'aile radicale du mouvement refuse tout repli.

Wang Juntao est aussi très conscient qu'il sera impossible de convaincre les centaines de milliers d'étudiants qui manifestent depuis un mois sur la place Tiananmen de rentrer sans avoir obtenu de compromis du gouvernement. Ils sont grisés par leur lutte, par le soutien qu'ils ont de la population, par la notoriété dont ils jouissent à l'extérieur de la Chine. Le 27 mai au matin, Wang Juntao, son collègue Chen Zeming et d'autres libéraux ont donné rendez-vous aux leaders étudiants à l'Académie des sciences. Ils croient avoir trouvé une voie de sortie. Ils proposent aux étudiants d'adopter une résolution qui réclame la tenue d'une session extraordinaire du Congrès du peuple, le parlement chinois qui se réunit une fois l'an. Le Congrès a le pouvoir de révoquer la loi martiale qui vient d'être imposée et qui est responsable d'une escalade importante de la tension. Cela, espèrent Wang et Chen, permettra un retour au calme et l'établissement d'un meilleur climat de négociations. En échange, les manifestants accepteront de libérer la place Tiananmen. Après de longues discussions, Chai Ling, la représentante de l'aile radicale du mouvement étudiant, se rallie à la proposition. Wang Juntao est soulagé; le pire, croit-il, vient d'être évité. Chai Ling dit qu'elle va se charger personnellement d'annoncer la décision aux manifestants. Mais une fois sur place, elle ne peut se résoudre à annoncer la fin du combat. Elle se rallie à ceux qui exigent de poursuivre la lutte jusqu'au bout. Une semaine plus tard, Deng Xiaoping donne l'ordre aux militaires de mettre fin aux manifestations. Wang Juntao devient un hors-la-loi; sa photo est placardée dans les lieux publics comme l'un des hommes les plus recherchés de la Chine.

\* \* \*

La campagne de Wang Juntao et des autres militants du mouvement de Tiananmen au printemps 1989 est le dernier d'une longue suite de combats pour la démocratisation de la Chine qui se sont tous soldés par un échec. Il y a eu la campagne des Cent jours, où des intellectuels ont tenté d'introduire des réformes démocratiques à la cour des Qing à la fin du dix-neuvième siècle ; l'établissement éphémère du premier gouvernement élu en 1912, renversé presque aussitôt par les généraux ; le Mouvement du 4 mai 1919, qui a vu les intellectuels envahir la place Tiananmen pour réclamer la modernisation démocratique et scientifique de la Chine ; celui des Cent fleurs de la fin des années 1950, au cours duquel les Chinois seront invités par Mao à exprimer leurs critiques à l'égard du Parti communiste avant d'être sévèrement réprimés ; le Mur de la démocratie de 1978, sur lequel des Chinois de tous horizons afficheront leurs revendications pour une Chine plus ouverte ; Tiananmen, enfin, dix ans plus tard, qui constituera l'apogée d'un siècle de combats pour la démocratie. Tous les protagonistes de ces luttes auront reçu en héritage le combat de ceux qui les auront précédés. Mais c'est une cause qui semblera incapable de progresser, un projet qui, ballotté par les mers agitées du siècle chinois, sombrera chaque fois avant d'atteindre le port.

La tournure catastrophique que prendront les événements de Tiananmen aura des conséquences aussi importantes qu'imprévisibles pour la Chine. Bien des sinologues croient que le leadership chinois en est venu à la conclusion que, pour tempérer la soif de réformes politiques, il fallait accélérer le rythme des réformes économiques. La visite historique de Deng Xiaoping dans la nouvelle zone économique de Shenzhen, en 1992, en est tenue pour symbole. Ce sera le point d'origine du big bang économique qui a lancé la Chine sur sa fulgurante progression économique. Certains analystes vont même plus loin et soutiennent que les réformes économiques des vingt dernières années tiennent lieu en fait de réformes politiques. Le régime chinois serait ainsi «parvenu au stade de la gouvernance sans passer par la démocratie[3]». Cette gouvernance, dans le cas de la Chine d'aujourd'hui, consiste à gérer les problèmes de la nouvelle économie de marché, ce qui exclut toute discussion politique. Selon cette logique, remettre en cause le système politique chinois équivaut à questionner la légitimité du progrès économique et à refuser aux Chinois les avantages de la société de consommation. La seule réflexion permise porte sur l'amélioration du fonctionnement du système et doit avoir comme postulat la pérennité du régime communiste.

Au moment où une majorité de Chinois aspire, légitimement il va sans dire, aux bienfaits du développement, les militants de la démocratisation se voient donc relégués aux catacombes de la dissidence. Ils mènent principalement leur combat sur internet ou dans des publications à l'extérieur de la Chine, s'exposant ainsi à de sévères représailles qui vont parfois jusqu'à l'emprisonnement. Le dernier en cause est Liu Xiaobo, ce critique littéraire qui a négocié avec l'armée le sauf-conduit ayant permis aux leaders étudiants de quitter la place Tiananmen avant de subir l'assaut des militaires aux petites heures du matin du 4 juin 1989. Liu est l'un des rares intellectuels chinois et vétérans de cette campagne à être resté en Chine afin de poursuivre la lutte pour la démocratisation. Sa dernière initiative, la Charte 08, qui réclamait des élections libres, lui vaudra une peine de prison de onze ans, mais le verra également récompensé du prix Nobel de la paix en 2010. Les autorités chinoises, traumatisées par le souvenir de ces centaines de milliers de jeunes qui réclamaient des réformes sur la place Tiananmen, tuent dans l'œuf tout soupçon de campagne qui pourrait mener les Chinois à réclamer des changements au régime politique.

Dans ce contexte, il n'est pas surprenant que les autorités chinoises aient effacé les événements de Tiananmen des livres d'histoire et de la mémoire collective. Toute discussion publique du mouvement de juin 1989, que le gouvernement qualifie toujours de contre-révolution, est interdite ; toute recherche de la question sur internet est automatiquement bloquée. Très peu de Chinois nés après Tiananmen en ont entendu parler. Un jeune rédacteur d'un journal du Sichuan a été congédié, il y a quelques années, parce qu'il avait autorisé la publication d'un texte de l'Association des mères de Tiananmen, ces femmes qui ont perdu des enfants lors du massacre et qui réclament justice. Le jeune journaliste croyait que Tiananmen faisait référence à une ancienne bataille militaire.

C'est comme si la Chine entière était frappée d'amnésie collective. Mais il y a plus. Une bonne partie de l'intelligentsia qui avait inspiré le courant de réforme politique à l'époque de Tiananmen serait rentrée dans le rang de la gouvernance technocratique. Ces intellectuels ont accepté le nouveau rôle que leur propose le régime, rôle qui « consiste à apporter leur expertise technique au gouvernement pour lui permettre de réaliser la modernisation du pays[4] ». En échange de cette influence, les intellectuels s'engagent implicitement à ne pas remettre en question la légitimité du Parti communiste.

Du fond de sa cellule, au début des années 1990, Wang Juntao voit bien ce qui se passe dans les facultés et les ministères. Et à cette époque, il en veut à ses anciens compagnons d'armes d'avoir troqué leur indépendance d'esprit contre un poste ou un contrat. Il laissera libre cours à son amertume dans une lettre qu'il écrira à ses avocats pour les remercier de l'avoir défendu. Il y reproche aux autres intellectuels de ne pas avoir eu le courage de leurs convictions, de ne pas avoir accepté, comme lui et d'autres, de faire de la prison pour leurs idéaux.

« Leur souffrance sera sûrement moindre à cause de cela, écrit-il. Mais qu'en est-il des morts ? Les morts ne peuvent pas se défendre. Nombre d'entre eux avaient l'intention de se battre pour la Chine et son peuple, pour la vérité et la justice. J'ai décidé de défendre leurs opinions, même si je ne les partageais pas toutes. Je sais que ma peine sera d'autant plus lourde en raison de mes actes. Mais c'est la seule façon pour les morts de connaître la paix. Le procès a été tout à la fois pour moi une source de soulagement et de consolation. J'ai la conscience en paix. Pourtant, ce qui me préoccupe, c'est la perte de l'esprit de moralité dans notre nation... Ce qui m'importe, chez l'être humain, c'est de savoir que son âme est noble et pure. En Chine, même les intellectuels ne respectent pas cela[5].»

Près de vingt ans plus tard, l'homme qui est assis devant moi dans un café de New York n'a pourtant pas l'air amer. Même s'il a tout perdu de son ancienne vie, même s'il a passé plus de quatre ans en prison, même s'il ne reverra peut-être pas la Chine de son vivant, il demeure optimiste. Wang Juntao sait pourtant mieux que quiconque que l'avenir des réformes politiques en Chine est probablement bloqué pour longtemps. Il vient de publier une thèse de doctorat à l'université Columbia qui porte justement sur le triomphe du néoconservatisme en Chine. Il sait que les éléments conservateurs au sein du régime semblent, pour l'instant du moins, avoir remporté leur pari. Qu'il leur semble possible de maintenir la Chine sur les trajectoires séparées et en apparence contradictoires de l'économie de marché et du monopole du Parti communiste. Il sait que les postulats occidentaux au sujet de l'évolution de la Chine se sont révélés faux. Que le rendez-vous de Tiananmen avec la démocratie n'a pas été que reporté, mais qu'on est face à un virage autoritaire qui n'admet aucune réforme politique. Que les entrepreneurs chinois qui devaient réclamer un État de droit et lancer la Chine sur la voie des réformes démocratiques non seulement s'accommodent de l'autoritarisme du gouvernement, mais sont aussi membres du parti. Que les élections villageoises qui devaient semer les graines de la démocratie dans les campagnes chinoises ont plutôt garanti la mainmise des cadres communistes sur les gouvernements locaux. Que pour investir en Chine, les étrangers doivent passer par un fonds d'investissement contrôlé par le fils du premier ministre Wen Jiabao. Que les rares militants qui osent encore travailler à la cause des réformes en Chine optent pour défendre ce qu'il est convenu d'appeler les droits citoyens, comme le droit à l'eau potable ou à l'éducation, plutôt que les libertés fondamentales, comme le droit de parole, qui sont plus susceptibles de provoquer la répression des autorités.

Wang Juntao sait qu'ils peuvent avoir l'air dépassés, lui et les autres militants en exil qui n'ont pas abandonné leur combat, qu'ils peuvent sembler figés, comme des espèces éteintes, dans l'ombre du passé. Malgré tout, Wang Juntao demeure confiant. Il croit toujours à l'avènement d'un leader éclairé qui ouvrira éventuellement la Chine aux réformes démocratiques. Je me dis que le détachement avec lequel il me raconte les événements qui ont marqué sa vie tient peut-être au fait qu'il a passé les dernières années à en faire une analyse universitaire. Vers la fin de notre entretien, la discussion devient plus décousue. Il me dit qu'il est en contact étroit avec les dissidents en Chine, grâce à internet. Il m'explique comment ils s'y prennent pour contourner la censure des autorités. Nous évoquons le centième anniversaire prochain de la chute de la dernière dynastie chinoise et de l'établissement d'une république démocratique qui n'aura duré que quelques mois. Je lui demande s'il trouve ironique que le père de cette expérience démocratique, Sun Yat-sen, ait également, comme lui, trouvé refuge aux États-Unis. Il acquiesce. Cela nous amène à évoquer la croyance chinoise selon laquelle l'Histoire ne progresse pas en ligne droite mais se répète en une série de cycles. Car le combat de Wang Juntao, c'est le combat inachevé qu'il a reçu en héritage de Sun Yat-sen et de tous ceux qui, au cours du vingtième siècle, ont tenté, en vain, d'implanter en Chine l'idée de gouvernement responsable.

# LE RÊVE INACHEVÉ DE SUN YAT-SEN

*10 octobre 1911, Denver, Colorado.*

*Sun Yat-sen, l'homme qui va devenir le père de la démocratie en Chine, voire le père de la Chine moderne, est en train de recueillir des fonds pour son Alliance révolutionnaire aux États-Unis lorsque l'incident qui va précipiter la chute de l'empire Qing se produit dans la province de Hebei. Une bombe explose prématurément dans une usine d'armement secrète dirigée par de jeunes cadets de l'armée voués au renversement du régime dynastique[1]. L'incident précipite la révolte qui se préparait au sein de l'armée chinoise. Plusieurs généraux font défection et organisent une rébellion. En moins de deux mois, une majorité de chefs de guerre chinois se rallieront aux militaires rebelles; le mouvement forcera l'empereur Puyi à abdiquer. Sun Yat-sen est en route vers Kansas City lorsque la nouvelle de l'insurrection lui parvient. Il transporte habituellement avec lui un appareil de décryptage qui lui permet de lire les missives secrètes que ses partisans lui font parvenir de Chine. Mais ce jour-là, il a oublié l'appareil. C'est donc en lisant les journaux américains qu'il apprend que le moment qu'il attend depuis près de vingt ans en exil est enfin arrivé[2]. Il peut rentrer en Chine travailler à l'établissement de la République chinoise. Mais, conscient que la situation sur le terrain est encore très fluide, Sun Yat-sen décide de passer auparavant par l'Europe pour obtenir le soutien des gouvernements européens. Sans la reconnaissance des pays étrangers, il sait que le nouveau gouvernement républicain ne réussira peut-être pas à s'imposer. À Shanghai, ses partisans, qui travaillent clandestinement depuis des années à miner le régime impérial, l'attendent en sauveur. La Chine va enfin devenir démocratique.*

\* \* \*

À première vue, Sun Yat-sen n'a rien du Chinois traditionnel. Il déteste le riz, affectionne le complet cravate, parle couramment l'anglais et il a vécu une bonne partie de sa vie à l'étranger. C'est pourtant résolument un Chinois de son temps, un produit de cette Chine qui, à la fin du dix-neuvième siècle, émerge de son isolement et s'ouvre de plus en plus aux influences étrangères. Né au sein d'une famille de paysans près de Canton, dans le sud de la Chine, en 1866, Sun Yat-sen a été pris en charge à un jeune âge par un de ses frères aînés devenu un marchand prospère à Hawaï. Ce dernier a fait instruire Sun dans les écoles missionnaires d'Honolulu, ce qui lui a permis d'être exposé aux valeurs du christianisme et aux idéaux de la démocratie. Lorsqu'il est rentré en Chine, en 1883, Sun a découvert une société prostrée sous le poids du gouvernement autoritaire des Qing, une société pauvre, superstitieuse, ignorante des idées et de la technologie modernes qui avaient cours en Occident. Déçu de son expérience chinoise, Sun Yat-sen est reparti pour Hong Kong parfaire des études de médecine. Son ambition première, pourtant, était de réformer et de moderniser la Chine. Aussi va-t-il rapidement délaisser la médecine pour se consacrer à plein temps à cet objectif. L'un des textes qui l'ont le plus marqué, lors de son passage en Amérique, est le discours qu'Abraham Lincoln avait donné à Gettysburg, dans lequel il avait énoncé la célèbre maxime du «gouvernement du peuple, par le peuple et pour le peuple». Le texte de Lincoln, dira Sun plus tard, a servi de fondement à sa propre doctrine politique, qu'il a intitulée «Les trois principes du peuple» : le nationalisme, la démocratie et la prospérité[3].

Avec sa moustache finement taillée, ses habits et ses airs bourgeois, Sun Yat-sen ressemble davantage à un révolutionnaire de salon qu'à un maquisard. Au début de son action politique, d'ailleurs, il n'envisageait pas la révolution comme solution aux problèmes de la Chine. Il s'est d'abord allié à des réformateurs au sein de la cour qui proposaient de transformer la Chine en monarchie constitutionnelle. Ces efforts ont toutefois été réprimés par l'impératrice douairière Cixi, qui, pendant la majorité des vingt-cinq dernières années de la dynastie Qing, allait régner à titre de régente. Voyant ses propositions de réforme rejetées par une bonne partie de l'intelligentsia, qui ne l'estimaient pas compétent en la matière puisqu'il n'a pas étudié les classiques chinois, Sun Yat-sen en est venu à la conclusion que toute réforme pacifique était impossible. En 1894, il repart pour Hawaï, où il fonde une société vouée à l'abolition de la monarchie et à l'établissement d'une république démocratique en Chine. Il devra attendre près de vingt ans, dans une vie d'exil qui le mènera du Japon au Canada en passant par la Grande-Bretagne et les États-Unis, où il voyagea grâce à un faux passeport, avant de pouvoir rentrer en Chine pour présider la république à laquelle il a consacré sa vie.

Sun Yat-sen représente, avec d'autres, l'avant-garde d'une nouvelle génération de Chinois attirée par la démocratie. La seconde moitié du dix-neuvième siècle coïncide en effet avec l'âge d'or de l'État-nation, une période de foisonnement intellectuel sans précédent où, de Londres à Berlin en passant par Paris, on discute des mérites des idées de Marx, de Kant, de Montesquieu. Les deux idées-forces de l'époque sont la liberté de l'individu et la démocratie. De plus en plus de pays se donnent des systèmes démocratiques parlementaires. Ces idées parviennent aux jeunes réformateurs chinois à la faveur de leurs voyages, au contact d'étrangers ou par les livres qui arrivaient à bord des paquebots à Shanghai. Le développement d'une presse à grand tirage va engendrer nombre de journaux et de revues qui contribueront à propager ces idées venues de l'extérieur. Le constat de l'école de pensée qui s'en dégage est que la Chine n'est pas le centre du monde, comme le veut toute la mythologie entourant l'Empire du Milieu, mais un pays parmi tant d'autres qui ne pourra se développer au même

titre que les puissances étrangères à moins de permettre
la participation active de ses citoyens à la vie publique.
Inspirés par ce courant, les jeunes intellectuels chinois se
sont mis à l'étude et à la traduction des classiques de la
philosophie occidentale.

L'un des plus célèbres est Liang Qichao, jeune
réformateur qui sera le premier à faire une traduction
chinoise de Kant et de son concept de liberté. «La vie
et la liberté sont deux éléments essentiels qui font que
l'homme est un homme[4]», écrit Liang. Puisque les Chinois
ne peuvent être considérés comme libres, conclut-il, ils ne
sont pas encore «vraiment des hommes». Pour devenir
«des hommes», les Chinois doivent donc acquérir la
liberté de pensée, la liberté de parole et le droit de vote.
Si la Chine, quant à elle, espère pouvoir fonctionner
dans un monde plus ouvert et plus complexe, elle se doit
d'abandonner son régime dynastique et de se transformer
en monarchie constitutionnelle, système politique qui
a permis notamment à la Grande-Bretagne de devenir
l'un des empires les plus puissants de l'Histoire. Un des
jeunes Chinois qui avaient été fortement impressionnés
par les écrits de Liang fut Mao Tsé-toung. Le futur chef
révolutionnaire fréquentait encore l'école à cette époque.
Il se vantait devant ses collègues de connaître par cœur
des passages entiers de la revue *Le Nouveau Citoyen* que
publiait Liang. Plus tard, à la suite de sa conversion au
communisme, Mao dénoncera Liang Qichao et les autres
réformateurs comme des «bourgeois démocrates». Une
fois au pouvoir, il interdira ses écrits[5].

Les réformateurs chinois ne proposent pas de renverser
le régime dynastique, mais de le transformer. Nombre
d'entre eux ont étudié au Japon, où ils ont vu de près la
transformation du régime impérial japonais en monarchie
constitutionnelle. Les Japonais ont réussi à incorporer
les meilleurs éléments politiques et technologiques de
l'Occident, y compris dans leur arsenal militaire, ce qui
leur a permis d'infliger une humiliante défaite à la Chine
lors du conflit de 1895. Aux yeux de Liang et des autres

penseurs chinois, la Chine doit emprunter aux puissances étrangères leurs méthodes et leurs moyens, y compris les attributs de la démocratie, non pas dans le but de les imiter, mais pour mieux être en mesure de résister à leurs assauts économiques, militaires, voire culturels. Cette nuance est capitale pour comprendre le rôle des intellectuels chinois dans les mouvements de réforme démocratique du vingtième siècle. Même s'ils croient que la Chine doit se libérer de la pensée confucéenne, ils n'en continuent pas moins d'agir, à la manière de Confucius, en conseillers de l'empereur, et non pas en opposants du pouvoir. À la limite, comme certains analystes, dont Jean-Philippe Béja, on peut se demander si « ce groupe social, qui a joué un rôle central dans la popularisation des idées de liberté et de démocratie, n'a pas en même temps constitué un obstacle à la démocratisation véritable de la société[6] ». Comme nous le verrons plus loin, lors des événements de Tiananmen, bien des leaders étudiants se reconnaissaient dans ce rôle traditionnel de l'intellectuel chinois qui consistait à aider le régime à s'acquitter de ses devoirs. C'est une conception de leur rôle qui leur nuira grandement dans leurs rapports avec le pouvoir.

Au début du vingtième siècle, la Chine impériale n'est pas encline à envisager le changement proposé par les réformateurs. Pour l'impératrice Cixi, l'idée d'une monarchie constitutionnelle où elle devrait partager le pouvoir avec un parlement élu est carrément hérétique. Pendant plus de deux millénaires, le régime dynastique s'est révélé un mode de gouvernement remarquablement durable pour la Chine. La légitimité de l'empereur provenait d'un mandat conféré par les dieux. En vertu de ce mandat céleste, le souverain s'engage à subvenir aux besoins de ses sujets. Ceux-ci, en échange, lui vouent une fidélité basée sur la piété filiale. L'administration centrale est assurée par les mandarins, les premiers véritables bureaucrates de l'histoire. Chaque année, les diplômés les plus prometteurs se rendent à Pékin pour y passer les examens impériaux. Les plus doués voient leurs noms gravés sur des stèles de marbre dans les jardins du temple de Confucius et font leur entrée dans le sanctuaire privilégié du mandarinat, où ils consacrent leur vie à conseiller le prince et à voir aux affaires de l'Empire. Cette méritocratie, avec tout le prestige et les privilèges qu'elle comporte, a l'avantage d'assurer à l'empereur la loyauté de l'intelligentsia. Le système est cimenté par les valeurs traditionnelles et les enseignements de Confucius, qui privilégient la fidélité et l'harmonie. La pensée de Confucius, consignée dans ses célèbres Analectes, une série de préceptes de vie et de règles de comportement civique, tient lieu à la fois de religion d'État et de philosophie politique.

Le mandat du souverain n'est pourtant pas éternel. Il peut lui être retiré s'il ne s'en acquitte pas convenablement. Le peuple, le cas échéant, détient même le pouvoir de renverser le régime impérial en vertu d'un droit à la rébellion. Ce sont les dieux qui signifient leur déplaisir envers l'empereur, habituellement par une série de calamités naturelles, telles que des inondations, des sécheresses, des séismes ou des infestations d'insectes. Si le mandat du ciel est jugé éternel, celui du régime qui l'exerce ne l'est pas. Il y a là une différence fondamentale avec le concept du droit divin sur lequel la plupart des monarchies européennes étaient fondées. On peut y voir ce que certains historiens appelleront des «germes de démocratie[7]» ou à tout le moins une forme rudimentaire d'imputabilité du souverain devant le peuple.

À partir des années 1850, il était devenu évident que ce mode de gouvernement ne convenait plus à la Chine. D'une part, les dirigeants Qing avaient de plus en plus de difficulté à contenir les nombreuses insurrections qui découlaient de l'incapacité de la cour à répondre aux attentes des citoyens. La plus meurtrière, la rébellion des Taiping, a duré une dizaine d'années et coûté la vie à pas moins de vingt millions de personnes. La confiance de la population dans le régime des Qing était également minée par l'incapacité croissante du gouvernement à contrer les menaces militaires, commerciales et technologiques en provenance de l'étranger. Les deux défaites successives contre l'Angleterre lors des guerres de l'Opium ont été particulièrement humiliantes pour la Chine. Il n'a fallu que quelques jours à la marine anglaise pour démontrer aux Chinois sa supériorité militaire et pour leur arracher d'importantes concessions, notamment le droit de commercer dans les ports de mer du pays, la cession de Hong Kong et l'interdiction de traiter les étrangers de barbares dans les textes officiels, comme il était de coutume à la cour. L'incident le plus humiliant pour les Qing s'est toutefois produit en 1876, lorsqu'une expédition franco-britannique envoyée à Pékin pour venger la mort de ressortissants européens, tués lors d'émeutes dans la ville côtière de Tanjin, a rencontré si peu de résistance que la cour entière a dû fuir la capitale pour se réfugier dans l'une de ses résidences d'été en Mandchourie, de l'autre côté de la Grande Muraille. Ajoutant l'insulte à l'injure, les soldats français et britanniques allaient, en toute impunité, incendier le Palais d'été, l'un des sites les plus sacrés de la Chine impériale, avant de se retirer avec, notamment, deux bronzes. Ces derniers sont encore aujourd'hui source de tension entre la Chine et la France. Les deux bronzes ont été vendus aux enchères par la succession du couturier Yves Saint Laurent à Paris, en 2009, malgré les protestations du gouvernement chinois, qui réclamait leur rapatriement en Chine.

Devant les revers répétés de la Chine, un mouvement d'« auto-renforcement » du pays allait prendre forme autour d'intellectuels et d'aristocrates, de chefs de guerre et d'entrepreneurs. Leur but était d'adapter la Chine à la science et à la technologie étrangères, en matière militaire et industrielle, afin de permettre au pays de résister aux assauts répétés des puissances européennes. Le leader incontesté de ce mouvement était Li Hongzhang, un ancien général d'une imposante stature qui avait contribué à mater la rébellion des Taiping. Au fil des ans, Li allait moderniser l'extraction du charbon, construire le premier moulin à coton du pays, établir un service postal embryonnaire et créer un réseau télégraphique. Li était un modernisateur davantage qu'un réformateur avec des visées sur le trône. Sa philosophie politique, aussi rudimentaire qu'efficace, était fondée sur les principes élémentaires de Confucius. Les devoirs du gouvernement, avait-il déclaré en citant les Analectes, étaient d'assurer à la population de quoi manger, de quoi se défendre et de mériter la confiance du peuple[8]. Les gouvernements étrangers, croyait-il, possédaient ces attributs, et voilà ce qui expliquait leur supériorité. Grâce à leur dynamisme, les chefs militaires de la trempe de Li, devenus réformateurs, entrepreneurs et administrateurs, allaient rebâtir une Chine qu'un demi-siècle de rébellions et d'affrontements avec les armées étrangères avait laissée exsangue. Mais leur travail de reconstruction allait également exposer au grand jour l'absence de leadership des Qing qui, retranchés dans la Cité interdite à Pékin, s'entredéchiraient dans des intrigues de palais qui sapaient leur autorité et les coupaient chaque jour davantage de la réalité du peuple. C'est là, sans doute, le grand paradoxe du mouvement d'auto-renforcement. En voulant fortifier la Chine devant la menace étrangère, il a exposé au grand jour la faiblesse de son régime impérial.

À la fin du dix-neuvième siècle, la dynastie des Qing se trouvait divisée entre une aile conservatrice, menée par l'impératrice douairière Cixi, et une aile réformatrice, dirigée par le jeune empereur Guangxu. Cixi, qui avait commencé sa vie à la cour comme jeune concubine, avait réussi à faire installer son jeune neveu sur le trône et à se faire nommer régente. C'était une petite femme d'à peine un mètre cinquante friande de cigarettes, une virtuose des jeux de coulisses mais peu renseignée sur la vie en dehors de la Cité interdite. En 1898, peu après avoir assumé le pouvoir, l'empereur-enfant Guangxu, maintenant adulte, semblait décidé à s'émanciper de sa tante. Reconnaissant la nécessité pour le régime de se moderniser, et croyant à tort qu'il réussirait à obtenir l'appui de Cixi, il avait lancé une campagne de réformes qui sera connue sous le nom des « Cent jours ». C'est le temps qu'il faudrait à l'impératrice pour y mettre fin. Guangxu était un homme du monde. Il lisait les journaux français et anglais, avait fait installer le téléphone dans la Cité interdite, détestait les extravagances de la cour et le rôle qu'y jouaient les eunuques, dont il gardait un mauvais souvenir du temps de sa jeunesse. Le jeune empereur était déterminé à dépoussiérer la cour et à moderniser l'éducation, l'industrie, les forces armées et l'administration de l'État. Mais avant qu'il ne puisse mettre son plan à exécution, l'impératrice Cixi le fit arrêter et annonça du même souffle qu'elle reprenait les rênes du pouvoir. Guangxu avait peut-être su flairer le vent du changement, mais il n'était de toute évidence pas à la hauteur tactique de sa tante. C'était un homme frêle, à la santé chancelante, sujet à la dépression. Un diplomate américain l'a décrit, après une audience, comme un jeune homme imberbe à la voix « mince comme celle d'un moustique[9] ». Certains des réformateurs qui avaient participé à la campagne du jeune empereur furent exécutés. D'autres, comme Liang Qichao, le traducteur de Kant et premier chantre des vertus de la liberté individuelle, réussirent à s'échapper à Hong Kong. La Chine, non pour la seule fois de son histoire, allait reporter son rendez-vous avec la réforme.

Le coup d'État de Cixi n'allait pourtant ni renforcer la légitimité de la cour, ni améliorer le fonctionnement du gouvernement, encore moins anéantir les espoirs de réforme. Il ne ferait qu'exacerber ces problèmes. Aussi, devant l'inertie croissante du gouvernement, plusieurs groupes allaient-ils commencer à se substituer aux autorités pour fournir des services publics, à commencer par les sociétés d'études qui verraient le jour dans la région de Shanghai. Ces groupements sont nés de la nécessité davantage que d'une soif quelconque d'action politique. Il s'agissait de groupes citoyens motivés par la préoccupation d'assurer des services publics tels que les soins de santé et l'éducation que les gouvernements locaux semblaient de moins en moins en mesure de fournir. L'apparition peu après de chambres de commerce, constituées pour défendre les intérêts des commerçants chinois dans leurs rapports avec les étrangers, allait créer un deuxième pôle de pouvoir indépendant de l'État chinois. Graduellement, inexorablement, le régime impérial était en train de perdre son emprise sur la société chinoise.

Au tournant du siècle, la Chine était devenue un véritable capharnaüm, où se côtoyaient des intellectuels qui rêvaient de réforme et de démocratie, des gens d'affaires chinois qui vivaient à l'occidentale dans les quartiers commerçants de Shanghai et de Canton, des chefs de guerre qui se disputaient les campagnes et une population qui faisait les frais de cette anarchie et de l'incapacité du pouvoir impérial de subvenir à leurs besoins élémentaires. Isolée dans ses appartements de la Cité interdite, l'impératrice Cixi avait peine à comprendre les forces centrifuges qui menaçaient la survie de la cour et pouvait encore moins les contrer. C'est dans ce terreau fertile d'instabilité que la révolte des Boxeurs, en 1900, allait porter le coup fatal au régime.

La révolte des Boxeurs est essentiellement une rébellion contre la présence envahissante des étrangers en Chine. Elle commence avec le massacre de quarante-huit missionnaires catholiques dans la capitale provinciale de Taiyuan avant de se propager en 1900 à Pékin, où les insurgés assiégeront les ambassades étrangères. Les Boxeurs se croient investis de pouvoirs surnaturels, dont celui de survivre indemnes aux tirs de fusils. Plutôt que de mater la rébellion, l'impératrice Cixi lui donnera son appui tacite. Le siège des ambassades par les Boxeurs durera près de deux mois, jusqu'à l'arrivée d'une force expéditionnaire de huit pays qui écrasera la révolte. Les Qing seront forcés de signer un autre traité humiliant, qui imposera notamment à la cour un dédommagement de plus de trois cents millions de dollars.

Discréditée par le fiasco des Boxeurs, affaiblie par l'occupation étrangère de Pékin, Cixi arrive à la conclusion, en 1901, que la seule façon de sauver le régime impérial est d'ouvrir la porte aux réformes démocratiques qu'elle a toujours combattues. Son programme des «nouvelles politiques» prévoit une transition de neuf ans vers une monarchie constitutionnelle. Dans l'intervalle, des parlements provinciaux élus doivent préparer le terrain à des élections nationales. Les Qing espèrent ainsi consolider leur pouvoir dans les régions. Mais les parlements provinciaux vont au contraire devenir des foyers d'opposition à la cour. L'impératrice Cixi va mourir en 1908, et avec elle ses projets de réforme. On l'enterrera dans un somptueux tombeau, entourée d'une imposante réserve de sa marque de cigarettes préférée. Le régime impérial ne survivra pas longtemps à la mort de l'impératrice. Le 12 janvier 1912, le jeune empereur Puyi, âgé de six ans seulement, abdiquera. Après plus de deux cents ans, la dynastie des Qing tombe comme un chêne rongé de l'intérieur. Il n'y a pas eu de véritable révolution ni de guerre d'indépendance; le général le plus respecté de la cour, Yuan Shikai, a fait signer un acte de reddition à la mère de l'empereur enfant, leur garantissant à tous deux une généreuse pension et la permission de continuer à vivre dans la Cité interdite.

Pour remplacer le régime impérial, le texte de reddition annonce rien de moins que l'établissement d'un «gouvernement parfait». Pourtant, au-delà du désir de moderniser l'État et de débarrasser la Chine des Qing qui faisaient face à la fin de leur règne, à un puissant ressentiment nationaliste contre leur origine mandchoue, il n'existe pas de consensus au sein des réformateurs sur le genre de gouvernement que devrait se donner le pays. Et surtout, il n'y a pas de leader qui puisse véritablement rallier toutes les forces du changement derrière un projet constitutionnel. Sun Yat-sen, celui qui se rapprochait le plus de ce rôle, est reconnu comme le chef nominal de l'Alliance révolutionnaire, qui comprend la plupart des groupes voués à l'abolition de la dynastie des Qing. Mais il vit à l'étranger depuis une vingtaine d'années. Ses partisans ont bien participé à quelques tentatives infructueuses d'insurrection armée dans le sud du pays, mais Sun lui-même doit surtout sa renommée au fait que des agents des Qing l'ont enlevé et retenu prisonnier dans l'enceinte de l'ambassade de Chine à Londres en 1896. Il a réussi à faire passer un billet à un de ses amis qui s'est chargé d'alerter la presse et le gouvernement britannique. Un juge a alors ordonné sa libération en vertu du principe de l'*habeas corpus*. La nouvelle s'est propagée jusqu'en Chine, ce qui a procuré à Sun Yat-sen une notoriété immédiate.

Lorsque Sun débarque à Shanghai à bord d'un paquebot, un mois avant l'abdication de l'empereur Puyi, en décembre 1911, le général Yuan Shikai est reconnu comme le leader des forces républicaines. Un parlement provisoire installé dans l'ancienne capitale de Nankin a néanmoins élu Sun Yat-sen président de la république naissante. Conscient que le général Yuan est seul capable de rassembler les forces disparates du mouvement de réforme, Sun Yat-sen démissionne de son poste de président pour l'offrir au chef militaire. On convient de la nécessité d'élire rapidement un parlement national qui puisse donner à la Chine une constitution sur laquelle reposerait la jeune république. Ayant transformé son mouvement révolutionnaire en une puissante machine électorale, le Kuomintang, Sun Yat-sen va être le grand vainqueur des élections. Mais ce succès était également dû au brio politique de son adjoint et chef du parti, Song Jiaoren. Âgé de trente ans seulement, on le dit pédant et arrogant, deux défauts majeurs dans un pays qui prise chez ses dirigeants la sagesse et l'humilité. Il se révèle néanmoins habile politicien et son message trouve écho chez les Chinois, du moins les quarante millions qui ont le droit de vote, soit à peine dix pour cent de la population. Ce premier exercice démocratique du pays est en effet limité aux hommes âgés de plus de vingt et un ans qui détiennent un diplôme d'école élémentaire et qui disposent de biens immobiliers d'au moins 500 $ ou qui payaient des impôts pour une valeur de 2 $. La loi électorale proscrivait les illettrés, les fumeurs d'opium, les personnes en faillite, ceux qui n'étaient pas jugés sains d'esprit et les femmes.

Aussi imparfait soit-il, ce premier scrutin démocratique national annonce tout de même un nouveau jour politique pour la Chine. Il sera pourtant de courte durée. L'idéal de la république va en effet s'évanouir dans une mare de sang sur le quai de la gare de Shanghai, avant même que le nouveau parlement n'ait eu la chance de siéger. Le 20 mars 1913, Song Jiaoren, comme les autres députés, est en route pour Pékin pour la première session législative. On s'attend d'ailleurs à ce qu'il soit fait premier ministre. Mais avant même qu'il n'ait pu monter à bord du train, un homme s'approche de lui, brandit un pistolet et tire deux coups de feu à bout portant. Transporté à l'hôpital, Song Jiaoren mourra de ses blessures deux jours plus tard. Le général Yuan Shikai, profitant de la crise, s'empare du pouvoir. On le soupçonnera d'ailleurs d'avoir commandé l'assassinat de Song. Mais rien ne sera jamais prouvé puisque les suspects dans l'attentat vont disparaître dans des conditions mystérieuses avant d'avoir été jugés. Les médecins diront qu'on leur a ordonné d'attendre l'autorisation de Yuan avant de soigner les blessures de Song Jiaoren. L'autorisation ne viendra jamais. Le printemps démocratique de la Chine n'aura pas duré longtemps. Le meurtre de Song Jiaoren, quant à lui, allait symboliquement être aussi lourd de conséquences pour la Chine que l'assassinat, l'année suivante, pour l'Europe, de l'archiduc d'Autriche à Sarajevo, incident qui va déclencher la Première Guerre mondiale. Si Song n'avait pas été assassiné, la Chine aurait été en voie de devenir la première république démocratique de l'Asie du Sud-Est. Au lieu de cela, elle va sombrer dans le militarisme et la division.

Le général Yuan Shikai ne va pas longtemps s'embarrasser des attributs de la république. Afin d'éliminer le principal foyer d'opposition à ses visées autoritaires, il déclare hors-la-loi le parti de Sun Yat-sen, le Kuomintang, qui détient la majorité des députés à l'Assemblée nationale. Puis il intimide ou soudoie le reste de la députation. En 1914, Yuan abolit finalement le parlement et adopte une nouvelle Constitution qui lui accorde des pouvoirs quasi absolus ainsi que la présidence à vie. Le parlement, a-t-il confié à ses proches, n'était pas fonctionnel. À son avis, des huit cents députés, deux cents seulement sont compétents. Deux cents, passifs, et les autres, inutiles. Pour asseoir son autorité, Yuan censure la presse, pourchasse ses opposants et restaure le culte de Confucius, discrédité depuis la chute des Qing. L'année suivante, incapable de résister à la tentation de l'absolutisme, il se fait couronner empereur, se donnant ainsi des airs de Napoléon chinois. La cérémonie de son couronnement a lieu au Temple du ciel à Pékin. Yuan, craignant un attentat, s'y fait conduire à bord d'une voiture blindée. Et là, vêtu d'une tunique traditionnelle de couleur pourpre brodée de dragons, il se donna le nom de Hongxian, qui signifie «abondance constitutionnelle[9]». On ignore si Yuan exprimait par là un sens aigu de l'ironie ou s'il souhaitait conférer une légitimité démocratique à son règne auto-proclamé. Son titre révélait néanmoins à quel point le vocabulaire républicain faisait maintenant partie du discours politique chinois, même s'il demeure vide de sens. Quoi qu'il en soit, le règne de Yuan sera de courte durée. Contesté de toutes parts, il consent à abolir la monarchie à peine deux mois après son couronnement. Il mourra l'année suivante, d'une infection sanguine, dans l'opprobre et le ridicule. Loin de consolider les bases de la république naissante, Yuan en a détruit le socle. La Chine, quatre ans seulement après la chute des Qing, retombe dans l'anarchie et la division. En voulant centraliser le pouvoir entre ses mains, le vieux général a, sans doute sans l'avoir voulu, livré le pays aux seigneurs de guerre.

Pendant le règne du général, pas moins de sept provinces ont déclaré leur indépendance du gouvernement central. Elles sont dirigées par des chefs militaires qui mènent leurs fiefs un peu à la manière des rois de l'Europe médiévale. La seule légitimité du gouvernement de Pékin provient de la reconnaissance étrangère et du fait qu'il contrôle encore les revenus douaniers du pays. Entre 1916 et 1928, la Chine connaîtra vingt-six premiers ministres et neuf chefs d'État, tous plus faibles et impuissants les uns que les autres. Pour le reste, la stabilité du pays est assurée par l'équilibre des forces des gouverneurs des régions, ces chefs militaires aussi puissants qu'excentriques. Ils se démarquent par leur style de vie autant que par leur philosophie politique. Celui de la province de Shandong, le général Zhang Zongchang, est connu pour son extrême violence et son harem de concubines, Chinoises aussi bien que Françaises, Russes et une Américaine. Il s'est auto-proclamé «grand général de la justice». Feng Yuxiang, dit le «général chrétien», s'est quant à lui converti au méthodisme, a épousé une employée du YMCA et fait chanter des cantiques de Noël à ses troupes. Wu Peifu, le seigneur du Hunan, était connu comme le plus ins-truit des seigneurs de guerre. Surnommé le «général philosophe», il affectionne la calligraphie chinoise et a accroché au mur de son bureau un portrait de George Washington. Le plus avant-gardiste des chefs militaires est sans doute Yan Xishan, du Shanxi. Surnommé le «gouverneur modèle», il a tenté de moderniser sa province en développant le charbon et l'acier, en encourageant l'irrigation et en interdisant à ses sujets de bander les pieds des femmes. Il prétendait que sa philosophie politique unissait rien de moins que le militarisme, le nationalisme, l'anarchisme, la démocratie, le capitalisme, le commu-nisme, l'individualisme, l'impérialisme, l'universalisme et le paternalisme[10].

Un tel éclectisme révélait à quel point la Chine, quelques années seulement après sa révolution, se trouvait dans un état d'anarchie et de dysfonction aussi prononcé que dans les dernières années de la dynastie Qing. Et, surtout, à quel point son projet de république était devenu une parodie. Malgré des revers personnels et politiques, Sun Yat-sen, à travers ces années de turbulence, n'a pourtant rien abandonné de son idéal démocratique. Après avoir cédé la présidence au général Yuan, pour le bien du pays, il a accepté de siéger dans son gouvernement en qualité de ministre des Chemins de fer. Lorsque le général, suite à son coup de force, a déclaré son parti, le Kuomintang, illégal, Sun Yat-sen a compris qu'il devait au plus tôt quitter le pays. Il s'est réfugié au Japon, où il s'était mis à la tâche de raffiner son projet politique et de fonder une nouvelle alliance révolutionnaire, le KMT, capable de renverser le gouvernement fantoche de Pékin. L'ouvrage de la république était à remettre constamment sur le métier.

En 1922, Sun Yat-sen débarque clandestinement à Canton, dans le sud de la Chine, avec l'intention d'y établir un gouvernement régional qui doit lui servir de tremplin pour prendre le contrôle de l'ensemble du pays. Tchang Kaï-chek, son jeune adjoint militaire, va bientôt se joindre à lui. N'ayant ni les ressources financières ni les ressources militaires pour mener l'opération à terme, Sun n'hésite pas à s'allier aux communistes chinois et accepte l'aide de conseillers militaires soviétiques. Il a d'ailleurs demandé aux États-Unis et aux puissances européennes de former une force expéditionnaire pour renverser le gouvernement de Pékin et l'installer au pouvoir. Les gouvernements étrangers ne donneront pourtant pas suite à cette requête. Tout de même, avec l'aide des sympathisants communistes et de conseillers soviétiques, Sun et Tchang allaient réussir à établir un gouvernement provisoire à Canton. L'administration de Sun sera pourtant surtout connue pour son inefficacité, ce qui confirme que le père de la démocratie chinoise est davantage un théoricien qu'un praticien du pouvoir. La Chine, entre-temps, sombre de plus en plus dans le banditisme. Les seigneurs de guerre se disputent les revenus du trafic de l'opium et taxent impunément les populations locales pendant que des bandes armées errent dans les campagnes, terrorisant les villages et faisant du kidnapping une véritable industrie.

Graduellement, Sun Yat-sen en vient à la conclusion que la Chine n'est pas prête pour la démocratie. Sun croit maintenant qu'il faudrait franchir trois étapes avant d'en arriver à un gouvernement démocratiquement élu. Une fois installé au pouvoir, après avoir renversé le gouvernement de Pékin, le parti révolutionnaire de Sun doit se constituer en gouvernement militaire de tutelle. Il s'ensuivrait une période d'éducation démocratique du peuple. Lorsque celui-ci sera jugé prêt à exercer le droit de vote, le gouvernement révolutionnaire organisera des élections et la Chine deviendra une véritable république. Sun, pourtant, ne sait pas combien de temps durera chacune des étapes. En 1924, deux ans après avoir établi sa base à Canton, Sun, conscient qu'il ne lui reste pas longtemps à vivre, se rend secrètement à Pékin dans l'espoir de négocier une trêve avec le régime. Il y mourra quelques mois plus tard d'un cancer du foie. Signe de la complexité du personnage, Sun aura droit à deux funérailles, l'une chrétienne et l'autre chinoise. Staline enverra même un cercueil usagé de Moscou pour enterrer Sun. Ses proches, déclinant l'offre de Staline, vont plutôt l'ensevelir dans un tombeau en dehors de Pékin.

Sun, le leader spirituel du mouvement démocratique chinois, allait devenir une source d'inspiration encore plus forte pour les réformateurs du pays après sa mort. Dans les églises, ses supporters remplacent les crucifix par son portrait et son nom orne les paquets de l'une des marques de cigarettes les plus populaires de Chine. Après une dure campagne, son bras droit militaire, Tchang Kaï-chek, réussit à unifier les forces du Sud et à s'emparer de Pékin en 1928. L'un des premiers gestes de Tchang est de se recueillir sur la tombe de Sun Yat-sen. Tchang semble déterminé à établir, sinon un gouvernement démocratique, à tout le moins un gouvernement d'unité nationale auquel pourraient se rallier les Chinois. Pour marquer le début d'une nouvelle ère politique, Tchang fait déménager la capitale de Pékin à Nankin. En 1929, un congrès extraordinaire du Parti nationaliste décrète que le parti formera un gouvernement de tutelle jusqu'en 1935, le temps d'instruire les Chinois sur les voies de la démocratie. Tchang semble non seulement décidé à suivre le programme politique de cheminement vers la démocratie de son mentor Sun Yat-sen, mais il a conclu que sa propre légitimité et celle de son gouvernement passent par le développement d'un culte à Sun. Tchang fait transférer la dépouille de Sun dans un somptueux mausolée sur une colline en bordure de Nankin. Il est dorénavant obligatoire de saluer le portrait de Sun et de lire son testament politique dans les réunions publiques. Ses écrits figurent aussi dans les manuels scolaires.

Afin de consolider son gouvernement, Tchang nomme plusieurs des seigneurs de guerre à son conseil des ministres. Il s'adjoint aussi un nombre de conseillers étrangers, dont le magnat de l'automobile Henry Ford, quoique celui-ci n'accepte de conseiller Tchang qu'à condition de ne pas avoir à se rendre en Chine. Malgré la victoire des nationalistes, le pays demeure pourtant dangereusement instable et divisé, plusieurs des gouverneurs des régions ne professant qu'une adhésion de façade au nouveau gouvernement. Par instinct ou par nécessité, Tchang Kaï-chek va graduellement abandonner ses visées démocratiques et se replier sur le terrain plus familier de l'autoritarisme. Il est après tout un militaire de carrière qui a dirigé la célèbre académie militaire Whampoa de Canton, celle-là même qui a introduit en Chine les techniques militaires occidentales. Plusieurs de ses diplômés ont suivi Tchang jusqu'à Nankin et font partie de son entourage.

Tchang tente d'imposer une stricte discipline militaire à son gouvernement, voire au pays. Il lance un mouvement pour une Nouvelle Vie, un code de conduite qui valorise les principes de piété filiale et d'harmonie sociale de Confucius et qui interdit notamment de cracher ou de fumer en public. Le paternalisme de Tchang Kaï-chek aura pourtant rapidement des accents de fascisme. Il se proclame Généralissimo et mène le gouvernement d'une main de fer avec l'aide d'une police secrète et d'une garde personnelle qui affectionne le port de la chemise bleue comme signe distinctif. Tchang est convaincu que la Chine s'en va à sa perte morale. Il reproche aux intellectuels de saper les valeurs traditionnelles du pays, surtout à ceux associés au Mouvement du 4 mai. Ce mouvement est né de manifestations sur la place Tiananmen contre le traitement humiliant de la Chine lors de la conférence de Versailles, en 1919, où s'est négocié le traité mettant fin à la Première Guerre mondiale. Les intellectuels du Mouvement du 4 mai estiment que la Chine doit s'ouvrir davantage au monde. Ils reprennent en cela le flambeau du mouvement d'auto-renforcement de la fin du dix-neuvième siècle. Un de leurs slogans populaires est que la Chine doit faire une place aux deux grandes dames de la réforme, « Mme De (démocratie) et Mme Sai (science) », seules capables de sortir la Chine de ce qu'ils appellent « l'obscurantisme des sphères politique, morale, universitaire et intellectuelle[11] ». Leur exemple servira plus tard d'inspiration au mouvement étudiant de 1989.

Même si les leaders du Mouvement du 4 mai se disent prêts à sacrifier leur vie pour leurs idéaux, ils n'étaient pas de taille à rivaliser avec la répression de Tchang Kaï-chek. Sans leader, sans stratégie et sans enracinement dans la population, leur mouvement de protestation va se briser sur les remparts de l'autoritarisme. Avec le déclenchement de la guerre contre le Japon, certains des intellectuels du Mouvement du 4 mai accepteront, par devoir patriotique, de servir le régime du Guomintang ; d'autres rejoindront Mao dans le maquis. Afin de museler l'opposition qui se fait de plus en plus forte devant ses méthodes autoritaires, Tchang censure la presse et ordonne aux écrivains et aux artistes de produire des œuvres célébrant la grandeur de la civilisation chinoise. Loin de se transformer en démocrate, Tchang Kaï-chek se comporte de plus en plus en dictateur. En 1936, l'année où il avait promis d'instaurer la démocratie, il proclame plutôt son infaillibilité avec sa célèbre déclaration : « Je suis le Généralissimo, je n'erre pas. La Chine ne peut pas réussir sans moi[12]. »

Vingt-cinq ans après la chute des Qing, la Chine a donc raté son rendez-vous avec la démocratie. Les Chinois vont maintenant subir dix ans de guerre contre le Japon et quinze ans de guerre civile entre les nationalistes de Tchang

Kaï-chek et les communistes de Mao. Deux conflits qui se déroulent simultanément et qui laisseront le pays épuisé. L'échec de la république sera lourd de conséquences pour la Chine. Il accréditera la thèse, encore largement répandue aujourd'hui, que la démocratie libérale est incompatible avec la Chine, comme s'il manquait au pays un gène qui lui permette de se gouverner à partir d'un parlement élu. En 1912, les conditions ne sont pas des plus favorables pour que la Chine réussisse son passage vers la démocratie. Le régime impérial est tombé presque trop rapidement, avant que les réformateurs n'aient eu le temps d'organiser une transition en douceur. Non seulement le pays n'a pas su faire l'apprentissage de la démocratie, malgré l'établissement de parlements régionaux et de conseils municipaux, mais la Chine ne dispose pas des institutions nécessaires à la réussite de sa république, au premier titre un État de droit. Dans un contexte où, de surcroît, une bonne partie du pays est entre les mains de seigneurs de guerre, ce sont les militaires qui prendront la tête du mouvement républicain. Les sympathies naturelles de Yuan Shikai, le vieux général qui deviendra le principal fossoyeur de la république, le portent davantage du côté de l'autoritarisme que du parlementarisme. Ce n'est pas sans raison que Sun Yat-sen en est arrivé à la conclusion que les Chinois ne sont pas mûrs pour la démocratie, qu'il leur faudra une période d'apprentissage sous la tutelle d'un gouvernement militaire avant de pouvoir, de façon responsable et efficace, choisir démocratiquement leurs dirigeants. La Chine, pourtant, retombera dans l'autoritarisme avant même de pouvoir bénéficier d'une période d'incubation qui aurait pu donner à sa démocratie le temps de devenir viable.

Le corollaire de ce raisonnement est que la Chine ne peut être gouvernée que par un régime autoritaire à parti unique. Encore aujourd'hui, les dirigeants du Parti communiste repoussent sans cesse l'échéance de la démocratisation du pays sous prétexte que la Chine n'est pas encore assez développée pour pouvoir élire son gouvernement. Les arguments sont bien connus : les Chinois sont trop pauvres, pas assez instruits, le pays est trop grand pour que la démocratie libérale puisse y fonctionner. Cela devient à la fois un blocage mental pour bien des Chinois et une façon de justifier le maintien d'un régime à parti unique.

L'échec de la démocratisation de la Chine aura marqué le discours politique chinois d'une autre façon. Chaque dirigeant autoritaire de la Chine, au cours du vingtième siècle, sentira en effet le besoin de chanter les vertus de la démocratie même si ses actes consisteront à en nier l'avènement. Tchang Kaï-chek, comme disciple de Sun Yat-sen, se proclame démocrate mais juge qu'il doit imposer un régime autoritaire avant que la population ne soit habilitée à exercer son droit de vote. Mao, en déclenchant sa révolution communiste, parlera d'instituer la « vraie démocratie », même si la terreur et la répression politique sous son règne atteindront des sommets inégalés. De Deng Xiaoping à Hu Jintao, les dirigeants communistes qui se sont succédé depuis Mao font la distinction entre la démocratie au sein du Parti communiste et la « démocratie bourgeoise » occidentale, qui ne saurait convenir aux caractéristiques du peuple chinois. Un tel discours permet de justifier le monopole du pouvoir qu'exerce le Parti communiste, de rejeter la démocratie libérale comme étant inadaptée à la réalité chinoise et de contrer les accusations d'autoritarisme qui proviennent aussi bien de l'intérieur que de l'extérieur de la Chine. Paradoxalement, la démocratie, ou plutôt la justification de son absence, fait désormais partie intégrante du discours politique chinois. Le rêve démocratique de Sun Yat-sen, malgré son échec, n'en continue pas moins, par l'idée de sa promesse non tenue, d'habiter l'univers politique chinois.

# 3

## LA DÉMOCRATIE DE MAO

*Avril 1945*

    *Sentant la fin de la guerre contre les Japonais proche et anticipant la bataille décisive contre les nationalistes de Tchang Kaï-chek, Mao convoque le VII<sup>e</sup> Congrès du Parti communiste pour jeter les bases de l'État chinois tel qu'il l'envisage. Devant ses compagnons d'armes, Mao parle de la nécessité d'anéantir la dictature du Guomintang et de la remplacer par un régime fondamentalement démocratique. « Il faut accomplir une réforme démocratique dans tout le pays, déclare-t-il. Les droits du peuple à la libre expression et à la libre publication, les droits de réunion, d'association, la liberté de pensée et de croyance et la liberté de disposer de son corps sont les libertés les plus importantes. » Comme il arrive souvent avec Mao, la fin justifie les moyens. Son appel à la démocratie vise à obtenir le soutien d'une majorité de Chinois. C'est pour cela qu'il appelle à la création d'un gouvernement de coalition qui comprendrait plusieurs partis autres que le Parti communiste. Mais dans l'esprit de Mao, une telle alliance ne doit être que circonstancielle et temporaire. Une fois au pouvoir, il a bel et bien l'intention de faire régner le Parti communiste en maître absolu et de réaliser sa révolution socialiste. Ce sera, pour reprendre la phrase du sinologue Michel Bonnin, la « démocratie au service de la dictature[1] ».*

* * *

    Lorsque l'on considère l'ensemble de l'œuvre totalitaire de Mao, il est naturel de penser que l'idéal de la démocratie en Chine a disparu dans un grand trou noir dès l'arrivée des communistes au pouvoir en 1949 et qu'elle n'a ressurgi de cet abîme qu'après la mort du

Grand Timonier à la fin des années 1970. La terreur que Mao fera régner sur la Chine pendant plus d'un quart de siècle masque pourtant une relation complexe que le chef communiste entretient avec l'idée de la démocratie à partir de l'époque où, dans le maquis, il planifie sa révolution communiste. Lorsque l'on scrute les écrits et les déclarations de Mao, des années 1920 jusqu'à la Révolution culturelle, on constate qu'il jonglera avec une bonne demi-douzaine de conceptions de la démocratie. Il parlera tour à tour de démocratie de parti, de centralisme démocratique, de démocratie du peuple, de dictature démocratique, de vraie démocratie et, enfin, de grande démocratie. Tous ces concepts et slogans serviront à légitimer sa révolution communiste et à renforcer son emprise sur le pouvoir. Cela ne fera pas de Mao un démocrate, au contraire, mais le fait que lui et ses successeurs communistes ont, au cours des décennies, pétri, étiré, modifié, déformé la notion de démocratie pour l'adapter au discours et au projet communiste influence encore aujourd'hui la façon dont on conçoit la démocratie en Chine.

Contrairement à d'autres leaders communistes de l'Asie, y compris son alter ego Chou En-lai, Mao n'a pas appris les rudiments du marxisme dans les facultés ou les capitales européennes. Son apprentissage intellectuel s'est fait dans la clandestinité des groupuscules communistes du sud de la Chine. Ainsi, la pensée politique de Mao est sans cesse conditionnée par des considérations tactiques du terrain. Mao évoquera la démocratie une première fois pour unifier les forces communistes et obtenir l'appui des populations rurales lorsqu'il combat les armées nationalistes. Après une première défaite contre Tchang Kaï-chek en 1927, les communistes se sont réfugiés dans les montagnes du Hunan et du Yunan, dans le sud-ouest de la Chine. C'est l'époque où Mao déclare que le parti doit être dans le peuple comme un poisson dans l'eau. Il doit s'inspirer des idées du peuple, les adapter à la doctrine marxiste puis les réintroduire dans le peuple où elles se transformeront en action. Il s'agit pourtant largement d'une relation à sens unique, puisque le peuple n'a pas vraiment son mot à dire dans l'opération. Mao, en fait, reprend les principes du « centralisme démocratique » de Lénine, où le parti est souverain et guide le peuple dans sa progression socialiste. Au demeurant, cette conception de la démocratie à travers le parti n'est qu'un slogan, puisque Mao et l'Armée rouge battent en retraite devant les forces nationalistes qui les assiègent dans les montagnes. En effet, dans les années 1930, Mao mène une vie de maquisard. Les communistes s'apprêtent à entreprendre leur Longue Marche, une épreuve surhumaine qui coûtera la vie à la vaste majorité d'entre eux et qui assoira le mythe de leur ténacité.

Malgré sa profession de foi démocratique, Mao s'adonnera déjà à l'époque à l'une des grandes purges qui deviendront sa marque de commerce, sa méthode pour éliminer ceux qu'il juge idéologiquement impurs ou des rivaux potentiels à son leadership. En 1931, Mao s'est allié à la base communiste du Jiangxi, et leurs forces combinées ont infligé une rare défaite aux nationalistes lors de la grande bataille de Changsha. Les soldats avaient à peine commencé à savourer la victoire que Mao convoque une réunion extraordinaire du parti pour le purger de ses éléments antirévolutionnaires. Il accuse les leaders de la base du Jiangxi d'être des élitistes alliés aux propriétaires terriens et aux riches paysans et il ordonne leur liquidation. Lorsque le massacre et les tortures seront terminés, on estimera à des dizaines de milliers le nombre d'officiers et de soldats qui auront été passés par les armes. Le Parti communiste, selon Mao, se devait peut-être d'être à l'écoute du peuple et de pratiquer la démocratie dans ses armées, mais lui-même avait la ferme intention d'exercer un contrôle total sur le parti et d'éliminer par la violence tout adversaire qui le menaçait. Il ne sera pas non plus enclin à tolérer quelque dissidence que ce soit.

En 1942, en pleine guerre civile contre les nationalistes et au plus fort de la résistance contre les Japonais, Mao lance le premier de plusieurs « mouvements de rectification». Beaucoup de jeunes intellectuels chinois, devant l'horizon démocratique bouché des nationalistes, se sont joints à Mao dans la zone libérée du Yan'an. Ils étaient dans bien des cas issus des familles aisées des villes côtières et ils étaient habitués à dire ce qu'ils pensaient. Convaincus que la zone communiste offre plus de liberté que les régions nationalistes, ces jeunes intellectuels n'hésitent pas à critiquer les privilèges et les passe-droits des cadres communistes. Ils vont rapidement déchanter et se rendre compte que la liberté démocratique selon Mao n'est qu'un slogan, que la liberté d'expression dans les zones «rouges» communistes est même moins tolérée que dans les zones «blanches» de Tchang Kaï-chek. Mao, sentant son autorité contestée par ces jeunes bourgeois qui, de surcroît, se comportent comme s'ils étaient supérieurs aux paysans, en envoie des centaines à la campagne pour se faire rééduquer.

À l'époque, Mao et les autres leaders communistes chinois partagent largement la vision de Marx et de Lénine sur la démocratie. Essentiellement, pour les marxistes-léninistes, la démocratie libérale, telle qu'elle existe dans des pays capitalistes comme la France, la Grande-Bretagne ou les États-Unis, n'est qu'un instrument de plus pour opprimer la classe ouvrière. C'est une fausse démocratie, puisque le système politique est dominé par les propriétaires capitalistes; en exerçant leur droit de vote, les ouvriers, au fond, légitiment ceux qui vont les exploiter. Ils n'ont, en quelque sorte, que le choix de leur oppresseur. La vraie démocratie, la seule qui puisse répondre aux aspirations du peuple, est la démocratie qui s'exerce par l'entremise du Parti communiste à partir du moment où la révolution prolétarienne est accomplie. Ce «centralisme démocratique» conçu par Mao doit fonctionner à peu près de la façon suivante: la question est discutée à l'intérieur du parti, qui prend une décision, laquelle est mise en vigueur. Le parti consulte largement la population avant de prendre une décision, puis convainc la population d'accepter la décision qu'il a prise.

La difficulté, pour Mao, est que la révolution communiste avait été conçue par Marx pour s'appliquer à des sociétés industrialisées, et non à des sociétés agraires comme la Chine. Il n'y a pas, en Chine, de classe ouvrière suffisamment importante pour se révolter contre la classe capitaliste. En 1929, à peine trois pour cent des membres du Parti communiste chinois provenaient du prolétariat. Il faut donc adapter la doctrine marxiste à la réalité chinoise. Mao en vient à la conclusion que, avant d'être prêts pour la démocratie socialiste, les Chinois doivent faire l'apprentissage de la démocratie libérale, qu'ils rejetteront bien assez vite pour finir par épouser le socialisme. La doctrine marxiste-léniniste prévoit d'ailleurs qu'on doit passer par une révolution bourgeoise avant d'en arriver à une révolution socialiste, comme si les travailleurs devaient d'abord prendre conscience de leur exploitation avant de pouvoir se révolter. Il y avait des précédents pour ce genre de compromis idéologique dans la grande famille marxiste. Lénine lui-même, peu après la révolution bolchévique, s'était rendu compte que les Russes n'étaient pas prêts pour l'économie communiste. Il a dû, pendant quelques années, rappeler les industriels capitalistes pour secourir l'économie soviétique du naufrage et instaurer une période de transition entre capitalisme et communisme. Dès les années 1940, Mao en vient à la conclusion qu'il faut à la Chine le même genre de transition politique, que le pays doit faire l'expérience de la démocratie libérale comme transition vers la démocratie socialiste.

Mao, contrairement à Marx, n'aura pas le luxe de peaufiner sa philosophie politique dans le calme et le confort de sa bibliothèque de Londres. Pendant la quinzaine d'années qui sépareront le début de la Longue Marche de la victoire communiste, Mao traînera ses idées révolutionnaires dans sa besace, adaptant sans cesse sa stratégie aux contours d'un terrain politique instable et changeant. Le long et tortueux parcours que prendra sa révolution le forcera à forger des alliances et à faire des détours idéologiques qui, dans d'autres circonstances, auraient semblé défier la loi de la logique et de la gravité. Lorsque Mao émerge de la Longue Marche, à l'automne 1935, après une traversée cauchemardesque du plateau tibétain en plein hiver, il a perdu quatre-vingt-dix pour cent de son armée ; il en est même réduit à vivre dans une grotte du Shaanxi, plateau sablonneux du centre de la Chine. Peu de gens auraient donné cher de sa peau. Mais l'Histoire va venir à la rescousse. Avant que Tchang Kaï-chek n'ait pu déclencher une offensive finale contre les communistes, les Japonais se lancent à l'assaut de la Chine. Soudain, les nationalistes doivent lutter sur deux fronts : contre les Japonais à l'est, contre les communistes au nord et à l'ouest. Même si l'invasion japonaise favorise Mao, dans la mesure où elle affaiblit les nationalistes de Tchang Kaï-chek, une victoire japonaise serait le pire scénario pour sa révolution communiste. Le seul espoir de la Chine de vaincre les Japonais réside, paradoxalement, dans une coalition des nationalistes et des communistes. Moscou et Washington, qui craignent eux aussi une victoire japonaise, font pression sur Tchang Kaï-chek et Mao pour qu'ils s'unissent. Tchang résiste, tergiverse. Il sent qu'avec suffisamment d'aide des Américains, il pourra venir à bout des armées japonaises. Sa position, pourtant, est précaire. Devant l'avancée japonaise, il a dû déménager sa capitale, son gouvernement et une bonne partie de l'industrie lourde du pays dans la ville de Chongqing, sur le Yantze, loin à l'intérieur des terres et hors de portée des armées japonaises. L'entêtement de Tchang frustre son principal conseiller américain, le général Joseph « Vinegar » Stillwell, qui a été dépêché en Chine pour coordonner la résistance contre le Japon. Stillwell a servi comme attaché militaire en Chine et parle chinois. Il n'a que mépris pour Tchang, qu'il traite de « paysan ignorant, illettré et superstitieux[2] ».

Le mariage forcé entre nationalistes et communistes sera finalement rendu possible par le rocambolesque enlèvement de Tchang Kaï-chek en décembre 1936. Ce dernier va voir un de ses généraux, Yang Hucheng, dans la ville de X'ian. C'est un piège, car Yang s'est secrètement allié aux communistes. Aux petites heures du matin, il fait arrêter Tchang, qui tente de s'enfuir en chemise de nuit et sans son dentier, resté sur la table de chevet. Mao, ravi du coup, veut faire exécuter Tchang, son ennemi juré. Mais Moscou intervient pour que les deux hommes discutent d'une alliance. Staline est convaincu que Tchang est le mieux placé pour empêcher les Japonais de conquérir la Chine. Mao obtempère et Chou En-lai est dépêché à X'ian pour négocier avec Tchang. Les deux hommes concluent une trêve pour combattre ensemble les Japonais et le Généralissimo est libéré.

L'alliance des nationalistes et des communistes, qui combattront sur des fronts différents et non côte à côte, permettra de ralentir l'avancée des Japonais. La trêve donnera également aux communistes le temps de reconstituer leurs forces sans craindre les attaques de Tchang Kaï-chek. La période d'alliance, qui durera jusqu'à la fin de la guerre en 1945, donnera par ailleurs lieu à un complexe ballet politique entre Washington, Moscou, Tchang Kaï-chek et Mao, période où Mao vantera les mérites de la démocratie pour faire adhérer les Chinois à sa cause et tenter d'obtenir le soutien des Américains. Car même s'ils sont des alliés circonstanciels dans un combat à finir contre le Japon, Tchang et Mao ne perdaient pas de vue l'objectif fondamental de leur lutte : le pouvoir dans ce que serait la Chine une fois la guerre terminée.

Le contact américain de Mao en Chine est John Service, un des quatre diplomates de carrière qui seront connus comme les *China hands* et à qui on reprochera longtemps, aux États-Unis, d'avoir perdu la Chine au profit des communistes. En 1943, Service, avec l'aide d'une dizaine de militaires, a établi une base près de Yenan, où se trouve Mao. Les Américains ont surnommé leur base «mission Dixie» parce qu'elle se trouvait en territoire rebelle[3]. Mao et son état-major communiste s'y rendent souvent, pour discuter avec Service et pour assister à des projections de films et à des soirées dansantes. Même s'ils vivent dans des

grottes creusées à même le flanc des collines et n'ont pas
l'eau courante, les Américains tiennent à s'offrir quelques
éléments de confort et de divertissement. Au fil de ses
discussions avec Mao, Service en vient à la conclusion que le
chef communiste est un démocrate. Mao ne fait rien pour
décourager cette impression. « Tous les soldats américains
qui se battent en Chine, dit-il à Service, doivent être des
réclames vivantes pour la démocratie, ils doivent parler de
démocratie à tous les Chinois qu'ils rencontrent[4]. » Mao
se dit en faveur de l'établissement d'un gouvernement
constitutionnel dont les députés seraient élus librement par
le peuple. Il propose même d'aller rencontrer le président
Roosevelt pour le convaincre d'abandonner son soutien à
Tchang Kaï-chek. C'est là, on s'en doute, le véritable but
de son opération de charme auprès de John Service. Et
celle-ci est apparemment couronnée de succès, puisque
Service recommande à Roosevelt de laisser tomber les
nationalistes de Tchang Kaï-chek pour donner son appui
à Mao. Le président, par contre, ne donnera pas suite à la
recommandation de son émissaire.

L'idée d'une alliance entre les communistes et
les nationalistes n'était pas nouvelle. Dès 1936, Mao a
proposé à Tchang de fonder ensemble une république
démocratique unifiée de toute la Chine. À l'époque, Mao
en était à raffiner sa doctrine politique dans une série
d'écrits. Selon la logique qu'il avait développée, cette
dictature démocratique qui doit unifier toutes les classes
n'est toutefois que provisoire[5]. Elle doit servir à libérer
la Chine des impérialistes et de ceux qu'il appelle les
« réactionnaires traîtres ». Mao qualifiait ce gouvernement
de « nouvelle démocratie », une révolution démocratique
bourgeoise menée par plusieurs partis politiques. Cette
révolution bourgeoise, selon Mao, ne devait cependant
servir que de prélude à une révolution socialiste. Dans les
faits, la proposition de Mao restera lettre morte. C'était,
à la limite, un exercice de théorisation sans possibilités
concrètes puisque le pays était en guerre. Mais il avait
l'avantage de permettre à Mao de jouer la carte patriotique

et démocratique auprès des intellectuels chinois qui se méfient de l'autoritarisme de Tchang Kaï-chek.

À Washington, Roosevelt en était venu à la conclusion, en dépit ou peut-être en raison de la rhétorique démocratique de Mao, que ce dernier n'est pas un vrai communiste mais plutôt le leader d'un mouvement socialiste de type agraire. Les Américains, d'ailleurs, sont convaincus que, lorsque la guerre sera terminée, ils pourront convaincre Mao de se joindre aux nationalistes dans un gouvernement national de type démocratique. Mao n'en avait-il pas lui-même déjà fait la proposition ? Roosevelt espère surtout éviter que, une fois les Japonais défaits, la Chine ne sombre dans la guerre civile. En novembre 1944, le nouvel ambassadeur des États-Unis en Chine, Patrick Hurley, un ancien cowboy devenu politicien, va voir Mao avec la ferme intention de forger un pacte politique entre les communistes et les nationalistes. Mao lui fait part de ses conditions : un gouvernement de coalition, un conseil militaire conjoint, des ravitaillements américains et la libération des prisonniers politiques. Hurley fait rédiger un document officiel contenant les demandes de Mao et y fait ajouter les notions de démocratie et de liberté. Mao le signe sans broncher.

Il faudra attendre la fin août 1945, deux semaines après la reddition des Japonais, pour que de véritables négociations commencent sur la formation d'un gouvernement de coalition entre nationalistes et communistes. Patrick Hurley va personnellement chercher Mao en avion afin de le ramener à Chongqing pour une conférence constitutionnelle. Vingt ans après le début de leur conflit armé, Mao et Tchang Kaï-chek se rencontrent face à face, soi-disant pour se partager le pouvoir dans la Chine libérée. Mais c'est beaucoup demander à ces ennemis jurés. Pendant les premiers jours de la conférence, Mao et Tchang donnent l'impression de vouloir collaborer. Mao propose même un toast dans un dîner officiel où il souhaite «longue vie au président Tchang Kaï-chek[6]». En coulisse, cependant, les deux hommes rivalisaient de tactiques pour saborder les discussions, chacun faisant des demandes qu'il savait l'autre incapable d'accepter. Ce sont surtout les Américains et les Soviétiques qui tiennent à un gouvernement de coalition. Malgré une entente de façade, les combats reprendront bientôt de plus belle entre les forces nationalistes et communistes. Ils ne prendront fin qu'avec la victoire de ces derniers en 1949.

Le 1er octobre 1949, Mao proclame la fondation de la République populaire de Chine du haut de la Cité interdite à Pékin. Tchang Kaï-chek est toujours en fuite dans le Sichuan, d'où il finira par gagner Taiwan avec ce qu'il reste de son gouvernement. Fidèle à son programme, Mao prévoit que son premier gouvernement sera une démocratie de type «bourgeois» formée de plusieurs partis et de classes dont certaines sont appelées à disparaître. Le mois précédent, en septembre 1949, Mao a convoqué une conférence consultative formée de représentants de plusieurs tendances politiques. Le programme commun adopté par cette conférence proclame la primauté des droits pour les Chinois, notamment la liberté de pensée, de parole, de publication, de rassemblement, d'association, de correspondance, de la personne, de choisir son lieu de domicile, de mouvement, de religion ainsi que le droit de manifester. Il garantit le droit à la propriété et assure que les représentants du peuple seront élus au suffrage universel[7]. Seule exception, les «réactionnaires politiques» sont privés de ces droits, catégorie qui permettra bien assez rapidement à Mao d'écraser tous ceux qui s'opposent à ses volontés ou qui divergent d'opinion avec lui.

Malgré leur victoire, les communistes ne jouissent pas encore du soutien généralisé de la population. Pour y parvenir, Mao donne à la nouvelle république toutes les apparences de la démocratie et de la réconciliation. Un des leaders de la Ligue démocratique, qui avait été persécutée par Tchang Kaï-chek, est nommé vice-maire de Pékin. Le général Fu, chef militaire nationaliste qui a changé d'allégeance et livré la capitale aux communistes, est nommé au cabinet. Mao rappelle même madame Sun Yat-sen à ses côtés, l'installe dans une villa et la nomme à l'un des six postes de vice-président du régime. Comme les nationalistes vingt ans plus tôt, les communistes se serviront du culte de Sun Yat-sen pour renforcer leurs appuis dans la population. Pourtant, ce n'est pas l'idéal démocratique du père de la Chine moderne qu'ils retiennent aux fins de propagande mais son passé de révolutionnaire, qui a contribué à la chute du régime autocratique des Qing. En privé, l'entourage de Mao décrit ces non-communistes comme des vases décoratifs. Mao laisse peu d'équivoque quant à ses véritables intentions lorsqu'il dit que cette «nouvelle démocratie» est vraiment une «dictature conjointe des classes révolutionnaires». À ce stade embryonnaire de la République populaire, pourtant, les communistes ont encore besoin des entrepreneurs capitalistes pour faire fonctionner l'économie en attendant la transition vers une économie socialiste planifiée. Le numéro deux du régime, Liu Shaoqi, déclare avec une certaine candeur que la nouvelle Chine doit tolérer un degré d'«exploitation capitaliste», qu'éliminer trop rapidement la bourgeoisie aurait pour effet de faire échouer les industries dont la Chine a besoin. Il faudra probablement, ajoute-t-il, laisser la bourgeoisie exister et même se développer pendant plusieurs décennies. L'objectif des communistes est de nationaliser graduellement les grands groupes industriels.

Les signaux des leaders communistes sont parfois mixtes. En 1951, le régime lance une première campagne de «rectification» où les paysans sont incités à tenir des procès publics. Les riches et les propriétaires défilent sur des estrades, forcés à avouer leurs crimes avant d'être battus et souvent mis à mort. Le ministère de la Sécurité publique publie même un manuel expliquant comment tenir une session d'accusation. On encourage les enfants à dénoncer leurs parents, les travailleurs à dénoncer leurs collègues et les voisins à se dénoncer mutuellement. Officiellement, la campagne de rectification a pour but de parachever la lutte des classes, mais elle sert également de prétexte à une vague de paranoïa et de règlements de comptes dans les quartiers, les villages, les usines et même dans les familles. Lorsque la folie meutrière prend fin, on estime que la campagne contre les «ennemis du peuple» a fait de huit cent mille à cinq millions de morts.

Mais il ne suffit pas d'éliminer physiquement les bourgeois pour que la révolution triomphe. Il faut éliminer tous les foyers potentiels de contestation du pouvoir et de son idéologie marxiste. Il faut effacer de la mémoire collective toute trace de pensée libérale occidentale. L'un de ces foyers potentiels, c'est celui des intellectuels dont beaucoup ont été formés à l'occidentale et qui sont habitués à l'indépendance d'esprit et à l'esprit critique. Le régime communiste, pourtant, a besoin de leur apport et de leur expertise. Au début des années 1950, Mao lance donc une vaste campagne de rééducation des intellectuels. Des dizaines de milliers d'écrivains, d'artistes, de professeurs, de journalistes, d'ingénieurs sont enrôlés dans des collèges révolutionnaires où ils passent de six à huit mois à faire leur éducation marxiste. Puisque beaucoup d'intellectuels proviennent de familles aisées, les cadres du parti les amènent à prendre conscience de leur statut de classe et à le renier. Ils suivent des cours sur la nature de la révolution et étudient les textes de Marx, Engels, Lénine et Staline ainsi que la doctrine maoïste. Enfin, ils sont tenus de participer à des séances d'autocritique et de rédiger des autobiographies dans lesquelles ils analysent leurs torts et ceux de leurs familles. Seulement lorsque le parti juge sincères leur repentir et leur rectification sont-ils autorisés à occuper un poste dans la nouvelle Chine révolutionnaire.

On assiste à un décalage croissant entre le discours sur la démocratie et la réalité de la dictature. Les libertés que Mao a promises aux Chinois pour le démarquer de l'autoritarisme de Tchang Kaï-chek sont graduellement réduites à néant ou soumises à la pensée unique du parti. En 1954, Mao abandonne le programme commun et le remplace par une constitution calquée sur le modèle soviétique. Comme la Constitution soviétique, la nouvelle Constitution chinoise proclame toujours la primauté des droits de l'individu. En réalité, elle sert de paravent à la répression et à la dictature du parti. Malgré l'engagement de Mao envers le suffrage universel, les députés de la nouvelle Assemblée nationale populaire, qui remplace l'ancien parlement, sont choisis à même une liste de candidats dressée par le Parti communiste. La nouvelle démocratie de Mao est déjà chose du passé.

En 1956, la jeune république n'a que sept ans; la Chine, pendant cette courte période, a subi une transformation radicale. L'agriculture est en voie d'être collectivisée, le pays est sur une lancée d'industrialisation sans précédent, la structure du gouvernement a été modifiée de façon fondamentale sans compter les millions de morts qu'ont provoquées ces bouleversements. Mao, installé dans les appartements jadis réservés aux membres de la cour, se comporte de plus en plus comme un empereur. Son portrait figure sur les billets de banque et les timbres-poste, et les écoliers entonnent des hymnes à sa gloire. À la manière des empereurs, le Grand Timonier prend graduellement des allures de figure paternelle pour un peuple qui émerge d'un demi-siècle de guerre civile. Il revêt ce que l'historien Jonathan Fenby a appelé, avec une élégante ironie, le «mandat céleste Marxiste-Maoïste[8]».

Les institutions du socialisme démocratique sont rapidement réduites à des potiches. Le parlement ne siège que rarement et sert uniquement à ratifier les décisions de l'état-major communiste sur lequel Mao commence déjà à faire régner sa terreur. Le chef communiste, satisfait des résultats du premier plan quinquennal, prédit que la révolution socialiste sera maintenant achevée dans trois ans. Les ratés de l'économie planifiée commencent pourtant à se faire sentir. Les paysans, forcés d'envoyer une partie de leurs récoltes dans les villes et en URSS en guise de paiement de la machinerie agricole, n'ont pas suffisamment à manger. Les nouvelles entreprises d'État ne réussissent pas à remplir les commandes de production que requiert le rattrapage industriel. Les révoltes rurales et les grèves ouvrières se multiplient. Le peuple n'a pas de représentation politique qui lui permette de faire connaître ses doléances. Des tensions apparaissent au sein du bureau politique, dont certains membres, tel Chou En-lai, croient qu'il faut ralentir la cadence des réformes.

Ces premiers questionnements à propos de la révolution chinoise arrivent au moment où la mort de Staline plonge la grande famille communiste dans une crise existentielle. C'est Khrouchtchev qui donne le coup d'envoi par son fameux discours de février 1956 dans lequel il dénonce Staline pour ses crimes et son culte de la personnalité. Quelques mois plus tard, inspirés par l'ouverture critique de Khrouchtchev, les Polonais et les Hongrois se révoltent contre la camisole de force imposée par Moscou. Mao appuiera la répression brutale des Polonais et des Hongrois par les Soviétiques. Mais il tire par ailleurs une importante leçon de cette crise : il doit donner un nouveau souffle à sa révolution en laissant les intellectuels s'exprimer. Ce sera, de la part de Mao, une ouverture démocratique aussi imprévue qu'éphémère, qui sera connue sous le nom de mouvement des Cent fleurs.

Le 2 mai 1956, Mao prononce un discours à huis clos devant mille huit cents délégués dans lequel il déclare qu'il faut laisser « cent fleurs s'épanouir » dans le domaine de la culture et « cent écoles de pensée rivaliser » dans le secteur des sciences. Compte tenu de la brutalité avec laquelle il réprimera plus tard ce mouvement d'ouverture, les véritables intentions de Mao feront l'objet d'une polémique académique qui dure encore aujourd'hui : a-t-il naïvement sous-estimé le mécontentement chez les intellectuels, ou s'agissait-il de sa part d'une astuce pour débusquer les ennemis du parti ?

Le discours de Mao porte sur la juste méthode pour composer avec les « contradictions du peuple ». En apparence, Mao tente de déterminer s'il lui faut faire preuve de plus d'ouverture pour éviter l'opprobre dont fait l'objet Staline depuis sa mort et les conditions qui ont mené au soulèvement des Polonais et des Hongrois contre leurs dirigeants communistes et, par extension, le leadership soviétique. Quoi qu'il en soit, l'invitation qu'il lance à la population pour qu'elle exprime ses doléances donne lieu à une avalanche de critiques et d'appels à la démocratie. À l'université de Pékin, les étudiants érigent un Mur de la démocratie qu'ils couvrent d'affiches critiquant le Parti communiste. Un professeur de la province de Hankou dénonce la tyrannie du régime et la farce que représentent les élections à partir de listes approuvées par le parti. Il se plaint que les Chinois ne connaissent rien des candidats, qu'ils sont devenus de simples machines à voter. Les critiques ne proviennent pas seulement des facultés. Mao, sans le vouloir, a déclenché un mouvement de réflexion et de révolte intellectuelle qui s'apparente à celui du 4 mai 1919. Même la presse officielle y joint sa voix. Le *Quotidien du peuple*, l'un des porte-parole du parti, annonce qu'il va couvrir dorénavant le «monde socialiste et le monde capitaliste», que cela soit agréable ou non. Liu Shaoqi, le numéro deux du régime, dira aux journalistes de rendre leur publication plus intéressante pour les lecteurs et déclare même qu'il est nécessaire de protéger les droits des contre-révolutionnaires. Dans plusieurs villes de Chine, des étudiants se révoltent, tabassent des cadres du parti et saccagent leurs bureaux. À Shanghai, on compte pas moins de quatre-vingt-six grèves en 1956. Plus de dix mille travailleurs se joignent à un nouveau parti démocratique. «Créons un autre incident hongrois», est devenu un slogan ouvrier populaire, faisant écho à la révolte dans les pays de l'Est.

Mao, de toute évidence, n'a prévu ni l'ampleur ni la virulence des critiques à l'endroit du régime communiste. Le déluge de dissidence déclenché par le mouvement des Cent fleurs révèle à quel point, huit ans seulement après la révolution communiste, bien des Chinois en rejettent la prémisse. Il n'y a rien de démocratique au socialisme de Mao. La dictature du peuple est en fait le despotisme du parti. La réaction de Mao va être brutale. Quatre mois seulement après avoir invité les Chinois à critiquer le parti, il lance une vaste campagne antidroitiste pour punir ceux qui ont osé s'exprimer. C'est Deng Xiaoping qui est chargé de mener la campagne pour, selon les termes de Mao, «faire sortir le pus de l'abcès». Plus de quatre cent mille intellectuels seront persécutés durant l'été de 1957. Ils sont désignés comme droitistes et soumis à d'humiliantes séances d'autocritique. On les accuse d'avoir comploté pour renverser le Parti communiste et réinstaller au pouvoir les «chiens de l'impérialisme». Nombre d'entre eux sont envoyés dans les camps de travail ou en prison. D'autres sont chassés à la campagne pour y faire l'apprentissage du travail de la terre. Tous sont fichés, leur carrière ruinée.

Pour justifier sa volte-face, Mao réécrit littéralement l'Histoire. Il fait publier une version amendée du texte dans lequel il avait invité le parti à permettre l'épanouissement du «mouvement des Cent fleurs». La nouvelle version du texte laisse entendre que l'expression de la liberté intellectuelle devait servir à renforcer le socialisme, non à le contester. La purge des intellectuels est justifiée par le fait que ces derniers ont fait une utilisation abusive et illégitime de leur liberté de parole. Mao écrit que la démocratie ne doit pas être vue comme une fin en soi, mais comme un moyen de résoudre les différends dans le parti et le peuple. Il rappelle qu'à l'époque de la révolution le Parti communiste a eu recours à la «grande démocratie» occidentale pour combattre l'impérialisme et le capitalisme. Mais cette «grande démocratie» était un moyen d'arriver aux fins du socialisme. Il ne peut y avoir de débat démocratique qui mette en doute les fondements de la révolution ou la primauté du Parti communiste. Deng Xiaoping, qui, trente ans plus tard, écrasera le mouvement de Tiananmen, précise de son côté qu'il faut faire la différence entre la «petite démocratie socialiste», qui est souhaitable, et la «grande démocratie bourgeoise», qui ne l'est pas[9]. Ces assises de la pensée de Mao sur la démocratie constituent encore aujourd'hui les fondements de la doctrine pratiquée par les dirigeants communistes chinois.

Mao fera une dernière contribution à l'idée de démocratie chinoise lors de la Révolution culturelle des années 1960 en accordant aux gardes rouges ce qu'il appelle la «Grande Démocratie». À l'époque, la Chine émerge du désastre qu'a entraîné le Grand Bond en avant, où les Chinois ont été arrachés à leurs terres et regroupés dans des communes agricoles et industrielles. L'objectif de Mao est de faire de la Chine une grande puissance économique capable de concurrencer les pays de l'Occident. Les cadres du parti encouragent même les paysans à fondre leurs ustensiles, leurs batteries de cuisine et leurs outils pour augmenter la production d'acier du pays. Le Grand Bond en avant est un échec; il démembre les familles, disloque les villages, appauvrit l'agriculture sans donner à la Chine l'essor économique et industriel souhaité par Mao. Au début des années 1960, plus de trente millions de Chinois mourront de faim et de malnutrition des suites du Grand Bond en avant de Mao. Devant les ravages de cette politique, certains membres du bureau politique, dont le président Liu Shaoqi, le secrétaire général du parti Deng Xiaoping et Chou En-lai, tentent de donner une direction plus pragmatique à l'économie. L'influence de Mao, qui est maintenant âgé de plus de soixante-dix ans, faiblit. Mao en veut particulièrement au président Liu Shaoqi. Ce dernier l'a défié publiquement lors du Congrès du Parti sur les dizaines de millions de personnes qui sont mortes de famine. Liu paiera cet affront de sa vie.

La Révolution culturelle, qui commencera en 1966, sera l'occasion pour Mao de rétablir son autorité sur le régime et d'évincer ceux qu'il considère comme ses ennemis. Certains, comme Deng Xiaoping, sont des compagnons de route de Mao depuis la Longue Marche. À l'origine, la Révolution culturelle vient du désir de certains proches de Mao de redorer l'image du Grand Timonier et de combattre ce qu'ils considèrent comme une dérive occidentale dans le parti et la société. Le ministre de la Défense, Lin Biao, se mettra à la tâche d'édifier un véritable culte à Mao. C'est à lui qu'on doit l'idée du petit livre rouge des pensées de Mao qui deviendra la bible des gardes rouges. L'autre grande architecte de la Révolution culturelle sera l'épouse de Mao, Jiang Qing. Ancienne star de cinéma, elle estime que les écrivains et les artistes chinois ont abandonné les idéaux de la révolution et qu'ils se servent même indirectement de leurs œuvres pour critiquer le parti et Mao. À l'hiver de 1966, inspirés par la campagne antibourgeoise de Jiang Qing contre les artistes, des étudiants de l'université de Pékin descendent dans la rue. La révolte se propage rapidement. En août, Mao s'adresse à des dizaines de milliers de gardes rouges du haut de l'entrée de la Cité interdite et donne son *imprimatur* à leur Révolution culturelle.

Mao en est venu à la conclusion que la révolution perdait de son souffle, que les bureaucrates du parti ont perdu leur dynamisme et qu'ils se sont engagés dans la voie du capitalisme. Il croit que la révolution doit être permanente, que c'est la seule façon de corriger le tir d'un régime en train de s'embourgeoiser. Tout ce qui n'est pas jugé conforme au système socialiste et à la dictature du prolétariat doit être attaqué. Les gardes rouges, qui marchent dans Pékin et dans les villages en brandissant le *Petit Livre rouge*, sont encouragés à donner libre cours à leur rage révolutionnaire et à s'en prendre aux quatre vieilleries : les «vieilles idées, la vieille culture, les vieilles coutumes et les vieilles habitudes[10]». Les écoles et les universités sont fermées pour permettre aux étudiants de participer à l'action révolutionnaire. Ils saccagent les temples et les édifices, détruisent les œuvres d'art et s'en prennent à ceux qui représentent l'autorité sous toutes ses formes. Parents, professeurs, cadres du parti et supérieurs paradent dans les rues coiffés d'un bonnet d'âne avant d'être soumis à de douloureuses et humiliantes séances d'autocritique sur des estrades publiques. Beaucoup en meurent; d'autres sont poussés au suicide. Mao a aussi décidé que la purge doit s'appliquer aux plus hautes sphères du parti et du gouvernement. Des dizaines de ses collègues et de ses proches sont dénoncés et limogés. Le sort le plus cruel est réservé à Liu Shaoqi. Le président est traîné à l'extérieur de sa résidence et forcé de réciter des passages du *Petit Livre rouge* de Mao. Liu et son épouse sont vilipendés pendant des heures et battus à quelques mètres seulement des appartements de Mao. Il est improbable que Mao n'ait pas entendu leur supplice. Quelque temps après, un éditorial du *Quotidien du peuple* accuse Liu d'être le plus grand des capitalistes. Il est arrêté et meurt de pneumonie en prison en 1969. Mao le fera soigner par des médecins en prison afin qu'il soit vivant lorsqu'il le fera expulser du parti.

Dans le but de donner une certaine légitimité à cette purge qui se fait dans l'hystérie et l'arbitraire, où les gens sont accusés et mis à mort sans autre forme de procès, Mao qualifie la Révolution culturelle de « Grande Démocratie ». Cette démocratie comprend quatre grandes libertés qui servent de sauf-conduit aux pires violences des gardes rouges : la liberté d'expression, celle d'exposer largement ses idées, de les afficher en grands caractères et la liberté d'organiser de grands débats. Mao dira de la Révolution culturelle qu'elle dépasse, en importance, celle de la Commune de Paris de 1871, révolte ouvrière emblématique de la littérature marxiste. La rage des hordes de jeunes qui composent les gardes rouges est pourtant moins dirigée contre les manquements idéologiques des membres du parti que contre l'avenir bouché que leur offre la vie sous le régime communiste. La plupart sont pauvres, ont peu de perspectives d'emploi, vivent à l'étroit en compagnie de leurs parents dans des logements minables et sont sous le joug de cadres locaux corrompus. Leur révolte est aussi, et surtout, le cri d'une jeunesse brimée. Sa purge achevée, Mao n'a plus besoin des gardes rouges. Il les renvoie à l'école et à l'université, où ils doivent remettre au vestiaire la liberté d'expression que le Grand Timonier leur a accordée le temps de leur révolte. Les cadres de l'armée prennent les postes de commande dans les ministères et les institutions. Tous les rivaux potentiels de Mao ont été évincés ou éliminés. Deng

Xiaoping, qui sera plus tard appelé à remplacer Mao, est déchu de ses fonctions et expulsé avec sa famille à la campagne. La dernière décennie du règne de Mao sera marquée par la stagnation politique et la grande noirceur culturelle.

La Révolution culturelle demeure à bien des égards le testament politique de Mao. Elle exprime les dernières volontés d'un homme qui ne peut envisager de partager le pouvoir et de permettre à la Chine d'évoluer vers un système politique qui sache composer avec le dialogue et la dissidence et les intégrer à son fonctionnement. En décrétant que la révolution doit être permanente, Mao fait de la dissension un acte de trahison. Cette équation a encore des incidences aujourd'hui. Il suffit qu'un blogueur chinois réclame sur internet la démocratie ou le respect des droits pour qu'il soit condamné à la prison pour actes antirévolutionnaires et tentative d'usurpation du pouvoir. Pendant toutes ces années, pourtant, Mao ne cesse d'évoquer la démocratie. Il s'en servira tour à tour comme appât pour augmenter des appuis, comme façade pour masquer son emprise croissante sur le pouvoir et comme légitimation des pires violences. La *démocratie du parti*, qui a pris la forme illusoire de *démocratie libérale* avec la prise du pouvoir, devient la *nouvelle démocratie* avec l'élimination de la bourgeoisie avant de se transformer en parodie suprême de la *Grande Démocratie* lors de la Révolution culturelle. Au fil du temps, l'idée de démocratie est utilisée par Mao et par le Parti communiste pour justifier son contraire. Le sens même du terme se trouve complètement étiolé. La démocratie, dans la Chine communiste, c'est l'obéissance aveugle au parti et à la pensée de Mao. Toute dissidence est un geste antidémocratique, puisqu'elle remet en question la sagesse du parti par qui s'exprime la volonté du peuple. Que les dirigeants communistes soient les seuls habilités à traduire cette volonté du peuple n'est pas le moindre des paradoxes démocratiques hérités de l'ère Mao.

Cela ne signifie pas pour autant que les Chinois ont abandonné le désir de s'exprimer. Chaque fois que Mao desserre un tant soit peu l'étau de la pensée unique et de la répression, comme lors de la campagne des Cent fleurs, des centaines de milliers de Chinois s'avancent pour être entendus. Les intellectuels réclament la démocratie, les ouvriers des droits, alors que dans les campagnes on réclame quelque chose d'encore plus élémentaire : la justice devant l'arbitraire des cadres du Parti communiste. Le fait qu'ils soient prêts à risquer la prison et parfois leur vie pour s'exprimer révèle à quel point les Chinois ne disposent d'aucun recours devant un pouvoir qui n'est redevable qu'à lui-même. Comme nous le verrons plus loin, cette absence d'imputabilité du Parti communiste représente aujourd'hui l'un des principaux défis du gouvernement chinois, alors qu'il tente de composer avec les transformations et les tensions sociales inhérentes à un passage à l'économie capitaliste et qui ne disposent d'aucun espace pour s'exprimer.

La Révolution culturelle aura deux effets imprévus pour la suite du débat sur la démocratie en Chine. D'une part, en accordant provisoirement la liberté de pensée et de révolte aux gardes rouges, Mao, sans le vouloir, éveille en eux un désir de démocratie qui reviendra hanter le parti dix ans plus tard. En s'attaquant aux privilèges et à la corruption des cadres du parti, les gardes rouges ont en effet pris conscience du gouffre qui existe entre le discours communiste et la réalité. D'autre part, et cela aura des conséquences importantes pour le drame de Tiananmen, les cadres supérieurs du Parti communiste, à commencer par Deng Xiaoping, seront traumatisés par la violence anarchique des gardes rouges. L'idée de démocratie, dans leur esprit, sera à jamais associée à ces hordes de jeunes qui se sont abattues sur eux et sur tous les symboles d'autorité en 1966. Lorsque les étudiants investiront la place Tiananmen au printemps 1989, les dirigeants communistes auront en mémoire l'image de cette marée de gardes rouges, sur cette même place, qui s'apprêtait à l'été 1966 à déferler avec une violence maniaque sur la capitale et sur ceux qui incarnaient le pouvoir.

# 4

## L'ÉVEIL DE WEI JINGSHENG

*Lanzhou, 1967*

Dans le train qui l'emmène loin de Pékin et de ses illusions, Wei Jingsheng, jeune garde rouge de dix-sept ans, observe par la fenêtre de son wagon la pauvreté qui défile sous ses yeux. Il est parti quelques jours plus tôt, en compagnie de quelques amis désireux comme lui de découvrir la Chine profonde, la vraie Chine, pour voir si elle correspond vraiment au pays mythique que Mao leur a fait miroiter lors de la Révolution culturelle. Car Wei Jingsheng commence à douter de Mao et du socialisme. Ce qu'il voit confirme ses soupçons et le révolte profondément. Lorsque le train s'arrête dans une petite gare de l'ouest de la Chine, une horde de mendiants se pressent au bas des wagons et tendent la main aux passagers. Wei Jingsheng se penche par la fenêtre et aperçoit une jeune fille d'une quinzaine d'années, couverte de suie, qui l'implore de lui donner à manger. Il fouille dans son sac, en retire quelques gâteaux, qu'il tend aux affamés. Ceux-ci se jettent sur la nourriture comme des bêtes, comme si leur vie de misère était en train d'effacer en eux toute trace d'humanité. Lorsque Wei Jingsheng regarde de plus près, il constate que la jeune fille n'a pas de vêtements ; elle est complètement nue sous la couche de suie qui la recouvre.

Plus de trente ans plus tard, dans le bureau de la fondation qu'il dirige à Washington, Wei Jingsheng me raconte à quel point cette scène a été pour lui une véritable épiphanie. C'est à ce moment qu'il a décidé de ne pas se taire, même si cela lui vaudrait des années de prison. Il est le dissident le plus célèbre de la Chine ; on le surnomme le Nelson Mandela chinois. Emprisonné une première fois en 1979 pour son rôle dans le mouvement du Mur de la démocratie, il a été libéré en 1997 pour raisons médicales et expulsé aux États-Unis. L'homme est aussi massif qu'un chêne ;

*il ne semble porter aucune trace des problèmes cardiaques, des sévices et de la malnutrition qui ont miné sa santé en prison. Son bureau, situé à l'étage d'une maison d'époque à quelques rues des bureaux du Congrès américain, ressemble à une caverne d'Ali Baba. Il faut se frayer un chemin entre les piles de documents et de rapports qui détaillent les violations des droits en Chine. Wei Jingsheng, assis sur un divan usé, fume cigarette sur cigarette et boit du thé à profusion, à la manière d'un homme qui a souffert de privations. Il sait rire de la vie et de lui-même, manie l'ironie en virtuose. Après toutes ces années, malgré des épreuves et des revers qui en auraient découragé plus d'un, le socle de ses convictions demeure intact, aussi dur que du granite. En éternel optimiste, Wei Jingsheng continue de croire qu'il rentrera bientôt chez lui dans une Chine démocratique.*

* * *

À première vue, rien ne prédispose Wei Jingsheng à devenir un dissident, un paria, un ennemi du régime chinois. Bien au contraire. Né en 1950 à Pékin, quelques mois seulement après la fondation de la Chine communiste, Wei Jingsheng grandit dans la ouate d'une famille révolutionnaire, bercé par les certitudes marxistes de son père et l'humanisme socialiste de sa mère. Tous deux sont cadres du parti, lui dans l'administration de l'aviation civile, elle au ministère des Textiles. Son père, Wei Zilin, a été écorché durant la répression qui a suivi la campagne des Cent fleurs en 1957, mais les choses sont depuis rentrées dans l'ordre. La famille vit dans un quartier résidentiel réservé aux cadres du parti. La trajectoire de Wei Jingsheng et de ses trois frères et sœurs est tracée d'avance. Ils fréquentent les meilleures écoles et sont promis à être membres du Parti communiste. La bibliothèque de la famille contient les œuvres complètes de Marx, Lénine, Staline et, bien entendu, de Mao. Le jeune Wei est tenu d'en lire une page chaque jour avant le dîner[1]. Lorsque la Révolution culturelle éclate, en 1966, il a seize ans et vient de terminer ses études secondaires au prestigieux lycée associé à l'université de Pékin. Il ne s'en doute pas, mais l'univers de ses certitudes va bientôt basculer.

Wei Jingsheng passe le printemps de 1966 à errer dans les rues de Pékin, brassard au bras et livre rouge en main, prêt à débusquer les ennemis du peuple qui sont en train, selon Mao, de saborder la révolution communiste. Comme les autres gardes rouges, il est ivre des paroles du Grand Timonier. La frénésie du moment ne laisse aucune place à la réflexion. « J'étais, dit Wei Jingsheng, un véritable fanatique maoïste. » Plus tard, les gardes rouges sont envoyés à la campagne pour, selon les termes de Wei, fomenter le trouble dans les écoles, les ministères et les usines. Avec le temps, le doute, toutefois, commence à germer dans l'esprit de Wei Jingsheng. Comment, se demande-t-il, autant de cadres du parti peuvent-ils être des ennemis du peuple sans que le système lui-même soit corrompu ? Comment ces paysans, qui lui racontent qu'ils mouraient de faim durant le Grand Bond en avant, et qui méprisent aujourd'hui le parti, peuvent-ils tous avoir tort ? Quel intérêt cette journaliste de Pékin, persécutée, reniée par sa famille et reléguée à la campagne, aurait-elle à mentir lorsqu'elle clame son innocence ?

Quand la vague initiale de la Révolution culturelle s'épuise, au début de 1967, les jeunes gardes rouges sont laissés à eux-mêmes. Une bonne partie d'entre eux sont envoyés à la campagne et y resteront des années, sans possibilité de rentrer chez eux, condamnés à un travail de crève-la-faim. Beaucoup sentent qu'ils ont été manipulés par Mao. Intoxiqués par la propagande de la Révolution culturelle, ils réclamaient la démocratie devant les cadres du parti, mais, paradoxalement, comme le dit Wei Jingsheng, « nous traitions la démocratie avec mépris en suivant aveuglément les instructions d'un dictateur ». Pour Wei Jingsheng, c'est l'heure d'une profonde remise en question. Son voyage en train dans la campagne chinoise l'a convaincu qu'il y a un décalage énorme entre le discours communiste et la réalité. Il ne sait pas encore s'il faut l'imputer au marxisme ou aux dirigeants du parti qui en auraient travesti le sens. De retour à Pékin, sans travail et sans possibilité de poursuivre des études supérieures, il plonge dans les œuvres de Marx, Lénine et Mao pour tenter de trouver des réponses à ses questionnements.

Wei Jingsheng en arrive à deux constats : le niveau de vie réel des Chinois se situe nettement en deçà de la propagande officielle et ils ne disposent d'aucun recours pour y remédier ou faire entendre leur voix auprès du parti. La révolution communiste, la dictature du prolétariat, la démocratie socialiste n'ont pas tenu leurs promesses. « À partir de ce moment, écrit-il dans son autobiographie rédigée en prison, qui sera publiée clandestinement à l'étranger, lorsqu'on parlait de la "supériorité du socialisme", dans les journaux, je me disais, foutaise[2] ! » Malgré le profond sentiment d'injustice qu'il ressent, Wei, pourtant, n'a pas accès aux classiques de la philosophie occidentale qui lui permettraient de s'inspirer d'un modèle politique capable de concurrencer le marxisme dont il a été imprégné depuis sa jeunesse. Il existe bien des exemplaires des écrits de Kant et de Rousseau ainsi que des études plus récentes sur la démocratie, mais ils sont à l'index, sous clé dans les bibliothèques du parti. Grâce à la carte de son père, Wei Jingsheng réussit à emprunter certains volumes et quelques revues sur la politique internationale réservés à l'élite du parti. En relisant Marx et certains volumes critiques du marxisme écrits par des intellectuels dissidents d'Europe de l'Est, Wei développe néanmoins une pensée sur les carences du socialisme et sur l'absence de droits pour les Chinois. À la différence des réformateurs chinois du début du siècle, cependant, Wei n'a pas de programme politique ; son élan de révolte tient davantage du cri primal que de la dénonciation réfléchie de l'injustice. Il n'y a pas en effet de continuité entre les premiers démocrates chinois et les jeunes militants issus de la Révolution culturelle. Les écrits des réformateurs chinois du début du siècle tels que Liang Qichao, qui ont longuement réfléchi à la démocratie et tenté d'en imaginer la mise en œuvre dans le contexte chinois, ne sont pas disponibles. Le capital intellectuel de la réforme démocratique, qui comprend les notions de liberté individuelle, de droits fondamentaux, d'État de droit et de gouvernement responsable, est, semble-t-il, à rebâtir à chaque génération. La rupture du lien génétique qui unirait ceux qui, au cours du siècle, prôneront la démocratisation de la Chine reste lourd de conséquences encore aujourd'hui.

En 1967, Wei se joint brièvement à un groupe d'anciens gardes rouges démobilisés qui contestent les politiques de la Révolution culturelle, mais ils sont rapidement dispersés par l'épouse de Mao, Jiang Qing, qui a reçu l'ordre d'écraser ceux qu'on appelle les «enfants rebelles» de la révolution qu'elle a elle-même contribué à mettre au monde. Wei sera détenu pendant quatre mois pour sa participation au groupe. À sa libération, grâce à ses relations familiales, Wei réussit à intégrer l'armée et il est posté dans le nord-ouest du pays, où il est notamment chargé de protéger les greniers publics des assauts de la population affamée. En 1973, il rentre à Pékin. Son unité de travail lui assigne un poste d'électricien au zoo de la capitale. Pendant tout ce temps, Wei poursuit sa réflexion politique et fait constamment la promotion de la démocratie auprès de ses collègues ouvriers. Lorsqu'on rouvre les inscriptions aux universités, Wei tente sa chance, mais sa candidature est rejetée. La discipline qu'il a choisie n'est sans doute pas étrangère à ce refus. Il est amoureux d'une Tibétaine et se propose d'étudier l'histoire du peuple tibétain, qui se soulève périodiquement contre le gouvernement chinois. Pour Wei comme pour beaucoup de Chinois, la décennie qui sépare la Révolution culturelle de la mort de Mao est une période de stagnation et de disette intellectuelle. On attend que Mao meure pour voir si les choses vont changer.

C'est pourtant le décès de Chou En-lai à l'hiver 1976, six mois avant celui de Mao, qui va déclencher un élan d'expression au sein de la population étudiante de Pékin. Le 5 avril 1976, jour de congé où les Chinois font l'entretien des tombes, des milliers de jeunes se massent sur la place

Tiananmen, au pied du monument aux héros, pour rendre hommage à Chou En-lai. C'est une façon détournée de critiquer Mao, puisque Chou était considéré comme plus ouvert et plus conciliant que lui. La police intervient et emprisonne les leaders du groupe, dont Wang Juntao, future éminence grise des manifestants de Tiananmen. Wei Jingsheng, lui, n'y participe pas. Il considère que Chou En-lai ne valait guère mieux que Mao. Selon lui, c'est le marxisme qu'il faut changer. L'incident du 5 avril, tel qu'il est maintenant connu, sert néanmoins de prélude à un réalignement radical des forces politiques du pays que va déclencher la mort de Mao l'automne suivant. Le décès du Grand Timonier mène à l'arrestation de la Bande des Quatre, dont l'épouse de Mao, Jiang Qing, qui seront jugés et tenus responsables de la folie de la Révolution culturelle.

La disparition du Grand Timonier permet également le retour au pouvoir de Deng Xiaoping. Deng est officiellement réhabilité et réinstallé dans ses fonctions de vice-premier ministre lors d'une réunion extraordinaire du Parti communiste à l'hiver 1978. Les alliés de Deng tiennent maintenant le haut du pavé. C'est le signal d'un changement de cap important dans le leadership chinois. La lutte des classes de Mao va céder la place au pragmatisme de Deng. Ce dernier, évoquant la nécessité d'une plus grande flexibilité économique, déclare qu'il importe peu qu'un chat soit « noir ou blanc », pourvu qu'il sache « attraper les souris ». Deng fonde son programme politique et économique sur « quatre modernisations », celles de l'agriculture, de l'industrie, de la science et de la technologie. On sent un nouveau souffle, un nouveau dynamisme, au sein du gouvernement. Le virage que Deng veut faire prendre à la Chine est fondamental. Il charge Hu Yaobang, l'un de ses plus fidèles alliés, de contruire une nouvelle armature politique pour soutenir ce nouveau pragmatisme. Essentiellement, Deng a compris que les projections économiques ne peuvent continuer à découler de l'idéologie communiste. C'est le genre de raisonnement qui a mené à l'erreur du Grand Bond en avant et qui explique le retard industriel de la Chine. Lorsque le Comité central décrète, à l'automne 1978, que les centaines de milliers de victimes de la Révolution culturelle et de la campagne anti-droitiste de 1958 ont été injustement persécutées et qu'elles sont réhabilitées et que, du même souffle, le Mouvement du 5 avril 1976 est rétroactivement considéré comme légitime, l'héritage récent de Mao est à toutes fins pratiques répudié. Les cadres du parti qui ont été persécutés lors de la Révolution culturelle rentrent à Pékin, où plusieurs d'entre eux sont réintégrés au gouvernement. Avec Deng, ils veulent réformer le Parti communiste de façon à empêcher l'apparition d'un culte de la personnalité comme celui qui, sous Mao, a mené à des aberrations comme la Révolution culturelle. Puisque toute réforme ou répression en Chine prend habituellement la forme d'une campagne ou d'un mouvement, celui qui vise à libérer le pays de l'héritage de Mao est baptisé Mouvement d'émancipation de la pensée.

Avec le retour en force de Deng, les Chinois flairent dans l'air du temps une nouvelle tolérance pour la réflexion politique. Dans les jours qui suivent l'annonce de la réhabilitation de ceux qui ont été emprisonnés pour leur rôle dans l'incident du 5 avril, des affiches commencent à apparaître sur un grand mur de brique gris, situé avenue Chang'an, à l'ouest de la place Tiananmen. Profitant du nouveau climat d'ouverture, les gens se rencontrent au pied du mur pour discuter de réforme et y poser des affiches réclamant plus de transparence dans le parti. Il s'agit souvent de critiques obliques à l'endroit de Mao. La pose d'affiches de ce genre a une longue tradition en Chine. Les jeunes intellectuels du début du siècle y ont eu recours pour contester la dynastie Qing, tout comme les membres du Mouvement de modernisation du 4 mai, en 1919. En ce mois de décembre 1978, beaucoup de Chinois en profitent pour signifier leur appui à Deng Xiaoping. Ce dernier, d'ailleurs, va approuver de façon non équivoque le Mur de la démocratie. «Les gens veulent s'exprimer», dit-il dans une rare entrevue qu'il accorde au journaliste américain Robert Novak. « Laissez-les faire. Nous n'avons pas le droit d'interdire ou de critiquer l'épanouissement de la démocratie et des affiches[3]. » La seule liberté d'expression et la seule démocratie que Deng Xiaoping est disposé à tolérer, pourtant, sont celles qui ne remettent pas en question la légitimité du Parti communiste et son monopole du pouvoir. Il sera en effet sans merci pour ceux qui, comme Wei Jingsheng, oseront s'aventurer sur ce terrain. À la limite, les critiques affichées sur le Mur de la démocratie, en autant qu'elles respectent les limites prescrites, sont une bonne chose pour Deng Xiaoping. Comme Mao l'avait fait avant lui, il invoquera le mécontentement de la population pour venir à bout de la résistance des éléments réactionnaires du parti. Lors d'une réunion préparatoire au troisième plénum du Comité central, à l'automne 1978, Deng affirme carrément que si le parti ne trouve pas un moyen de répondre au mécontentement de la population, qui commence à s'exprimer dans la rue, c'est sa survie qui est en jeu.

Son quart de travail terminé au zoo de Pékin, Wei Jingsheng se rend, certains soirs, près du Mur de la démocratie. S'il est ravi de voir que les Chinois osent s'exprimer, il est déçu de la timidité de leurs propos et de leur naïveté. Il est particulièrement outré par une affiche écrite par des étudiants qui demande aux protestataires de suivre le mot d'ordre de Deng et de retourner à l'école ou à l'usine. Aux yeux de Wei, c'est la preuve qu'en tolérant le Mur de la démocratie, Deng ne cherche qu'à consolider son pouvoir aux dépens des conservateurs. Le programme de modernisation annoncé par Deng Xiaoping, croit-il, n'est qu'une nouvelle façon de justifier la dictature du Parti communiste. Il ne va pas au fond des choses. Le soir du 4 décembre 1978, Wei prend le pinceau et l'encre et peint en gros caractères ce qui deviendra le manifeste politique de sa génération. Il lui faut toute la nuit pour terminer son affiche qu'il pose le lendemain matin sur le Mur de la démocratie. Le texte s'intitule « La cinquième modernisation ». Wei y fait valoir que les quatre modernisations proposées par Deng Xiaoping n'auront de sens que si elles s'accompagnent d'une cinquième modernisation : la démocratie.

Wei se rend ensuite déjeuner dans un restaurant local. Lorsqu'il revient, quelques heures plus tard, il y a un large attroupement autour de son affiche. Les gens ont peine à croire à la témérité de cet électricien, un inconnu qui vient, avec une telle désinvolture, de lancer un énorme pavé dans la mare du consensus émergeant autour des modernisations de Deng. Jusque-là, les Chinois qui ont osé critiquer le font souvent de façon détournée, par l'entremise de métaphores littéraires ou en comparant Mao aux premiers empereurs, sans jamais le nommer. Or, la fronde de Wei Jingsheng marque un tournant à la fois dans le ton et la substance de la critique. Le Parti communiste chinois, écrit-il avec une candeur iconoclaste, a trahi la confiance du peuple ; sa démocratie socialiste n'est rien d'autre qu'une dictature dont les Chinois doivent se libérer. La démocratie, poursuit Wei, est un droit inné. Et quelle est cette démocratie ? C'est le droit du peuple de « choisir des représentants qui géreront les affaires au nom du peuple et selon ses désirs et ses intérêts. Cela seul peut être appelé la démocratie. De plus, le peuple doit avoir la possibilité de remplacer ses représentants en tout temps pour les empêcher de se servir de leur pouvoir pour opprimer le peuple ». Le texte de Wei Jingsheng remet en question les fondements mêmes du régime communiste, sa prétention à parler au nom du peuple ainsi que le monopole qu'il exerce sur le pouvoir.

Avec une simplicité désarmante, Wei donne également une toute nouvelle dimension aux arguments de ceux qui, depuis près d'un siècle, réclament la démocratisation de la Chine. Pour Wei, la démocratie, ce droit de disposer de soi-même, est un droit naturel, inné de l'être humain. « Le peuple, écrit Wei, a droit à la démocratie. Lorsqu'il réclame la démocratie, il ne demande rien de plus que ce qui lui appartient de façon inhérente. Quiconque refuse de lui rendre la démocratie est un voleur pire que tout capitaliste qui prive les travailleurs de la richesse qu'ils ont acquise à la sueur de leur front[4]. » Jusque-là, les réformateurs chinois, influencés par la tradition de l'harmonie sociale de Confucius, avaient toujours tempéré l'exercice du droit démocratique par la nécessité de l'exercer de façon à préserver l'harmonie sociale. Les désirs de l'individu devaient être subordonnés aux intérêts du groupe. C'est cette crainte du chaos social, ce côté imprévisible de la démocratie, notamment, qui avait donné le vertige à Sun Yat-sen, l'amenant à conclure que les Chinois n'étaient pas prêts pour la démocratie. Or, Wei Jingsheng fait voler cette idée en éclats. La démocratie, affirme-t-il, n'est pas un droit qu'on peut accorder selon les circonstances, mais un droit inaliénable, un droit qui prime tout le reste. Et il est faux, poursuit-il, de penser que son exercice dégénère nécessairement dans la cohue populaire. « Le pays sombrera-t-il dans le chaos et l'anarchie si le peuple obtient la démocratie ? demande Wei. Au contraire, dit-il. Ceux qui craignent que la démocratie ne mène à l'anarchie sont semblables à ceux qui, après le renversement de la dynastie Qing, disaient que, sans empereur, le pays allait tomber dans le chaos[5]. » Puis Wei termine sa charge en revenant au titre de son affiche. À moins d'une cinquième modernisation que représente la démocratie, les quatre modernisations proposées par Deng Xiaoping sont condamnées à rester lettre morte. « Sans la démocratie, conclut Wei, la société stagnera et la croissance économique sera confrontée à d'insurmontables obstacles. » L'affront à Deng Xiaoping et à son projet de renouvellement ne peut être plus intégral. Quelque temps plus tard, lorsque quelqu'un suggère à Wei de rencontrer Deng pour discuter de leurs différends, Wei ajoute l'insulte à l'injure. « Il n'a aucun statut légal pour me parler, rétorque Wei. Il n'a pas été élu par le peuple. »

Wei est fort conscient de la portée de ses gestes et de ses paroles. Il sait qu'il s'expose à de sévères représailles. Malgré tout, il inscrit son numéro de téléphone au bas de son affiche. « Des jeunes m'ont téléphoné parce qu'ils voulaient organiser un groupe d'action, raconte Wei. Je leur ai dit d'y réfléchir pendant trois jours parce que c'était risqué. Êtes-vous prêts à y laisser votre peau? leur ai-je demandé. Pour qu'un pays change, il faut des gens prêts à se sacrifier. Si vous êtes prêts à faire cela, suivez-moi. Trois jours plus tard, trois des treize jeunes avaient décidé de rester.» La répression, lorsqu'elle viendra, sera sans merci, mais ce sera plus tard. En ce mois de décembre 1978, la Chine entière semble enivrée par un vent de réforme. Pendant que les Chinois peignent leurs affiches et les posent sur le Mur de la démocratie, Deng Xiaoping pousse le Parti communiste à accepter son programme de modernisation. Le contexte n'est pas sans rappeler la campagne d'auto-renforcement de la fin du dix-neuvième siècle, où la Chine se demandait comment adapter les techniques et les idées occidentales à son mode de vie. S'il y a des doutes sur la direction que Deng entend donner au pays, ils sont vite dissipés par l'annonce, le 19 décembre, trois jours avant la fin du plénum, que le gouvernement va acheter trois Boeing 747 aux États-Unis. Le même jour, la société Coca-Cola annonce qu'elle vient d'obtenir la permission du gouvernement chinois de vendre sa boisson emblématique en Chine.

Ces annonces servent de prélude à la visite historique que Deng s'apprête à faire aux États-Unis le mois suivant. Le 1er janvier 1979, les États-Unis et la Chine rétablissent leurs relations diplomatiques. Le 28, Deng Xiaoping s'envole pour Washington, où il entame une tournée triomphale des États-Unis. Les Américains reçoivent à bras ouverts ce nouveau dirigeant chinois, si différent de Mao en taille et en tempérament, qui semble résolu à ramener la Chine dans la foulée de la communauté internationale. Deng est reçu par Jimmy Carter à la Maison Blanche, visite une usine de la compagnie Ford ainsi que la Bourse de New York, manipule les manettes du simulateur de vol de la navette spatiale à la NASA et pose coiffé d'un chapeau de cowboy dans un rodéo. Ces images sont largement diffusées en Chine, où elles ont un effet retentissant. De retour à Pékin, inspiré par son programme de modernisation économique et par son pragmatisme idéologique, Deng, derrière les portes closes du Comité central, réfléchit à haute voix sur les destinées de la démocratie socialiste. La démocratie prolétarienne, dit-il, ancrant sa réflexion dans le vocabulaire marxiste, doit surpasser la démocratie capitaliste tout en conservant les aspects positifs de la démocratie bourgeoise. Dans l'esprit de Deng, en revanche, la démocratie doit s'exercer à l'intérieur du Parti communiste. Il ne tolérera aucune remise en question du monopole du pouvoir du parti ni les critiques trop virulentes de son régime et de son leadership. Peu après, le fiasco de la tentative d'invasion du Vietnam par l'armée chinoise à l'hiver 1979 annonce la fin de l'embellie qui a permis l'apparition du Mur de la démocratie. Lorsque les Chinois commencent à peindre des affiches qui critiquent l'agression chinoise contre le Vietnam, Deng décide que c'en est assez[6]. Les forces de sécurité se préparent à mettre fin au happening du Mur de la démocratie.

En moins de deux mois seulement, pourtant, le mouvement a pris des dimensions qui dépassent largement l'affichage de slogans sur un mur de briques gris de Pékin. Des Murs de la démocratie apparaissent dans beaucoup de villes de la Chine. On voit paraître des dizaines de revues et de magazines dont le tirage permet de joindre encore davantage de Chinois. Ils portent les titres évocateurs de *Printemps de Pékin, Droits de l'homme en Chine, Démocratie et droit.* Dans la foulée du succès de son *dazibao,* son affiche en grands caractères, Wei Jingsheng, avec des amis, fonde sa propre revue, *Exploration, Tansuo* en chinois. La mission du magazine est de propager «la liberté de parole, de publication et d'association telle que garantie par la Constitution». Wei délaisse complètement son emploi d'électricien au zoo; il passe la plus grande partie de son temps à produire sa revue, qu'il imprime dans son appartement sur une machine à ronéotyper. L'aventure est grisante. Il passe de longues journées et de longues nuits à inventer l'avenir avec ses collègues et amis. Wei passe aussi beaucoup de temps à trouver suffisamment de papier pour imprimer son magazine. Le papier est en effet une matériau contrôlé et Wei doit souvent faire appel à des contacts sympathiques dans les imprimeries du gouvernement qui lui en refilent des stocks. Au fil des semaines, Wei développe et approfondit les idées qu'il a énoncées dans son manifeste de la cinquième modernisation. On n'a qu'à considérer les taudis dans lesquels vivent les gens, écrit-il dans un de ses essais, ainsi que la prostitution, la pauvreté et la mendicité pour conclure que le Parti communiste n'a pas réussi, en trente ans, à régler les problèmes économiques et sociaux de la Chine. Le collectivisme des pays socialistes du monde, qui sont aussi parmi les plus pauvres, poursuit-il, est un échec parce qu'il ne laisse aucune place à l'individualisme.

La frustration des Chinois ne s'exprime pas seulement dans les affiches et les magazines, elle commence à se faire entendre dans la rue. Un peu partout dans le pays, les Chinois profitent du climat d'ouverture qui règne pour manifester. Beaucoup sont des jeunes qui ont été envoyés à la campagne dans la foulée de la Révolution culturelle. Au début de janvier 1979, quelques milliers d'entre eux convergent vers Pékin, brandissant des bannières qui proclament : «Nous ne voulons pas avoir faim. Nous voulons des droits et la démocratie[7] !» À Shanghai, un groupe de manifestants assiège les bureaux du Parti communiste. À Hangzhou, on demande le droit de vivre comme des «êtres humains». Wei Jingsheng est conscient que les dirigeants communistes ne toléreront pas longtemps de tels débordements. Ses contacts au sein des forces de sécurité lui passent des informations : ils ont reçu instruction de préparer différents scénarios pour mettre fin au Mur de la démocratie et en arrêter les leaders. «Je connais les communistes depuis que je suis tout jeune, me raconte Wei Jingsheng entre deux cigarettes. Premièrement, ils ont recours à la démocratie pour venir à bout de la résistance dans le parti, puis ils utilisent l'armée pour se placer dans une position encore plus autoritaire et asseoir leur pouvoir. Le message qu'ils envoient est qu'ils n'hésiteront pas à éliminer l'opposition à l'intérieur et à l'extérieur du parti. À partir du moment où Deng est venu à bout de la résistance dans le parti, je savais, par mes sources au sein de l'appareil de sécurité, qu'il avait l'intention d'éliminer le Mur de la démocratie.»

Il y a d'autres indices de répression imminente. Les autorités municipales de Pékin décrètent des restrictions quant aux réunions publiques et limitent les manifestations à un périmètre autour du Mur de la démocratie. Le *Quotidien du peuple* met en garde ceux qui critiquent les cadres du Parti communiste que leurs «actions seront vigoureusement réprimées». Selon le journal, ceux-ci déforment le sens de la démocratie. «Le genre de démocratie qu'il nous faut est la démocratie socialiste [...] Nous ne voulons pas de la démocratie bourgeoise, qui permet à une poignée de personnes d'opprimer la majorité du peuple[8].»

Des arrestations sporadiques ont lieu, surtout chez ceux qui écrivent dans les magazines clandestins. Le 16 mars, dans un discours au parti prononcé derrière des portes closes, Deng ordonne qu'on abatte le Mur de la démocratie et qu'on punisse sévèrement ses militants, qu'il traite de contre-révolutionnaires à la solde de Taiwan et de partisans de la Bande des Quatre. Deng a sans doute encore en mémoire le chaos de la Révolution culturelle; il craint que son projet politique ne soit miné par les critiques et les manifestations. Tout ce verbiage abstrait autour de la démocratie, dit-il, va éventuellement mener, si on n'y met pas fin, à «l'ultra-démocratie et à l'anarchie, à la perturbation de la stabilité et de l'unité politique ainsi qu'à l'échec total de notre programme de modernisation».

Les rumeurs d'arrestations imminentes se répandent dans la capitale. Les autorités publient un édit qui interdit les slogans, les affiches, les livres, les magazines, les photographies ainsi que tout autre matériel qui remet en question le socialisme, la dictature du prolétariat, le leadership du Parti communiste, le marxisme-léninisme et la pensée de Mao Tsé-toung. Le Mur de la démocratie ainsi que tous les nouveaux magazines qui sont apparus dans sa foulée sont effectivement déclarés hors-la-loi. Le comité de liaison des différentes revues se réunit pour considérer comment réagir à ce qui constitue à toutes fins pratiques l'arrêt de mort de leur mouvement. D'entrée de jeu, Wei Jingsheng propose d'exposer et de dénoncer publiquement la campagne de répression. Certains, comme Liu Qing, de la *Tribune du 5 avril*, font valoir que cela ne fera qu'exacerber la colère du régime. Trente ans plus tard, dans son exil américain, Wei Jingsheng m'explique ses motivations et sa stratégie. «Le ministère de la Sécurité publique, dit-il, avait l'intention d'arrêter au moins trente-six personnes. Ce serait la fin du Mur de la démocratie. J'ai dit au groupe qu'il était impossible pour nous d'y échapper, qu'il n'y avait qu'un seul moyen de sauver le Mur de la démocratie. Plutôt que de chercher à apaiser Deng Xiaoping, il fallait l'irriter davantage et le mettre au défi. Cela mènerait à plus d'arrestations, mais le monde entier apprendrait ce qui se passe vraiment en Chine.»

La différence entre Wei et les autres réformistes tient davantage qu'à la stratégie. Plusieurs d'entre eux se voient encore dans le rôle traditionnel de l'intellectuel chinois qui consiste à conseiller l'empereur, à l'amener à corriger ses erreurs. Ils croient aussi encore au socialisme, à la démocratie du parti. Celle-ci a été subvertie sous Mao, mais ils croient qu'avec l'arrivée de Deng et de son programme de modernisation il est possible de promouvoir une plus grande démocratie dans le Parti communiste et une plus grande transparence au sein du gouvernement. La différence avec Wei Jingsheng, c'est qu'il a perdu la foi dans le socialisme. Le système, à ses yeux, n'est pas réformable. Pendant que les autres parlent d'invoquer la Constitution pour convaincre les autorités du bien-fondé du mouvement du Mur de la démocratie, Wei opte pour l'affrontement. Il leur dit qu'il agira seul s'il le faut. C'est la stratégie du dissident, certains diraient du martyr.

Le 25 mars, deux jours après l'annonce de l'interdiction de critiquer le parti de quelque manière que ce soit, Wei Jingsheng publie un éditorial cinglant dans son magazine *Exploration*. Le texte s'intitule : «Voulons-nous la démocratie ou une nouvelle autocratie?» Wei met en garde les Chinois : Deng est en voie de devenir un dictateur, comme Mao avant lui. «Deng veut-il la démocratie? demande rhétoriquement Wei. Non, il ne la veut pas. Il soutient que la lutte spontanée pour les droits démocratiques est un prétexte pour fomenter les troubles, que cela détruit l'ordre normal des choses et doit être réprimé.» Wei sait qu'avec un tel crime de lèse-majesté, il vient de franchir un seuil inadmissible. C'est d'ailleurs son intention. Mais il a aussi un autre objectif. «Je voulais avertir les membres du parti que si Deng était en train de constituer une dictature, me dit-il, cela se terminerait mal pour eux. Ils le savaient d'ailleurs très bien, ayant déjà vécu la même chose sous Mao.» Wei sait également qu'il s'expose à de sérieuses représailles et même, croit-il, à la peine de mort. Aussi Wei tient-il à protéger ceux qui travaillent au magazine avec lui. Il leur enjoint de témoigner contre lui si jamais ils sont appelés à le faire. Il tient à porter seul la responsabilité de ses actes.

Quatre jours plus tard, le 29 mars, une vingtaine de policiers se présentent chez Wei en pleine nuit et l'arrêtent. Pendant les six prochains mois, il est détenu dans la section réservée aux condamnés à mort dans la lugubre prison Banbuqiao de Pékin. «Ce qui m'a permis de survivre, c'est que je ne m'attendais pas à vivre, me dit-il. Selon la coutume communiste, ceux qui critiquaient le parti si ouvertement n'avaient aucune chance de survivre. Avant le Mur de la démocratie, même les modérés qui critiquaient le parti étaient mis à mort.» Le 16 octobre 1979, Wei comparaît devant un tribunal de Pékin. Il est accusé d'avoir divulgué des secrets militaires à un étranger au sujet de la guerre contre le Vietnam et d'avoir fait de la propagande contre-révolutionnaire dans le but de renverser le système socialiste. Le procureur, vêtu d'un uniforme militaire et de gants blancs, brandit un exemplaire de la revue *Exploration* comme pièce à conviction. «L'État de droit socialiste, déclare ce procureur en détaillant les accusations contre

Wei, est l'incarnation de la volonté du prolétariat. Si nous laissons une infime minorité de gens comme Wei Jingsheng s'exprimer librement, ce sont les libertés de la population entière qui sont menacées. Notre Constitution, poursuit-il, s'adressant à Wei, stipule que vous avez la liberté de croire en ce que vous voulez, de croire ou de ne pas croire en la pensée du marxisme-léninisme et de Mao Tsé-toung, mais elle dit aussi que vous n'avez pas le droit de vous y opposer, parce qu'une telle opposition viole la Constitution.» Ni sa famille ni son avocat ne peuvent assister au procès, qui se tient à huis clos. Wei a préparé sa propre défense, qu'il considère comme son testament. «J'étais convaincu, me dit-il, que c'était la dernière chance que j'aurais de m'exprimer.»

Le verdict fait peu de doute. Wei comparaît le crâne rasé et vêtu de l'uniforme du détenu, signe de sa culpabilité. Debout dans le box des accusés, Wei réfute une à une les accusations du gouvernement. Ses actes, déclare-t-il, sont conformes à l'article 45 de la Constitution chinoise, qui garantit notamment aux citoyens la liberté de parole, de publication, d'association, de manifestation, de tenir des débats et de produire des affiches en gros caractères. Wei soutient que ces libertés ont été érodées, particulièrement à l'époque de la Révolution culturelle, et que seule une restauration de ces droits et de la démocratie permettra à la Chine de réussir sa modernisation. Ce sont les autocrates conservateurs au sein du parti, dit-il, qui sont les «véritables contre-révolutionnaires», puisqu'ils s'opposent à la révolution nécessaire de la démocratie. Quant à l'accusation selon laquelle il a voulu renverser le gouvernement, Wei la juge absurde. Il n'a jamais, dit-il, fait partie de quelque conspiration que ce soit ni participé aux activités d'une organisation vouée à la violence. «Renverser le gouvernement, ce n'est pas la même chose que d'établir un gouvernement démocratique[9]», dit-il. Peut-être que les membres du tribunal ne sont pas d'accord avec ma théorie, conclut-il, mais cela ne fait pas de moi quelqu'un qui veut renverser le système socialiste.

Sa défense, comme prévu, a peu d'influence sur le tribunal. Wei est condamné à quinze ans de prison, après quoi il sera privé de ses droits politiques pendant trois ans. Par ses articles réactionnaires, sa propagande contre-révolutionnaire et son agitation, dit le juge, Wei Jingsheng a violé la Constitution et mis en danger l'intérêt public. Le fait qu'il n'ait pas admis ses crimes constitue une circonstance aggravante qui explique sans doute la lourde peine à laquelle il est condamné. La rumeur veut d'ailleurs que Deng Xiaoping ait lui-même dicté la sentence de Wei et ses conditions d'emprisonnement. Si son procès se déroule en secret, l'annonce de sa condamnation, par contre, est largement diffusée, y compris par l'entremise de haut-parleurs dans les usines. La condamnation de Wei Jingsheng sert d'avertissement : comme le veut l'adage chinois, «on s'en prend au singe pour effrayer le tigre».

Le procès de Wei a un certain retentissement à l'extérieur de la Chine. Le dissident soviétique Andreï Sakharov expédie un télégramme au premier ministre chinois Hua Guofeng le pressant de réviser la sentence de Wei Jingsheng. À Pékin, les alliés de Wei tentent de diffuser le plus largement possible ses arguments devant la cour. Liu Qing réussit à obtenir un enregistrement du plaidoyer de Wei qu'il publie dans sa *Tribune du 5 avril*. Il le paiera cher. Il sera arrêté et emprisonné. Wei est reconduit à la prison Banbuqiao. Il n'a pas droit aux visites, ne peut ni lire ni écrire, pas même correspondre avec ses proches. D'un commun accord, Wei et sa fiancée tibétaine, Ping Ni, mettent fin à leur union. Des codétenus de Wei sont régulièrement envoyés par les gardiens pour le battre. Personne n'est autorisé à lui adresser la parole. Une forme d'isolement de plus. En 1981, il est transféré à la prison n° 1 de Pékin. Pendant deux ans, il n'est pas autorisé à quitter sa cellule. Après cinq ans de détention, Wei a presque perdu l'usage de ses cordes vocales. Il souffre d'hypertension, d'arthrite et il perd ses dents en raison des carences du régime alimentaire auquel il est soumis. Un médecin de la prison conclut que ses conditions de détention menacent sa vie. En 1984, il est finalement transféré à sa demande dans un camp de travail du Qinghai, dans l'ouest de la Chine. Ses conditions de détention s'améliorent, mais à peine : on lui permet d'écrire, d'avoir des contacts avec d'autres prisonniers politiques, dont d'anciens gardes rouges, et d'élever quelques lapins dans la cour de la prison. Pendant toutes ces années, Wei Jingsheng refusera d'admettre ses fautes ou de signer toute confession, malgré la pression quotidienne des autorités. «Ils essaient de vous faire renoncer à votre rêve, à vos idéaux. Si cela se produit, on perd sa dignité et c'en est fini», dit-il.

Au printemps 1989, qui marque le dixième anniversaire de sa condamnation, Wei Jingsheng suit, de la télévision de sa prison, les manifestations des étudiants qui ont investi la place Tiananmen. La télé chinoise, inspirée par le mouvement étudiant, a momentanément levé sa propre censure et diffuse ouvertement ce qui se passe sur la place Tiananmen. On pourrait croire que Wei se réjouit que tant de jeunes, une décennie après le Mur de la démocratie, prennent le flambeau de la réforme et continuent le combat que lui-même a amorcé. Aux yeux de Wei, cependant, les étudiants représentent des héritiers bien imparfaits de sa lutte, même s'il est flatté que leur première revendication auprès des autorités soit sa propre libération. Vingt ans plus tard, le verdict qu'il pose sur la naïveté des étudiants est plein de pitié mais sans complaisance.

*WS. La racine du problème, en 1989, c'est que les étudiants espéraient toujours que le régime accepterait de se réformer. Même les Chinois ordinaires avaient compris qu'il fallait renverser le Parti communiste, mais les étudiants disaient : «Allons négocier avec le parti.»*

*MC. C'est la tradition, tout le monde veut conseiller l'empereur.*

*WJ. Si les leaders de ce mouvement ne sont même pas prêts à se sacrifier, comment pouvez-vous vous attendre à ce que la société change ? D'un côté, Deng Xiaoping a l'intention de vous tuer, de l'autre, vous continuez de rêver, assis sur la place Tiananmen. J'étais en prison dans le Qinghai à ce moment-là.*

*Même les gardiens plus âgés savaient ce qui allait se passer. Ils me disaient : Si seulement tu étais là pour aider, ce serait bien. Je leur ai demandé pourquoi. Parce que les étudiants ont encore des illusions à propos du Parti communiste, ont-ils répondu.*

*MC. Même vos gardiens souhaitaient le changement ?*

*WJ. Tout le monde souhaitait que la Chine change.*

*MC. Cela a dû être frustrant pour vous. Voilà votre chance, votre moment, et vous n'y êtes pas.*

*WJ. Effectivement.*

*MC. Qu'est-ce qui vous passait par l'esprit à ce moment-là ?*

*WJ. Nous savions tous que Deng allait faire feu sur le peuple.*

*MC. Vous sentiez-vous mal de ne pas être là ? Pensiez-vous que vous auriez pu changer quelque chose ?*

*WJ. Bien sûr. Tout le monde pensait cela. Pas seulement moi. Même la police. Ce qu'il fallait lors du mouvement pour la démocratie en 1989, c'est une pensée claire et de la détermination. Malheureusement, les leaders étudiants se faisaient des illusions. Ils espéraient qu'un jour ils seraient ministres ou hauts fonctionnaires dans un gouvernement réformé. C'est pour cela que ce mouvement pour la démocratie a été un échec. Lorsque vous n'avez pas de but précis, lorsque vous ne connaissez pas votre ennemi, vous êtes condamnés à l'échec.*

Outré par l'attaque des militaires contre les manifestants de Tiananmen, Wei Jingsheng écrit une longue lettre à Deng Xiaoping de sa cellule, l'une des nombreuses missives qu'il adressera au dirigeant communiste pendant son incarcération. Le ton de la lettre, qui n'a sûrement jamais quitté l'enceinte de la prison, est aussi sarcastique que cinglant. « Alors, maintenant que vous avez eu recours avec succès à un coup d'État militaire contre un groupe d'étudiants et de citoyens inexpérimentés et non armés, comment vous sentez-vous ? » demande-t-il à Deng Xiaoping. Puis, il l'accuse d'avoir trahi les idéaux démocratiques de la révolution en devenant un tyran et un dictateur. « En votre for intérieur, poursuit-il, vous êtes conscient de la grave erreur que vous avez commise... il appert que vous préféreriez mourir plutôt que d'admettre que vous avez eu tort[10].»

Peu après, Wei est transféré dans un camp de travail, l'usine de sel de Nanpu, où ses conditions de détention empirent. On ne lui permet pas de se laver pendant des mois et tout contact avec les autres prisonniers lui est interdit. Wei fait une série de grèves de la faim, dont la plus longue dure près de cent jours, pendant laquelle il ne se nourrit que d'un cube de sucre quotidiennement. À l'extérieur de la Chine, la pression se fait plus forte, à la suite des événements de Tiananmen, pour qu'on libère les prisonniers politiques. C'est ainsi que, soudainement, le 14 septembre 1993, quelques mois avant la fin de sa peine, Wei est libéré, mais il refuse de quitter la prison sans sa correspondance, y compris les nombreuses lettres qu'il a écrites à Deng Xiaoping et aux autres dirigeants chinois. Sa libération survient quelques jours seulement avant que le Comité international olympique ne se prononce sur la candidature de Pékin pour les Jeux de 2000. Wei fait fi des avertissements des autorités de ne pas donner d'interviews aux journalistes étrangers. Sitôt sorti de prison, il déclare au *New York Times* qu'il est «anormal et sale» de troquer la liberté d'un prisonnier politique contre les Jeux olympiques.

C'est comme si Wei violait les conditions de sa mise en liberté avec une nonchalance presque suicidaire. Il lui est interdit de parler aux médias, d'exprimer ses opinions, de faire des affaires, de participer à quelque organisation que ce soit jusqu'à la fin de sa libération conditionnelle, prévue pour le mois de mars 1994. Loin de s'y soumettre, Wei annonce qu'il va continuer la lutte pour la démocratisation de la Chine et le respect des droits et qu'il a même l'intention d'intenter un procès au gouvernement pour l'avoir injustement condamné. Il vit chez ses parents. Malgré sa santé chancelante, il multiplie les rencontres avec d'autres dissidents et veille jusque tard dans la nuit. Le 18 novembre, la veille de la tenue du sommet entre

Bill Clinton et le président chinois Jiang Zemin, Wei signe un texte dans le *New York Times* dans lequel il enjoint aux États-Unis d'augmenter les pressions sur la Chine pour qu'elle respecte les droits de ses citoyens. Il ignore les avertissements de la police, qui menace de l'arrêter à nouveau. Lorsque, trois mois plus tard, il dîne avec John Shattuck, le secrétaire d'État adjoint pour les droits de la personne des États-Unis, c'est un affront de trop pour le gouvernement chinois. Peu après, alors qu'il rentre en voiture de Tianjin, Wei est intercepté par la police et détenu dans un lieu secret. Sa famille sera sans nouvelles de lui pendant près de deux ans. Finalement, en novembre 1995, Wei est accusé formellement d'« activités illégales sous le couvert de la légalité ». L'acte d'accusation de près de deux mille pages lui reproche ses écrits en prison, ses efforts pour promouvoir les droits et la démocratie et pour encourager les États-Unis à faire pression sur la Chine. On lui reproche aussi d'avoir dressé des listes de noms de « victimes politiques », d'avoir acheté des actions dans une institution financière et d'avoir planifié une exposition d'art. À sa défense, Wei déclare que rien n'a changé depuis la Révolution culturelle. « Faire la promotion des droits et de la démocratie et en combattre les ennemis ne constituent pas un crime », déclare-t-il devant le tribunal. Après une brève pause pour le déjeuner, Wei est condamné à quatorze ans de prison. Pendant un certain temps, il est incarcéré sous surveillance constante, dans une cellule en verre.

Avec cette seconde condamnation, Wei Jingsheng est plus qu'un dissident chinois ; il devient un symbole de la lutte universelle pour la démocratie, au même titre que Nelson Mandela ou Vaclav Havel. Il est mis en nomination pour le prix Nobel de la paix, initiative que le gouvernement chinois dénonce en disant qu'un criminel ne peut être admissible à un tel honneur. Néanmoins, deux ans après sa condamnation, en septembre 1997, Wei est conduit à l'aéroport de Pékin et mis à bord d'un avion à destination de Detroit. Sa libération, pour motifs médicaux, survient deux semaines après la visite du secrétaire général Jiang Zemin aux États-Unis. Son emprisonnement était devenu un irritant majeur dans les relations entre la Chine et les États-Unis. Wei avait refusé des offres précédentes d'exil du gouvernement chinois, mais les nombreux problèmes de santé dont il souffre à la suite des pénibles conditions de sa détention l'amènent à accepter de quitter la Chine, ce qu'il a toujours considéré comme une reddition.

Le voyage de découverte de soi qu'il a entamé dans un train en partance de Pékin à l'âge de dix-sept ans le conduit donc ultimement à une vie d'exil qu'il n'a ni souhaitée ni choisie. Le long de son parcours, par son côté irréductible, Wei a cependant posé les nouveaux jalons du débat sur la démocratie en Chine. Avec lui, la démocratie n'est pas un privilège qu'on accorde au peuple lorsqu'il devient suffisamment mature pour l'exercer ou une justification du socialisme qui n'admet pas le droit de vote hors du Parti communiste. C'est un droit inaliénable de l'être humain qui ne saurait tolérer aucun compromis. C'est comme si, avec Wei, l'idée de la démocratie en Chine, après avoir été ballottée par les vents et les marées politiques du siècle, retrouvait en quelque sorte ses lettres de noblesse et ses origines.

# 5

## LA CHUTE DE BAO TONG

*Pékin, le 28 mai 1989*

*Coincé entre deux policiers sur la banquette arrière de la voiture, Bao Tong tente de s'orienter, de trouver des points de repère qui puissent l'aider à savoir où on l'emmène, mais il n'y arrive pas. Le chauffeur a tellement bifurqué, emprunté tant de détours depuis qu'ils sont partis, dans le but de contourner les groupes de protestataires qui bloquent les environs de la place Tiananmen, qu'il ne sait plus dans quelle direction se dirige la voiture. Il demande aux policiers de lui dire où ils le conduisent, mais ces derniers restent muets. On peut comprendre qu'ils se sentent intimidés par Bao Tong. Ils n'ont pas affaire, après tout, à un criminel de droit commun, mais à un des hauts dirigeants du Parti communiste. Bao est l'adjoint de Zhao Ziyang, le secrétaire général du parti et numéro deux du régime après Deng Xiaoping. C'est lui qui dirige le Bureau de réforme politique mandaté par Deng pour mettre la Chine sur la voie d'une plus grande démocratisation.*

*Mais tout cela n'a plus d'importance. Dans le bras de fer qui oppose les étudiants au gouvernement, Bao et Zhao Ziyang ont pris le parti des étudiants, qui réclament la fin de la corruption et davantage de transparence de la part du gouvernement et qui occupent la place Tiananmen depuis plus d'un mois. Bao va le payer cher et il le sait. Son supérieur, Zhao Ziyang, a été arrêté. Tous deux vont être tenus personnellement responsables d'avoir encouragé la révolte étudiante et trahi le parti. Les états de service de Bao, l'importance du poste qu'il occupe, le fait qu'il ait été mandaté par Deng pour explorer la question des réformes politiques, tout cela ne compte plus. Assis sur la banquette de la voiture de police, Bao Tong, pourtant, est serein. «J'avais vécu la Révolution culturelle, me raconte-t-il. Je savais qu'en Chine, tout peut arriver.»*

*Après avoir quitté le centre de la ville et traversé la ban-
lieue, ils se retrouvent, après une heure de route, à la campagne.
Bao voit au loin les montagnes qui ceinturent la ville. Puis
ils arrivent devant un grand portail en métal. La voiture
s'immobilise et les policiers font signe à Bao d'en sortir. Trois
hommes attendent près de l'entrée. «Suis-je bien à la prison
Qin'cheng?» demande Bao. Qin'cheng, c'est la célèbre prison
réservée aux prisonniers politiques. «C'est bien ça, répond un
des hommes, et j'en suis le directeur.» «Je leur demande alors
s'ils souhaitent me parler.» «Nous ne savons même pas qui vous
êtes», lui répond le directeur de la prison. Puis celui-ci demande
à Bao Tong d'inscrire son nom sur un registre qu'il lui tend. Bao
Tong s'exécute et rend le registre au directeur. «Cela n'est pas votre
nom, dit-il. Votre nom, désormais, c'est matricule 8901.» Bao
Tong a compris. Il est le premier prisonnier politique de l'année
1989, et, pour le gouvernement chinois, il n'est désormais qu'un
matricule.*

*Jugé coupable d'avoir livré des secrets d'État, Bao Tong,
dans la foulée des procès de Tiananmen, est condamné à sept
ans de prison. À sa sortie, il passe une année dans un autre
lieu de détention. Depuis, il est en résidence surveillée à Pékin.
Il a l'autorisation de sortir faire des courses, mais il est sous
surveillance constante et sur écoute. Pour un journaliste, lui rendre
visite est un coup de dés. Lorsque je me présente, avec un interprète,
à son immeuble, deux policiers assis à un bureau dans l'entrée
nous demandent nos cartes. Ils notent nos coordonnées dans un
grand cahier. Ils sont polis, un peu indifférents, mais il ne faut
pas se fier aux apparences. Quelques jours plus tôt, ils ont interdit
à la BBC de passer. Nous approchons du vingtième anniversaire
de Tiananmen et les autorités sont sur les dents. Nous avons de
la chance. Au bout de quelques minutes, un des policiers nous dit
de téléphoner à Bao Tong. Il doit personnellement nous escorter
jusqu'à son appartement au sixième étage.*

*Il arrive, vêtu modestement d'une veste de coton bleu comme
en portent beaucoup de retraités. Ses lunettes sont un peu trop
grandes, comme à l'époque communiste. À soixante-seize ans, il
a la démarche un peu fragile. Il salue les policiers, ces gens qui
quotidiennement le privent de sa liberté, sans amertume apparente.*

*Puis il nous conduit avec courtoisie jusqu'à l'ascenseur. Il se dégage de cet homme une dignité certaine. Son allure, ses gestes laissent deviner qu'il a jadis été quelqu'un d'important. J'ai bien des questions à poser à Bao Tong. Puisqu'il a été l'un des principaux architectes des réformes politiques des années 1980, celles qui devaient accompagner la libéralisation économique, seul Bao peut me dire jusqu'où ils étaient prêts à aller, lui et Zhao Ziyang, sur la route de la démocratisation. Comme témoin privilégié des discussions au sein du Parti communiste, il est l'un des seuls à savoir quelles étaient les véritables intentions de Deng Xiaoping avant que la crise de Tiananmen ne l'amène à freiner son propre élan de réformes politiques. Il est également l'un des seuls anciens dirigeants du gouvernement à avoir vécu Tiananmen de l'intérieur et qui osent en parler. Je veux savoir de lui s'il pense que les choses auraient pu se passer autrement. S'il est hasardeux, sinon puéril, de tenter d'imaginer ce que l'Histoire aurait pu être si l'armée n'était pas intervenue sur la place Tiananmen, il est néanmoins juste de dire que « l'incident du 4 juin », comme on l'appelle en Chine, a façonné la société chinoise d'aujourd'hui. Et que de tous les mouvements de démocratisation du siècle en Chine, le vent de réforme qui soufflait sur le pays dans les années 1980 était peut-être le plus susceptible de le lancer sur les doubles voies de la libéralisation économique et politique.*

*Assis dans son modeste appartement situé à un jet de pierres des lieux où se sont déroulés ces événements, Bao Tong incarne, par la tragique tournure qu'a prise sa vie, cette occasion ratée de la Chine. C'est un homme lucide, peu enclin à s'apitoyer sur son sort ou à rechercher le confort de la nostalgie. En décembre 2008, il a participé à la rédaction et a signé, en compagnie de trois cents autres intellectuels chinois, la Charte 08, manifeste réclamant le respect des droits et la démocratisation de la Chine. Cette initiative s'inspire de la Charte 77 qui, à la fin des années 1970, a constitué un noyau d'opposition au régime communiste tchécoslovaque. Bao Tong sait qu'il s'expose à d'autres difficultés pour avoir commis cet acte, quoique les services de sécurité ne peuvent lui rendre la vie beaucoup plus misérable, me dit-il. S'il tient à continuer à combattre, même à son âge, c'est, ajoute-t-il, pour corriger l'erreur d'avoir adhéré au Parti communiste il y a soixante ans. Et dans l'espoir que ces actes contribueront à créer une Chine plus ouverte pour son fils, sa fille et sa petite-fille.*

\* \* \*

Au milieu des années 1980, lorsque Bao Tong prend la direction du comité des réformes politiques, la Chine est en train d'embrasser tout ce qui vient de l'Occident : sa musique, sa mode et, dans une certaine mesure, ses idées. Dans les rues des grandes villes comme Shanghai et Pékin, des kiosques apparaissent où l'on vend des journaux et des articles de la vie quotidienne. Les Chinois font un premier pas hésitant vers l'économie de marché. Les jeunes qui peuvent se le permettre s'achètent un jean ; la tunique de coton bleue qui a été le symbole de l'unanimisme et de l'anonymat communiste cède la place à une plus grande expression vestimentaire. Beaucoup d'étudiants, encouragés par Deng Xiaoping à aller étudier à l'étranger, en reviennent avec des idées plein la tête sur la façon de moderniser la Chine. Le mot d'ordre de Deng, selon lequel les Chinois doivent désormais chercher la vérité « dans les faits » et non dans l'idéologie de Mao, ouvre la porte à une plus grande indépendance d'esprit. Il se crée un nouvel espace où les Chinois peuvent davantage s'épanouir et s'exprimer.

À première vue, il peut paraître surprenant que l'impulsion du changement provienne de Deng Xiaoping. Âgé de près de quatre-vingts ans, Deng est l'un des vétérans de la révolution et l'un des derniers survivants de la Longue Marche. Toute sa vie a été définie par le combat pour faire de la Chine une réussite communiste. Mais Deng est aussi un pragmatiste et il sait, à un niveau peut-être autant viscéral qu'intellectuel, que l'économie socialiste n'a pas réussi à tenir ses promesses. Aussi, lorsqu'il encourage les étudiants et les cadres du parti à aller voir à l'étranger comment fonctionnent les choses, les met-il sur la voie que lui-même a empruntée au début du siècle lorsqu'il s'est rendu en France, avec des milliers d'autres jeunes Chinois, pour participer à un programme de travail-études[1]. Il a travaillé dans une usine Renault et dans les cuisines de restaurants à Paris, et c'est l'observation des piètres conditions de travail des ouvriers français qui en a fait un communiste. Au moment où il s'est embarqué pour la France, à l'été 1919, son père lui a demandé ce qu'il comptait y faire. «J'ai l'intention de me servir des connaissances et de la vérité que je trouverai en Occident pour mieux sauver la Chine», a-t-il répondu. Deng faisait écho au Mouvement du 4 mai qui, quelques mois auparavant, avait lancé un cri d'alarme sur la place Tiananmen pour une modernisation scientifique et une démocratisation de la Chine.

Plus d'un demi-siècle plus tard, au début des années 1980, Deng se retrouve donc en quelque sorte à la case départ. Il lance ses quatre modernisations dans l'espoir que la Chine rattrape son retard sur l'Occident et encourage même la vente de téléviseurs pour que les Chinois prennent bien conscience que leur pays a besoin d'un sérieux coup de pouce afin de se hisser au niveau de développement des autres pays. Le chef communiste a compris que, pour survivre, le régime communiste doit permettre une certaine émancipation économique des Chinois et que, pour assurer sa légitimité, le parti doit se réformer et adopter une plus grande transparence dans son fonctionnement et ses décisions et davantage de démocratie dans ses délibérations et ses élections internes.

La pente de la réforme, pourtant, est lisse. L'expérience du Mur de la démocratie, et en particulier le cas de Wei Jingsheng, a montré à quel point la moindre ouverture peut déclencher des forces que le gouvernement a peine à contenir. Aussi, après l'arrestation de Wei et la suppression du Mur de la démocratie, Deng en vient-il à la conclusion que la libéralisation économique nécessaire à la croissance de la Chine doit être encadrée par une camisole de force politique. Il affirme quatre principes cardinaux qui ne laissent aucun doute sur les limites des réformes politiques qu'il envisage : la primauté du marxisme-léninisme et de la pensée de Mao, de la voie socialiste, de la dictature du peuple et, principe le plus important, du monopole du pouvoir par le Parti communiste. Une radio de Shanghai utilise l'image suivante pour parler des quatre principes de Deng. La démocratie, c'est comme le basketball, explique l'animateur. Ça se joue à l'intérieur d'un terrain bien délimité. Puis, afin de se prémunir contre toute contestation de ses politiques à l'extérieur du parti, Deng fait révoquer les quatre libertés que Mao avait accordées aux gardes rouges lors de la Révolution culturelle et qui constituaient les piliers de ce qu'il avait appelé la Grande Démocratie : la liberté d'expression, celle d'exposer largement ses idées, celle de les afficher en grands caractères et la liberté d'organiser de grands débats. Ces droits, incidemment, avaient été invoqués dans leur défense par Wei Jingsheng et les protagonistes du Mur de la démocratie.

Simultanément, Deng mène un combat farouche pour imposer son virage économique à l'intérieur du parti. Plusieurs membres du bureau politique restés fidèles à Mao croient toujours aux vertus de l'économie planifiée et refusent d'endosser la libéralisation prônée par Deng. Le principal obstacle est Hua Guofeng, que Mao a désigné comme son successeur avant de mourir. «Avec vous à la tête, j'ai confiance[2]», avait griffonné Mao sur un bout de papier au moment où ses forces commençaient à l'abandonner. Hua n'était pas un homme brillant, mais il s'était révélé un fidèle et habile administrateur et quelqu'un qui ne menaçait pas d'éclipser Mao au crépuscule de son règne. Mais c'était aussi un cadre qui ne pouvait imaginer la vie en dehors du dogme de Mao.

Deng frappe un grand coup au début de 1980 en forçant les principaux alliés de Hua Guofeng à démissionner du Comité central du parti. Cela va ouvrir la voie à la promotion des protégés de Deng. Hu Yaobang devient secrétaire général du parti et Zhao Ziyang est nommé premier ministre. Hu est de petite taille, comme Deng, et comme celui-ci, c'est un vétéran de la Longue Marche. C'est un homme d'une grande curiosité intellectuelle qui dévore les livres étrangers et aime parcourir le pays pour voir de ses yeux les conditions dans lesquelles vivent les gens. C'est à lui que Deng confie la mission de réformer le parti. Zhao Ziyang, quant à lui, représente la prochaine génération de leaders. Il est né dans une famille commerçante du Hunan et a rapidement gravi les échelons de l'administration communiste. À titre de dirigeant de la province de Guandong, Zhao, alors âgé de quarante-deux ans seulement, est sévèrement pris à partie lors de la Révolution culturelle. Les gardes rouges le font parader dans les rues, coiffé d'un bonnet d'âne puis relégué à un travail manuel de monteur dans une usine du Hunan. Le fait d'avoir été persécuté lors de la Révolution culturelle est bien vu par Deng, qui en a aussi souffert l'ignominie. Réhabilité par la suite, Zhao a fait ses preuves comme homme fort et réformateur du Sichuan. Il a mis de côté la doctrine, et permis notamment aux agriculteurs de vendre sur le marché local le surplus de leurs récoltes. Deng a vite fait de remarquer ce jeune administrateur au visage rond et aux grosses lunettes et il le fait appeler à Pékin pour diriger son train de réformes économiques. Dix ans plus tard, leur audace, qui avait tant plu à Deng, mènera Hu Yaobang et Zhao Ziyang à leur perte. C'est d'ailleurs la mort de Hu qui sera l'élément déclencheur des manifestations étudiantes de Tiananmen.

Au début des années 1980, pourtant, Hu et Zhao ont le vent dans les voiles. Zhao est déjà perçu, dans les cercles du parti, comme celui qui succédera à Deng Xiaoping. Afin de libéraliser l'économie et de réformer l'appareil politique, Zhao n'hésite pas à recruter des jeunes loups qui pensent comme lui. Il faut des gens qui n'ont pas froid aux yeux, qui oseront tenir tête aux éléments réactionnaires du parti et qui ont l'audace des idées nouvelles. Bao Tong correspond en tous points à ce profil et Zhao s'empresse de lui confier d'importantes responsabilités. En qualité de secrétaire personnel du premier ministre, c'est lui qui écrit la plupart des discours de Zhao. Ce dernier le nomme aussi directeur du Bureau de réforme politique du Comité central du Parti communiste, bureau qui a été mis sur pied pour déterminer quel genre de réformes politiques devait accompagner la libéralisation croissante de l'économie. Bao, enfin, est désigné comme rédacteur principal des propositions qui seront soumises au XIII$^e$ Congrès du Parti communiste, où va se jouer l'avenir des réformes de son patron Zhao Ziyang.

Le travail est grisant. Bao est passé soudainement de simple directeur d'institut à l'un des hommes les plus influents de Chine. Dans un pays où chaque discours politique prend une importance capitale, c'est lui qui façonne la parole du premier ministre, qui choisit les mots que celui-ci prononcera publiquement. Derrière les portes closes du complexe de Zhongnanhai, où vivent et travaillent les membres du Politburo, c'est lui, Bao Tong, qui est en train de concevoir la nouvelle architecture politique du pays. Dans ce contexte, instaurer de véritables réformes est un exercice extrêmement délicat. «La Chine entière, dit Bao Tong, avait été endoctrinée par la pensée de Mao. Pendant trente ans, on avait appris aux Chinois à éprouver de la haine pour l'économie de marché.» Or, Bao et Zhao doivent maintenant convaincre les Chinois du contraire : que seule l'économie de marché peut améliorer leur vie. «Ce que nous faisions, c'était dé-maoïser l'économie», explique Bao Tong. Il faut donc choisir les mots avec prudence. Parler d'économie de marché dès le début des réformes aurait braqué trop de monde. Au cours des années 1980, Zhao présente d'abord ses réformes comme une forme d'«autonomie», puis parle de «bénéfices économiques». Il cherche des termes qui soient acceptables pour les forces politiques qui risquent de faire dérailler les réformes économiques, dit Bao Tong. Mais tous ces termes veulent dire la même chose : l'économie de marché.

Quant aux réformes politiques, Bao Tong se rend compte assez rapidement que Deng Xiaoping n'a pas l'intention de s'engager très loin sur la voie de la démocratisation. «C'est Deng qui avait proposé la discussion sur le système politique, me dit Bao vingt ans plus tard dans son appartement. Mais nous savions tous qu'il n'avait pas en tête des changements radicaux. À trois reprises au moins il nous a dit qu'il ne fallait pas s'inspirer de l'Occident dans les réformes que nous envisagions. Il voulait à tout prix protéger le parti. Pour lui, il aurait été intolérable que le Parti communiste perde le pouvoir. Lorsque Deng parle de réformes politiques, en effet, il a surtout en tête de séparer le Parti communiste des affaires de l'État et de confier celles-ci à de jeunes professionnels qui pourront gérer cette nouvelle économie selon les lois du marché, et non plus à partir de la doctrine marxiste. Une gestion plus rationnelle de l'État réduira l'arbitraire des décisions du Parti communiste et renouvellera la confiance des Chinois dans le parti. Mais il n'est pas question pour lui de franchir le Rubicon de la démocratie occidentale, avec ses élections libres qui mettent en lice plusieurs partis. C'est pour cela qu'il a affirmé ses quatre principes cardinaux, dont le dernier, le monopole du pouvoir pour le Parti communiste, constitue la pierre angulaire.

Zhao Ziyang et Hu Yaobang ne savent pas jusqu'où ils pourront pousser la démocratisation, mais ils tentent par tous les moyens de convaincre Deng que la Chine doit envisager de plus grands changements. Ils lui parlent même du futurologue américain Alvin Toffler et de son livre à succès *La troisième vague*. Dans cet essai qui deviendra le livre de chevet de plus d'un politicien, Toffler soutient que la plupart des sociétés passent d'une première vague agraire à une deuxième vague industrielle, avant de s'engager dans une troisième vague postindustrielle. La Chine, croient Zhao et Hu, ne peut se permettre de rater le bateau de la modernisation que prédit Toffler. On ignore quelle a été la réaction de Deng à leurs exhortations, mais il n'est pas sans intérêt de souligner que Toffler concluait également dans son essai que le progrès pouvait aussi bien aller à reculons que de côté ou de l'avant, selon les sociétés. Après le massacre de Tiananmen, le régime communiste prouvera qu'il est possible pour la Chine de surfer sur la vague du progrès économique tout en laissant celle des réformes démocratiques s'épuiser sur le rivage.

Au début des années 1980, pourtant, les choses ne sont pas aussi simples ni aussi claires. Deng a lancé la Chine sur l'autoroute de la modernisation avec un pied sur l'accélérateur économique et l'autre sur le frein démocratique. S'il souhaite que les Chinois s'inspirent des exploits scientifiques de la NASA, qu'ils apprennent à construire des voitures à la manière de Ford, qu'ils se fassent à l'idée que les étrangers puissent investir dans de nouvelles entreprises domestiques, il veut à tout prix éviter que les Chinois ne s'inspirent du modèle politique américain. Sitôt revenu de sa tournée triomphale aux États-Unis, et inquiet de l'ampleur que prend le mouvement du Mur de la démocratie, Deng lance une vaste offensive de propagande dans les journaux officiels pour prévenir les Chinois des dangers et des dérapages de la société libérale américaine. L'innovation scientifique et le sens des affaires ont peut-être permis aux Américains de se hisser au premier rang des puissances économiques, mais leur système politique, par contre, n'a produit que de l'inégalité. De longs articles racontent comment les riches vivent derrière les portes closes de leurs luxueux appartements, dans la crainte d'être dévalisés par les masses de pauvres qui sont les laissés-pour-compte du modèle américain. Il s'agit de regarder à l'ombre des gratte-ciel, symboles de la réussite économique, écrit un journaliste, pour voir les échecs de la société libérale : la misère, la prostitution et la criminalité. Le «paradis démocratique» américain, proclame à l'unisson la presse chinoise, n'est qu'un mythe. Puis, la charge se termine par l'argument classique du marxisme contre la démocratie libérale. Puisque rien ne différencie les deux grands partis politiques américains, les républicains et les démocrates, la démocratie américaine est à toutes fins pratiques un système à parti unique où la bourgeoisie exploite les masses[3].

L'approche de Deng peut sembler paradoxale, voire contradictoire. Le paradoxe, pourtant, n'est qu'apparent.

Ce qu'il dit aux Chinois, c'est que s'il est souhaitable pour la Chine d'emprunter une certaine liberté économique à l'Occident, il est tout aussi important que le Parti communiste les protège contre les excès de cette liberté. Le maintien de la dictature du parti devient donc une condition de la réussite du virage économique que Deng veut faire prendre à la Chine. Dans un important discours qu'il prononce devant les cadres du parti en 1980, Deng expose le principe directeur de sa pensée : « Le parti, déclare-t-il, ne peut être séparé du peuple et le peuple ne peut être séparé du parti. » Un système à partis multiples, comme le suggèrent certains partisans de la démocratie, poursuit-il, saperait l'unité du pays. À moins que tous n'acceptent le leadership du Parti communiste, conclut Deng, la Chine sombrera dans la division et la confusion et sera incapable de réussir sa modernisation[4].

Le raisonnement de Deng Xiaoping n'est pas tout à fait nouveau. Il se situe, dans une certaine mesure, dans la lignée de la pensée des réformateurs chinois, que ce soit ceux du mouvement d'auto-renforcement de la fin du dix-neuvième siècle, de la réforme des Cent jours ou du 4 mai 1919. Ce que tous ces réformateurs avaient en commun, c'est qu'ils croyaient que la Chine devait emprunter à l'Occident ce qu'il avait de mieux en termes de science et de philosophie, non pas dans le but d'imiter l'Occident, mais afin de mieux concurrencer des puissances comme l'Angleterre et l'Allemagne et de résister à leur impérialisme. Là où Deng innove, c'est en affirmant qu'il n'y a pas de contradiction entre une économie de marché et un régime politique communiste. Il va même plus loin. Une économie de marché gérée par le Parti communiste est plus stable, puisqu'elle n'a pas à se soumettre à des élections qui risquent de changer de gouvernement tous les quatre ans. Les successeurs de Deng, Jiang Zemin et Hu Jintao, raffineront ce raisonnement pour en faire un dogme. Ceux qui croient que l'économie de marché en Chine va déboucher naturellement sur une démocratie libérale se trompent. Le capitalisme est un mal nécessaire qui va permettre à la Chine de se développer suffisamment pour atteindre les objectifs du socialisme. En d'autres termes, ce n'est qu'une étape de son développement. Quiconque, dès lors, milite en faveur de la démocratisation de la Chine se rend coupable de vouloir usurper le pouvoir du Parti communiste et empêcher la progression du pays. C'est ce qui explique que, vingt ans plus tard, des militants comme Hu Jia ou Liu Xiaobo seront condamnés à de sévères peines de prison simplement pour avoir réclamé la démocratie et le respect des droits sur internet. Réclamer une autre sorte de démocratie que celle du Parti communiste est une forme d'hérésie politique qui n'est pas tolérée. Nous y reviendrons.

S'ils dénoncent les défauts et les excès de la démocratie occidentale, les dirigeants chinois ne cessent, par ailleurs, dans les années 1980, de promouvoir les vertus de ce qu'ils appellent la démocratie socialiste. Cette dernière, à leurs yeux, est indispensable à la modernisation économique de la Chine. Ce qu'il faut comprendre, c'est que la démocratie telle qu'elle est conçue par le leadership chinois est fondée sur un principe complètement différent, voire opposé à celui qui soutient la démocratie libérale. Dans les pays occidentaux, il est entendu que tout citoyen exerce son droit de vote ou de parole pour défendre ses intérêts privés. En Chine, c'est le contraire. Le citoyen doit exercer ses droits dans l'intérêt public. Dans son remarquable essai sur la démocratie chinoise, le sinologue américain Andrew Nathan écrit : «L'utilisation des droits à des fins personnelles n'est pas légitime et peut même être nuisible si elle mine la capacité de l'État de canaliser les énergies des citoyens dans une même direction[5].» Cette conception des droits et des devoirs de chacun, poursuit Nathan, remonte à la tradition de l'harmonie sociale de Confucius. Les penseurs et les leaders communistes des années 1980, conclut-il, étaient donc des plus sincères lorsqu'ils parlaient de démocratie. Mais il s'agissait d'une démocratie différente de celle qu'on exerce en Occident. C'est un malentendu sur le sens de la démocratie qui persiste plus que jamais aujourd'hui.

Selon Bao Tong, ni lui ni Zhao Ziyang ne sont d'accord avec la direction que prend la discussion sur les réformes politiques à la fin des années 1980. Mais ils doivent user de prudence car les membres conservateurs du bureau politique sont toujours très influents et se servent du moindre revers du programme de libéralisation économique pour exhorter Deng Xiaoping à revenir sur ses pas. « Nous étions convaincus que la Chine devait se donner un véritable système démocratique, dit Bao Tong, mais nous étions aussi très conscients que cela serait rejeté si nous le proposions en ces termes. Alors nous avons enveloppé l'idée de la démocratie dans un vocabulaire socialiste. Nous avons proposé de développer une politique démocratique socialiste. S'il fallait coiffer la tête de notre projet d'une casquette socialiste, nous étions prêts à le faire. Nous voulions aller le plus loin possible sur la route de la démocratisation, mais nous ne savions pas jusqu'où il nous serait possible de nous rendre. À tout le moins, il fallait commencer par réduire l'influence du parti dans les affaires du pays. » Deng, quant à lui, penche tantôt du côté des réformateurs, qui l'enjoignent d'accélérer les réformes, tantôt du côté des conservateurs, qui l'exhortent à ralentir. La situation est très fluide ; rien n'est acquis pour les réformateurs. « Il y avait deux faces chez Deng, rappelle Bao Tong. Il oscillait comme un pendule. Tantôt il favorisait les réformes, tantôt il affirmait les quatre principes du socialisme. Il était à la fois un supporter sincère des réformes et un défenseur acharné des choses que l'on devait réformer. »

L'ambivalence de Deng s'explique peut-être en partie par le fait que les réformes économiques sont en effet en train de chambarder la société chinoise. Les agriculteurs ont soudain la permission de vendre le surplus de leurs récoltes ; les directeurs des entreprises d'État sont encouragés à produire en fonction de ce qu'ils peuvent vendre plutôt qu'en fonction de quotas fixés arbitrairement par le parti ; les gouverneurs des provinces se voient octroyer une plus grande autonomie. On leur demande même de courtiser les investisseurs étrangers. Tout Chinois qui a le goût du risque peut se lancer en affaires en ouvrant un kiosque au coin d'une rue. Ces changements disloquent les traditions et les rapports d'autorité de la société chinoise. Les jeunes découvrent la mode et la musique occidentales au grand dam de leurs parents; le fossé des générations, ce concept américain des années 1960, fait son apparition en Chine. Sans le vouloir, avec la modernisation économique, Deng Xiaoping vient d'ouvrir la porte de la forteresse chinoise au cheval de Troie de l'individualisme. Cela ne sera pas sans conséquences.

Ironiquement, deux des grands défauts que la propagande chinoise reproche à la société américaine, l'inégalité et la corruption, ne tardent pas à faire leur apparition en Chine. Le modèle de Deng d'une *économie-de-marché-gérée-pour-le-bien-public-par-une-démocratie-socialiste* ne soutient pas longemps le poids de ses contradictions. Encouragés à travailler pour faire des profits, les Chinois, naturellement, se préoccupent de leurs intérêts privés. L'appât du gain prend le dessus sur le bien collectif. Il se crée rapidement deux classes de Chinois: ceux qui profitent de la nouvelle économie pour s'enrichir et les autres qui n'en ont pas les moyens ou l'imagination. La frustration des Chinois se mêle à un sentiment d'injustice lorsqu'ils constatent qu'une majorité de nouveaux riches sont des cadres du parti ou des membres de leurs familles. Les gérants des entreprises d'État, en particulier, n'hésitent pas à étaler au grand jour la richesse qu'ils accumulent à même les fonds publics. Ils se procurent des voitures de luxe étrangères, se paient des voyages et donnent de somptueux banquets où le trafic d'influence est souvent au menu. Un sondage de l'époque révèle que plus de quatre-vingts pour cent des Chinois qui vivent dans les villes croient qu'une majorité de cadres du parti sont corrompus. Incroyablement, dans le même sondage, soixante-trois pour cent des cadres interrogés admettent avoir été impliqués dans une forme ou une autre de corruption[6]. Les réformes de Deng, qui devaient renouveler la crédibilité du parti, sont en train, au contraire, de la miner davantage.

La grogne populaire est une arme à double tranchant pour Zhao Ziyang et Bao Tong. D'une part, elle donne des munitions aux opposants des réformes qui tentent de convaincre Deng Xiaoping de faire marche arrière. La libéralisation, disent-ils, est un échec et les gens n'en veulent pas. La corruption, l'inégalité et l'inflation, que le gouvernement arrive difficilement à contrôler, sont présentées comme des conséquences directes des réformes économiques. En revanche, ce même mécontentement, qui s'exprime comme rarement auparavant, permet à Zhao et aux autres réformateurs d'argumenter pour une plus grande libéralisation. C'est la preuve, disent-ils, que le régime doit être plus ouvert et mieux en mesure de canaliser les critiques. Le débat donne lieu à de nombreuses intrigues dans les appartements et les allées du complexe de Zhongnanhai. Deng, tel un sphinx, dévoile rarement son jeu; il laisse les factions rivaliser les unes avec les autres avant de trancher. Zhao Ziyang et Bao Tong, quant à eux, comprennent rapidement qu'ils doivent cultiver des appuis en dehors du gouvernement s'ils espèrent faire avancer leur projet de démocratisation. C'est vers les intellectuels qu'ils se tournent.

Au début des années 1980, les intellectuels chinois jouissent d'une liberté de parole et de mouvement étonnante. C'est comme si la société chinoise connaissait un tel foisonnement avec la libéralisation de l'économie que les autorités remarquent moins ou ont moins le temps de sévir contre les intellectuels qui les critiquent. Pour les réformateurs au sein du gouvernement, il n'y a pas d'alliés plus précieux que des militants de la trempe de Wang Juntao. Wang est une des vedettes intellectuelles de l'heure en Chine. L'institut de recherche indépendant qu'il dirige avec son collègue Chen Zeming ainsi que la revue de réflexion politique qu'ils publient en font des alliés incontournables pour Bao Tong. Celui-ci les consulte régulièrement et s'inspire de leurs travaux pour stimuler la réflexion au sein de son comité de réforme. Wang s'est fait connaître à l'âge de seize ans, lors des manifestations qui ont suivi la mort de Chou En-lai. Ce n'est pas un martyr, comme Wei Jingsheng, qui croupit en prison pour avoir traité Deng Xiaoping de dictateur. C'est un modéré, un pragmatiste, qui veut réformer le régime politique plutôt que le renverser.

Wang a ses entrées au gouvernement depuis long-temps. Un soir de 1979, accompagné d'un ami, il ose même frapper à la porte de la résidence du secrétaire général du parti, Hu Yaobang, l'homme qui a été chargé par Deng de réformer le Parti communiste et de démocratiser davantage le gouvernement. Même s'il est à peine âgé de vingt ans, Wang est bien connu. Les gardes ne tentent pas de l'intercepter et Hu l'invite à entrer, même si sa visite n'est pas annoncée. « Hu, dit Wang, me connaissait bien. Il avait lu tous les numéros de notre magazine politique *Printemps de Pékin*. Il nous était très reconnaissant de les avoir soutenus lors de notre manifestation du 5 avril 1976, lui, Deng et les autres dirigeants du parti qui avaient été persécutés lors de la Révolution culturelle. » Hu est un petit homme qui gesticule beaucoup en parlant. Ce soir-là, il est inquiet de la direction de ses réformes. « Hu m'a dit : Nous voulons faire des réformes, mais comment faire ?, se souvient Wang. Comment faire la transition ? demandait-il. Comment venir à bout des conservateurs ? Puis il m'a demandé de lui dire concrète-ment ce qui marchait et ce qui ne marchait pas dans le système. Et là, je me suis rendu compte que nous avions une idée générale de la démocratie, mais aucune notion de ce que cela voulait dire concrètement. » Ce moment représente pour Wang une sorte d'épiphanie. Il repart de chez Hu avec la ferme intention de construire un échafaudage pour ses idées de réforme. Moins de dix ans plus tard, Wang sera au cœur du débat sur la réforme en Chine.

Bao Tong et les réformateurs au gouvernement ne font pas que consulter les intellectuels, ils comptent sur nombre d'entre eux pour promouvoir les idées de réforme. La stratégie est d'autant plus efficace que plusieurs d'entre eux sont membres du Parti communiste. L'un des plus populaires est Fang Lizhi, un astrophysicien qui est aussi vice-président d'une université. On le surnomme l'Andreï Sakharov de Chine, en partie parce que, comme le célèbre dissident soviétique, c'est un scientifique, mais aussi parce qu'il ose critiquer ouvertement le régime. Fang fait des tournées dans les universités chinoises où il dit aux étudiants qu'ils ont un rôle à jouer dans la démocratisation de leur pays et que cette démocratie qu'ils doivent construire fait partie des droits de chaque citoyen. Ces droits, dit-il, ne sont pas «accordés par les leaders de la nation. Les gens les acquièrent à la naissance[7]». Lizhi sera finalement expulsé du parti, une sanction assez douce compte tenu de ses déclarations. S'il avait tenu ces mêmes propos quelques années plus tôt ou s'il les tenait aujourd'hui, il se serait sûrement exposé à une peine de prison.

Malgré les mises en garde de certains membres du leadership communiste contre la tentation de la liberté américaine, ou de la liberté tout court, le parti se retrouve doublé sur tous les flancs par les intellectuels. Certains, comme le journaliste Liu Binyan, se lancent dans une véritable croisade contre la corruption des cadres communistes. Liu jouit d'une crédibilité et d'un pedigree communiste inattaquables. C'est un révolutionnaire qui a combattu les Japonais et le Guomintang dans l'armée de Mao. Comme journaliste, il a passé sa vie à défendre les Chinois ordinaires qui sont écrasés par l'appareil d'État, ce qui lui a valu des années d'emprisonnement et de camp de travail[8]. Le fait qu'il soit membre du parti et qu'il écrive dans la presse officielle lui procure une influence importante pour redresser les torts des cadres du parti. Il jouit d'une telle notoriété que les gens se pressent autour de ce justicier populaire pour lui soumettre leurs doléances. Liu dispose d'un atout de plus dans son jeu : il a l'oreille du secrétaire général et réformateur

Hu Yaobang. Parfois, plutôt que de publier un article à scandale, il envoie le dossier à Hu, qui s'en sert pour punir les coupables à l'interne.

Les militants pour la démocratie des années 1980 jouissent d'un avantage que n'avaient pas ceux qui les ont précédés : la protection et le patronage de hauts dirigeants au sein du leadership chinois. Bien des historiens comparent cette période qui a suivi la mort de Mao à la réforme des Cent jours du jeune empereur Guangxu, à la toute fin du dix-neuvième siècle. L'empereur, nouvellement installé sur le trône, s'était allié à des réformateurs de l'extérieur de la cour pour moderniser la Chine et amorcer une transition vers une monarchie consitutionnelle, mais l'impératrice Cixi, qui avait agi pendant de nombreuses années comme régente de son neveu, l'avait fait arrêter, avait mis fin à ses idées de réforme et avait assumé le pouvoir jusqu'à sa mort. Comme la cour de Cixi, le leadership communiste sous Deng est divisé entre une aile réformatrice et une aile conservatrice. Lorsque les événements de Tiananmen viendront bousculer le fragile échafaudage de la réforme, Deng n'hésitera pas à sacrifier Zhao Ziyang, comme Cixi avait sacrifié son neveu et mis au rancart son projet de modernisation politique

À partir du milieu des années 1980, la friction entre les ailes réformatrice et conservatrice s'apparente à celle de deux plaques tectoniques. Exaspérés par le fait que les intellectuels peuvent attaquer l'intégrité et la légitimité du parti en toute impunité, les membres de la vieille garde du parti se mobilisent pour une contre-offensive. Le 27 décembre 1986, cinq vétérans de l'aile conservatrice, Wang Zhen, Peng Zhen, Hu Qiaomu, Bo Yibo et Den Liqun, se rendent à la résidence de Deng. Ils lui demandent de limoger Hu Yaobang, le secrétaire général du parti et figure de proue des réformes. Des centaines de milliers d'étudiants tiennent des manifestations sporadiques dans une trentaine de villes de la Chine depuis le mois de novembre pour dénoncer la corruption et demander la démocratie. Les anciens tiennent Hu personnellement responsable de cette agitation. Tout chez Hu heurte les conservateurs. Il affectionne les complets cravate et a même suggéré de remplacer les baguettes, un relent de féodalisme selon lui, par la fourchette occidentale. Deng ne veut pas sacrifier son programme de modernisation économique, mais il partage l'exaspération des anciens devant l'avalanche de critiques à l'endroit du Parti communiste. Il les écoute, mais réserve sa décision. Il est certain que Hu commence à l'irriter profondément, non seulement parce qu'il semble encourager les intellectuels à attaquer le parti, mais parce qu'il se voit déjà comme successeur de Deng. Il a notamment donné une entrevue à un journaliste de Hong Kong dans laquelle il spécule sur le départ éventuel du patriarche. Hu, par contre, est un vieil ami de Deng. Ils ont fait la révolution ensemble et jouent régulièrement au bridge. Deng le voyait même comme son successeur. Il sait pourtant qu'il doit le sacrifier. Le 30 décembre, Deng convoque un petit groupe de ses proches, y compris Hu et Zhao. Il est d'humeur massacrante. Il en veut particulièrement à Hu et à Zhao de ne pas avoir combattu avec plus de conviction la vague de «libéralisation bourgeoise» qui accompagne la libéralisation économique. La modernisation, leur dit-il, a besoin de leadership et de «mesures dictatoriales» s'il le faut. La libéralisation bourgeoise, conclut-il, va seulement semer le trouble[9].

Hu Yaobang sait que ses jours sont comptés. Trois jours plus tard, il remet sa lettre de démission à Deng, dans laquelle il reconnaît avoir commis de sérieuses erreurs. Selon ses proches, il regrettera plus tard de ne pas s'être défendu davantage. Le 16 janvier, Deng convoque les dix-sept membres du bureau politique élargi pour décider de son sort. La plupart d'entre eux, à tour de rôle, condamnent Hu. Fait important, Zhao Ziyang ne se porte pas à sa défense. Le soir même, la télévision d'État annonce le départ de Hu. Il est accusé de ne pas avoir suffisamment combattu la «pollution spirituelle» et d'avoir encouragé l'«occidentalisation totale» ainsi que la «société de consommation». Les contradictions du parti sont étalées au grand jour. Ironiquement, Zhao Ziyang sort grand gagnant du limogeage de Hu Yaobang. Il le remplace comme secrétaire général du parti. C'est le signe que si Deng a accepté de sacrifier Hu au nom du renforcement de la discipline, il n'a pas l'intention pour autant de saborder sa modernisation économique. Zhao, conscient du contexte, joue le jeu, tente de gagner du temps. Devant plus de deux cents cadres du parti, il critique Hu, dit qu'il a été trop «timide» dans la lutte contre le libéralisme et juge que sa démission est justifiée. Du même souffle, il les avertit qu'il ne dérogera pas à la libéralisation économique. Et pour bien leur faire comprendre que la Chine ne reviendra pas en arrière, il annonce que l'on va enlever les portraits de Marx, Engels, Lénine et Staline de la place Tiananmen.

Si le départ de Hu Yaobang assouvit la rage de la vieille garde, il ne met fin ni aux tensions sociales ni à la grogne de la population, au contraire. L'inflation atteint des sommets jusque-là inégalés; en l'espace de trois mois, le prix des fruits et des légumes augmente de cinquante pour cent à Pékin. Des centaines de milliers de travailleurs sont mis au chômage dès lors que les entreprises d'État moribondes, qui jouissaient jadis d'une immunité devant la réalité économique, doivent maintenant fonctionner selon les règles du marché. Plusieurs d'entre elles ne survivent tout simplement pas à la transition. Dans ces conditions, l'économie souterraine et la corruption foisonnent. Le gouvernement, dans un effort pour refaire son image, limoge cent cinquante mille membres du parti accusés d'avoir trempé dans la corruption. Cette mesure, pourtant, semble avoir l'effet contraire: pour bien des Chinois, elle révèle davantage l'ampleur du mal qu'elle n'annonce son éradication.

C'est à partir de ce moment que Zhao Ziyang en vient à réaliser que les changements politiques devront être beaucoup plus radicaux et audacieux si le parti espère conserver sa pertinence et sa crédibilité. Jusque-là, Zhao s'est surtout préoccupé de la modernisation économique, qu'il considère comme distincte des réformes politiques. Mais tout cela va changer. «Ce n'est pas avant 1985 ou 1986 que ma compréhension a commencé à changer, dira plus tard Zhao Ziyang. Au départ, c'est le contexte international et surtout les problèmes qui émergeaient du bloc de l'Est qui ont éveillé mon attention. Mais la raison principale de ce changement est que j'ai commencé à concevoir la nécessité d'une réforme politique du point de vue de la réforme économique.[10]» En d'autres termes, Zhao Ziyang se rend compte qu'il ne pourra réussir la modernisation économique que s'il l'accompagne d'une profonde réforme politique.

Ces révélations proviennent d'enregistrements sonores que Zhao a produits au début des années 2000, alors qu'il était en résidence surveillée à Pékin. Il a enregistré le tout sur une trentaine de mini-cassettes qu'il a confiées à quelques-uns de ses amis. Ces derniers les ont fait sortir clandestinement de Chine. Ce testament d'outre-tombe de Zhao, publié au printemps 2009, quatre ans après sa mort, lève le voile sur ses véritables intentions et sur le cheminement de sa pensée. Le livre qui en est issu s'intitule *Prisonnier de l'État. Le journal secret de Zhao Ziyang*. Il a été publié à Hong Kong par Bao Bu, le fils de Bao Tong. Ce dernier, d'ailleurs, a participé au projet en secret, bien qu'il soit sous surveillance policière constante. Il a même signé la préface de l'édition chinoise du livre. Le document est une source d'embarras majeur pour le gouvernement chinois, puisqu'il révèle ce qui s'est passé dans l'entourage de Deng Xiaoping durant les moments cruciaux de la crise de Tiananmen. Le livre, il va sans dire, est interdit en Chine. En juin 2009, les douaniers fouillaient même les bagages des voyageurs en provenance de Hong Kong pour s'assurer qu'ils ne tentaient pas de faire entrer le livre clandestinement en Chine.

Dans les enregistrements, Zhao explique pour la première fois en détail jusqu'où il était prêt à aller pour réformer l'appareil politique. «Bien sûr, la réforme politique que j'avais en tête pour la Chine, jusqu'en

1989, n'était pas une adaptation d'un système à partis multiples ou la mise en place d'un système parlementaire à l'occidentale, précise Zhao d'entrée de jeu. Je ne pensais pas non plus que le Parti communiste devait lâcher son emprise sur le pouvoir[11]. » Mais si le « statut du parti » devait rester intact, selon Zhao, « la façon dont il gouvernait » devait changer radicalement. Et cela demandait impérativement l'établissement d'un État de droit, sans quoi l'économie de marché ne pouvait fonctionner et se développer. À partir de 1987, Zhao a dressé une liste des changements qu'il jugeait nécessaires pour en arriver là. En premier lieu, explique Zhao, il fallait augmenter la transparence dans le parti et dans la prise de décision. En URSS, Gorbatchev appelait cette ouverture « glasnost ». Pour nous, dit Zhao, ce serait la « transparence ». « Cela aurait changé la façon d'opérer dans une "boîte noire", où le public est mis au courant du résultat final d'une décision. Aussitôt que le gouvernement annonçait une décision, poursuit Zhao, il la mettait en œuvre, mais la population ignorait tout de la façon dont la décision avait été prise. C'est très important. Le peuple a le droit de savoir[12]. » Non seulement voulait-il que les Chinois soient davantage au courant de la façon dont le parti en arrivait à ses décisions, mais il croyait qu'il fallait les consulter davantage avant de décider. Pour cela, il fallait que le gouvernement établisse des canaux de communication et de consultation avec les divers groupes de la société. Mais d'abord, il devait légaliser l'existence de syndicats, de chambres de commerce, de groupes de femmes et d'étudiants en dehors des cadres de parti, ce qui n'était pas permis à l'époque.

Pour Zhao, si le gouvernement doit consulter davantage la population, le Parti communiste, quant à lui, doit avoir l'air plus démocratique. Il songe dès lors à élargir le nombre de candidats aux postes du parti. « Même si nous ne pouvions tout d'un coup adopter les méthodes occidentales de tenir des élections, dit Zhao, le Parti communiste pouvait à tout le moins augmenter le nombre de candidats qu'il proposait aux différents postes, y compris pour des responsabilités telles que président du Congrès du peuple ou premier ministre du Conseil d'État. Avec davantage de candidats, le peuple exercerait un véritable choix[13].» Zhao envisage même de permettre à d'autres partis politiques de participer aux délibérations du Congrès du peuple, le parlement chinois qui se réunit une fois l'an pour entériner les décisions du gouvernement. Au moment de la fondation de la République populaire, Mao avait en effet enchâssé l'existence de huit partis secondaires, dont le Parti démocratique de Chine. Ceux-ci n'avaient pourtant été jusque-là que des «vases décoratifs» sans aucune influence puisqu'ils devaient accepter la tutelle du Parti communiste. Pour compléter la modernisation politique qu'il envisage, Zhao croit enfin qu'il faut encadrer l'exercice du pouvoir du Parti communiste de deux principes fondamentaux. Le premier, c'est de remplacer la justice des hommes par la justice du droit. «Il nous fallait protéger les droits des citoyens de façon concrète, explique Zhao dans ses mémoires. C'était très important. Notre Constitution était bonne, mais il n'y avait pas de lois pour assurer sa mise en vigueur.» Enfin, Zhao est convaincu que ce nouveau système politique, plus ouvert, plus transparent, plus démocratique, doit fonctionner dans le contexte d'une presse plus libre[14].

Comme nouveau secrétaire général du parti, Zhao Ziyang est l'homme le plus puissant après Deng Xiaoping. À partir de l'hiver 1987, il est donc dans une position inespérée pour faire avancer ses idées de réforme politique. Le XIIIe Congrès du Parti, prévu pour l'automne, est l'occasion toute désignée pour faire adopter la nouvelle architecture politique qu'il a en tête. Mais Zhao sait très bien que pour les membres les plus conservateurs du bureau politique, ce qu'il envisage tient de l'hérésie, voire de la trahison. Aussi évite-t-il de dévoiler son jeu. Il demande à Bao Tong de se mettre au travail et de rédiger les propositions de réforme qui seront soumises aux milliers de délégués du Congrès du Parti. La tâche est délicate. «Évidemment, dit Zhao, dans ces textes, certaines des idées ne pouvaient être exprimées explicitement et d'autres pas du tout.» C'est ce qui amènera Bao Tong, selon son expression, à «coiffer le projet de modernisation politique d'un bonnet socialiste». Aujourd'hui, compte tenu du désastre qu'a représenté la crise de Tiananmen pour la démocratisation de la Chine, Bao regrette que lui et Zhao n'aient pas commencé plus tôt à pousser pour les réformes. «Nous aurions dû nous y mettre dès le début des années 1980», me dit-il.

La prudence et le pragmatisme de Zhao Ziyang s'expliquent par le fait qu'il sait que Deng s'oppose farouchement à toute réforme qui diluerait le pouvoir du parti ou qui ressemblerait un tant soit peu à ce qui se faisait dans les pays occidentaux. «Ce que Deng avait en tête pour des réformes politiques est différent de ce que la plupart des gens entendaient par cela : la modernisation de l'État et la démocratisation. [...] Deng, soutient Zhao, s'opposait particulièrement à un système à partis multiples, à la séparation des pouvoirs et au système parlementaire des pays de l'Ouest. Il en rejetait fermement l'idée.» À l'époque où Zhao, avec l'aide de Bao Tong, rédige les principaux documents de réflexion qui seront soumis au XIII$^e$ Congrès du Parti, Deng, dit-il, l'avertit à plusieurs reprises que «l'idée de la réforme politique ne doit absolument pas être influencée par le parlementarisme de l'Ouest. Il ne doit même pas en avoir une trace[14] !»

Dans ce contexte, Zhao n'est pas dans une position pour soumettre l'ensemble de sa modernisation politique au Congrès du Parti. Lui et Bao Tong s'appliqueront tout de même à faire adopter des mesures qui sépareront davantage le Parti communiste de la gestion des affaires quotidiennes du gouvernement. Plus de postes seront soumis à des élections internes et le mandat des différents officiers du parti sera limité. Le XIII$^e$ Congrès du Parti, qui a lieu à l'automne 1987 à Pékin, annonce aussi un changement de générations au pouvoir. Pas moins de neuf vétérans du bureau politique annoncent leur retraite, dont Deng Xiaoping, ainsi que certains des plus farouches opposants au programme de modernisation économique. S'il y a des doutes sur le changement de la garde, ils se dissipent rapidement lorsque le nouveau Comité central se présente devant la presse internationale vêtu de complets cravate, au lieu de la tunique de coton de l'époque révolutionnaire. Lorsqu'un journaliste étranger mentionne le complet rayé de Zhao, le nouvel homme fort du régime, celui-ci arbore un large sourire et lui montre l'étiquette « Fabriqué en Chine » au revers du veston. Comme métaphore de l'époque, il n'y a pas plus juste.

Zhao Ziyang considère peut-être que le temps joue en sa faveur. À l'époque, ses rapports avec Deng sont excellents. Rien ne laisse présager le moment fatidique qui mènera moins de deux ans plus tard à leur rupture et au limogeage de Zhao, c'est-à-dire la décision de Deng de faire intervenir l'armée pour écraser le mouvement étudiant de Tiananmen. Deng confie même à Zhao qu'il le voit comme secrétaire général du parti pendant encore deux mandats. Lors du Congrès du Parti, Zhao a également réussi, à la grande satisfaction de Deng, à résoudre l'une des contradictions philosophiques du passage à l'économie de marché. La solution est aussi élégante qu'elle est simple. Le capitalisme des années 1980, explique Zhao au Congrès, n'est pas une fin en soi ni une destination finale pour la Chine. Ce n'est qu'un « stade initial du socialisme » qui finira par être rendu caduc par l'achèvement du socialisme. Ce nouveau précepte, qui a encore cours aujourd'hui, a l'avantage d'enlever des munitions aux adversaires de Zhao dans leur opposition à la modernisation économique.

Fort de sa nouvelle position, Zhao Ziyang accélère le train de la modernisation économique et met en marche celui des réformes politiques. Les deux sont maintenant à son avis indissociables. Bao Tong, qui depuis l'automne 1986 s'occupe du comité chargé d'explorer les voies de la réforme politique, multiplie les consultations avec les intellectuels et autres militants politiques. Devant les résultats mitigés du Congrès du Parti, où il a dû diluer beaucoup de ses propositions, certains des alliés de Zhao commencent pourtant à douter qu'il vienne à bout de l'opposition des conservateurs. Ces intellectuels connaissent bien l'histoire de la Chine et ils sont très conscients de la fragilité, voire du danger de leur entreprise. Bao Tong dira plus tard qu'il avait l'impression de « chevaucher un tigre ». Aussi, certains d'entre eux en viendront-ils à la conclusion que, pour assurer le passage vers la démocratie, il faudra que Zhao Ziyang, après avoir succédé à Deng, instaure une période de « nouvel autoritarisme » pour imposer ses réformes politiques à ses détracteurs. Wang Juntao, tout démocrate qu'il est, appuiera brièvement cette option. Wang et d'autres intellectuels en sont venus à la conclusion que les réformes s'enlisent, qu'elles sont freinées de l'intérieur du régime par les éléments conservateurs et que seul un nouveau leader avec des pouvoirs élargis pourra les faire triompher. C'est le signe que la Chine, en soixante-dix ans, a peu changé à certains égards. Bien des démocrates, comme Sun Yat-sen avant eux, sont convaincus que seul un dictateur éclairé pourra garantir le succès de la démocratisation. La théorie du nouvel autoritarisme avait été développée par le politologue américain Samuel Huntington, de Harvard. À partir des exemples de Singapour et de la Corée du Sud, il postulait qu'il était parfois nécessaire de recourir à une période de centralisme fort pour venir à bout de la résistance bureaucratique en période de réforme. Zhao en avait fait la proposition à Deng. La modernisation d'un pays comme la Chine doit traverser une période pendant laquelle des leaders autoritaires constituent la force motrice du changement, avait-il expliqué au patriarche. Selon Zhao, Deng s'était dit d'accord avec cette notion, ajoutant qu'il fallait toutefois en raffiner les termes. Cette idée, pourtant, avortera longtemps avant de pouvoir être mise à l'essai. Zhao considérait à tout le moins qu'il lui fallait davantage de pouvoirs pour mener à terme ses réformes. Il aurait voulu diriger à la fois le gouvernement et le parti et il en avait parlé à Deng. Celui-ci, dit Zhao dans ses mémoires, ne s'y était pas opposé, mais n'y avait pas donné suite non plus.

La position de Zhao, cependant, est plus précaire qu'il n'y paraît. Même s'il a démissionné du bureau politique et qu'il n'occupe plus de poste officiel dans le leadership chinois, il reste que Deng Xiaoping est toujours l'autorité suprême du régime. Le patriarche s'est aussi donné les moyens d'intervenir s'il le faut en créant, secrètement, un comité aviseur central formé d'anciens comme lui qui se réservent le droit de superviser les nouveaux leaders du gouvernement. La création du comité est techniquement anticonstitutionnelle, puisqu'elle n'a fait l'objet d'aucun vote. Mais cela n'a pas d'importance. Le pouvoir est encore entre les mains de Deng. C'est ce comité qui permettra ultimement à Deng de décréter l'intervention militaire contre les étudiants lors des incidents de Tiananmen. Les anciens détiennent un atout supplémentaire en Li Peng, un partisan de la ligne dure, comme eux, qu'ils ont fait nommer premier ministre. Ce dernier travaillera sans relâche à contrecarrer les plans de réforme de Zhao Ziyang. Il sera également le grand responsable du durcissement du régime contre les étudiants.

À partir de 1988, ce sont pourtant les ratés de son programme de modernisation économique qui minent l'autorité de Zhao Ziyang. Malgré tous ses efforts, le gouvernement ne réussit pas à contrôler l'inflation. Sur les campus, les étudiants manifestent contre le coût élevé de la vie autant que pour la démocratie. Assiégé de toutes parts, le gouvernement décide de libéraliser les prix. Les Chinois se précipitent sur les étalages pour faire provision de tout ce qu'ils peuvent avant qu'on n'abolisse le contrôle des prix. La mesure s'avère un fiasco et Zhao doit en assumer la responsabilité. À partir de ce moment, son autorité n'est plus la même et son auréole de réformateur est à jamais ternie. Il est tenu de faire son autocritique devant le bureau politique et le conseil d'État. Les conservateurs au sein du gouvernement sentent que le vent a tourné. À la fin 1988, un de leurs leaders, Chen Yun, l'attaque même publiquement, l'accusant au nom des autres d'avoir permis aux idéologies bourgeoises de dominer le paysage politique. Puis trois des anciens, Bo Yibo, Wang Zhen et Li Xiannian, demandent à Deng Xiaoping de forcer Zhao à démissionner au plénum du parti en mars. Deng refuse en disant qu'il a déjà dû sacrifier un secrétaire général, Hu Yaobang, et qu'il n'y a pas de remplaçant évident pour Zhao.

C'est dans ce contexte d'incertitude et d'intrigue politique que Hu Yaobang est pris d'un malaise cardiaque lors d'une réunion du bureau politique le matin du 8 avril 1989. Il meurt une semaine plus tard. Le vieux routier, dépourvu de pouvoir et d'influence depuis sa destitution, deux ans plus tôt, va devenir un agent de changement plus puissant après sa mort que de son vivant. Le 17 avril, plus de dix mille étudiants convergent vers la place Tiananmen pour lui rendre hommage. C'est une façon détournée d'exprimer leur crainte que les réformes promises sont en train d'être sabordées par l'aile conservatrice du parti. Zhao Ziyang, dont l'influence est en train de rétrécir comme une peau de chagrin, voit dans les manifestations étudiantes une occasion de relancer ses réformes, surtout celles qui visent la démocratisation. « Je pensais également que si les manifestations étudiantes pouvaient être résolues selon les principes de la démocratie et du droit, par le dialogue et une réduction des tensions, cela pourrait accélérer les réformes en Chine, y compris les réformes politiques[16]. » L'Histoire en décidera autrement. Tiananmen sera le prélude à sa déchéance personnelle et politique. Pendant les six semaines que durera cette révolte sans précédent, Zhao multipliera les efforts pour résoudre la crise, mais il sera constamment neutralisé par le premier ministre Li Peng. Bao Tong, de son côté, assurera la liaison entre l'aile réformatrice du gouvernement et les leaders étudiants. Il le paiera cher. Bao et Zhao ont pris parti pour les étudiants. Ils boiront la coupe empoisonnée de la démocratisation jusqu'à la lie.

# 6

## L'ÉTOILE FILANTE DE WANG DAN

*Londres, janvier 2009*

Wang Dan m'a donné rendez-vous dans un café en face du British Museum. C'est lui le symbole du mouvement de Tiananmen, le jeune étudiant en histoire de l'université de Pékin qui a jadis fait trembler le régime communiste. Il vit maintenant en Californie mais passe l'hiver 2009 à Londres grâce à une bourse de l'université d'Oxford. Les vétérans du mouvement étudiant de Tiananmen ont toujours une certaine valeur marchande auprès des grandes universités occidentales. Pourtant, c'est un rôle dont Wang Dan semble se lasser. J'ai dû faire intervenir Wang Juntao de New York pour que Wang réponde à mes courriels. J'ai l'impression qu'il a accepté de me parler davantage par devoir que parce qu'il en a vraiment envie.

Lorsque je sors de la bouche de métro, un soleil radieux s'applique à faire fondre les vestiges d'une rare chute de neige qui a paralysé la capitale anglaise pendant deux jours. Le froid a embué les vitres du café, ce qui en accentue le côté obscur. Arrivé à l'intérieur, il me faut quelques instants pour me rendre compte que Wang Dan est assis à la première table, tout près de l'entrée. Il est du genre qu'on ne remarquerait pas nécessairement dans une foule. Il ne porte plus de lunettes mais, à quarante ans, il a toujours les mêmes airs d'adolescent, comme ces gens qui ne font pas leur âge. Son physique, son allure effacée, tout semble contredire l'importance historique de son personnage. Je lui ai dit que je veux parler davantage de l'avenir de la Chine que du passé, même si ce n'est vrai qu'en partie. Je crois que c'est pour cela qu'il a fini par accepter mon invitation. Je lui offre un café, mais il n'a envie de rien.

Ce premier contact n'est pas facile, d'autant que je ne suis pas tout à fait familier avec le magnétophone que je viens *d'acheter et qu'il me faut m'y prendre à trois reprises pour le faire démarrer correctement. Au fil de l'entrevue, pourtant, j'en arrive à la conclusion que cette distance qu'on sent chez Wang Dan au premier abord tient d'une réserve naturelle. Ce n'est pas improbable; beaucoup d'orateurs sont de grands timides. Mais je sens aussi que j'ai devant moi un être meurtri. Autant le rôle qu'il a joué dans les événements de Tiananmen l'ont rendu célèbre, autant la fuite, la prison et l'exil qui ont suivi semblent avoir brisé quelque chose d'essentiel en lui. Il me dit que, contrairement à d'autres dissidents, il refuse d'être défini par Tiananmen, d'être prisonnier de ce passé. «Une fois par semaine, j'aime aller danser», ajoute-t-il, comme pour prouver qu'il y a une vie au-delà de la dissidence. Ces temps-ci, il essaye de faire publier sa thèse de doctorat pour pouvoir décrocher un poste dans une université, préférablement à Taiwan, précise-t-il, ce qui lui permettrait de se rapprocher de la Chine continentale. Car il espère toujours rentrer chez lui, non pas pour relancer la lutte pour la démocratie, mais simplement pour y vivre, pour y retrouver ses parents et ses amis. Il suffirait d'un geste du gouvernement, de l'adoption d'un genre d'immunité, mais c'est un pas que les dirigeants communistes se refusent toujours à franchir, celui de réhabiliter les vétérans de Tiananmen et de leur permettre de revenir en Chine. Même si je me suis engagé à parler davantage de l'avenir que du passé, je me rends compte que ce qui définit Wang Dan, c'est surtout le passé. Il le sait aussi. La discussion se réchauffe, comme l'air de Londres en ce lendemain de neige.*

\* \* \*

Pékin, 27 avril 1989

Wang Dan est fébrile. Avec un autre leader étudiant, Shen Tong, il a convoqué les universités à une marche qui pourrait bien annoncer le triomphe du mouvement étudiant ou sa fin. En ce matin d'avril, ils se demandent s'il est préférable d'annuler la marche ou de foncer sans égard aux conséquences. La décision est aussi difficile qu'elle est cruciale. La veille, le 26 avril, le *Quotidien du peuple* a publié un éditorial cinglant dans lequel il qualifie les manifestations des étudiants de conspiration qui vise à contester le leadership du Parti communiste. C'est le signe que le gouvernement vient d'adopter la ligne dure. Personne ne sait jusqu'où les autorités sont prêtes à aller pour mater les étudiants qui occupent la place Tiananmen. « Sous la bannière de la démocratie, accuse l'éditorial inspiré en partie par Deng Xiaoping lui-même, ils tentent de détruire le système légal et démocratique. Leur but est d'empoisonner l'esprit du peuple, de créer de l'agitation partout dans le pays, de détruire la stabilité politique et l'unité. » Wang Dan et les autres leaders étudiants sont consternés par l'éditorial. Dans leur naïveté, s'ils sont descendus dans la rue, c'est pour appuyer les éléments réformistes du gouvernement, non pour renverser le Parti communiste.

L'éditorial, pourtant, a tout changé. S'ils ne ripostent pas vigoureusement, c'en est fini de leur mouvement et de leurs revendications pour les réformes. Mais s'ils mordent à l'appât de l'éditorial provocateur, ils risquent de transformer leur demande de dialogue en une confrontation avec le gouvernement. Dans ces circonstances, Wang et Shen ignorent combien de personnes accepteront de marcher. Ils craignent surtout que beaucoup d'étudiants soient intimidés par les menaces du gouvernement. Déjà, certaines universités ont annoncé qu'elles ne participeraient pas à la marche. Des dizaines de milliers de policiers ont été emmenés en renfort dans la capitale et postés durant la nuit aux abords des campus. Pour minimiser la confrontation, Wang et Shen décident que la marche s'arrêtera au troisième périphérique; on ne forcera pas la note jusqu'à se rendre à la place Tiananmen. Wang Dan, ce jeune étudiant en histoire qui, derrière de grosses lunettes qui encadrent un visage de chérubin, sait enflammer les foules, n'est plus sûr de lui. Quelques jours auparavant, lors de la réunion de fondation du mouvement, il a déclaré, peut-être avec un peu trop de témérité : « Nous allons reprendre la démocratie et la liberté de cette bande de vieillards qui nous ont volé le pouvoir!» Soudain, pourtant, Wang et Shen sont pris de vertige. Les actes, davantage que les mots, ont des conséquences et ils hésitent à lancer les étudiants dans une marche où ils devront se heurter à des barricades policières. Il s'agit d'une énorme responsabilité.

La décision, en quelque sorte, est prise pour eux. Plus de huit mille étudiants, furieux devant l'éditorial du *Quotidien du peuple*, se présentent pour la marche. Ils n'apprécient guère que le régime prétende qu'ils sont manipulés par un petit nombre d'agitateurs. Certains d'entre eux sont prêts à assumer les plus sévères conséquences de leurs gestes. Ils se sont rasé le crâne et ont rédigé un testament à l'intention de leurs parents, au cas où ils y laisseraient leur vie. Un peu avant neuf heures du matin, le cortège, porté par ce que les étudiants considèrent comme un destin, une fatalité, se met en marche. Ils scandent des slogans en faveur de la démocratie; ceux du département de français agitent une large banderole sur laquelle ils ont écrit: «Vive la liberté!» Les manifestants, pourtant, ont à peine franchi quelques centaines de mètres qu'ils arrivent à un premier barrage. Trois rangs de policiers leur bloquent la route. Wang Dan et Shen Tong s'en vont parler à l'officier, un homme plus âgé. «Vous savez que vous ne pouvez pas nous arrêter, lui disent-ils. Pourquoi ne pas nous laisser passer? Nous n'allons que jusqu'au troisième périphérique, puis nous rebrousserons chemin. Si vous ne cédez pas le passage, nous allons devoir enfoncer votre barricade. À partir de ce moment-là, aucun de nous ne pourra contrôler les étudiants[1].» Le policier ne répond pas, mais il fait signe à ses hommes de céder le passage. Wang et Shen se regardent et sourient. Ils ne pensaient pas que ce serait si facile.

Ça n'aurait pas été si facile n'eût été de la volonté du chef des services de sécurité, Qiao Shi, d'éviter toute violence contre les étudiants. Qiao, dont la fille étudie au Texas, ne veut pas porter la responsabilité de faire feu sur les manifestants. C'est pour cela qu'il a ordonné à ses subalternes de leur bloquer la route sans avoir recours à leurs bâtons ou à leurs armes, en espérant que ce sera suffisant pour les dissuader de marcher. Le premier barrage franchi, pourtant, les étudiants, Wang Dan et Shen Tong en tête, n'ont plus l'intention de s'arrêter. Ils marcheront jusqu'à la place Tiananmen, à douze kilomètres de là. Un à un, les barrages policiers s'ouvrent devant eux comme les eaux devant Moïse. Avec chaque kilomètre, la foule grossit. Ce ne sont pas seulement les étudiants des autres universités qui se joignent à la marche, ce sont des ouvriers qui quittent leurs usines, des enseignants qui délaissent leurs salles de classe et des gens ordinaires qui sentent que quelque chose d'unique est en train de se passer. Ils partagent tous les mêmes griefs : l'inflation, la corruption, le fossé croissant entre les nouveaux riches et les autres et la certitude que le gouvernement doit changer sa façon de fonctionner, qu'il doit être plus ouvert, plus transparent, plus à l'écoute des Chinois comme eux. Les propriétaires des kiosques sortent dans la rue pour donner à boire gratuitement aux étudiants et des grand-mères leur lancent des vivres de leurs balcons. Lorsque le cortège arrive près de la place Tiananmen, plusieurs heures plus tard, il compte des centaines de milliers de personnes. Ainsi, la Chine civile dit non à son gouvernement lorsqu'il lui demande de condamner la révolte de sa jeunesse. Wang Dan, qui quelques heures auparavant hésitait à confronter le régime communiste, devient soudainement le symbole improbable de la lutte pour la démocratie, un David chétif devant un Goliath vieillissant. En cet après-midi du mois d'avril 1989, tout semble désormais possible.

\* \* \*

Il y a quelque chose de l'atmosphère de Mai 68 sur les campus des universités chinoises au milieu des années 1980. La conformité traditionnelle des étudiants fait place à une contestation de l'ordre établi et à un idéalisme rarement vus en Chine. Les modernisations de Deng

Xiaoping ont permis à des milliers de jeunes Chinois d'aller étudier à l'étranger. Ils en ont rapporté de nouvelles idées, mais aussi une réflexion critique qui est le propre de l'enseignement dans les universités étrangères. Le *statu quo* qu'ils contestent, pourtant, est bien différent de celui qui a cours en Occident. Alors que de la Sorbonne à Berkeley les contestataires invoquent Marx pour réclamer l'avènement d'une société plus juste et égalitaire, les jeunes Chinois, eux, s'inspirent de la liberté de parole qu'ils voient à l'étranger pour réclamer la fin de l'orthodoxie marxiste. Mais il y a plus. Le monde communiste lui-même est en crise. En Pologne, Lech Walesa et le mouvement Solidarité sont en train d'ébranler les colonnes du régime communiste. À Moscou, Mikhaïl Gorbatchev tente de sauver l'URSS du naufrage par deux réformes majeures, la pérestroïka et la glasnost. L'univers communiste vascille.

Inspirés par ce qu'ils voient à Varsovie et à Moscou, les jeunes Chinois réclament aussi des changements. Dans les universités, ils organisent des groupes de discussion et des conférences où ils débattent de réforme et de démocratie. Lorsqu'ils évoquent la transparence, ils utilisent le terme chinois *toumingdu*, traduction directe de glasnost. Tout conférencier qui est jugé trop timide dans ses critiques du système est hué, ou même parfois expulsé de l'estrade. En tant que jeune étudiant en histoire à l'université de Pékin, Wang Dan baigne dans ce bouillon de réflexion et de contestation. Il participe régulièrement à un groupe de discussion, le Forum du mercredi, avant de fonder son propre salon de la démocratie, où l'on invite des conférenciers à s'adresser aux étudiants. Wang bénéficie à l'époque d'une longueur d'avance sur beaucoup d'étudiants. Le fait que sa mère travaille aux archives lui permet d'avoir accès à toutes sortes de livres et de magazines étrangers. De surcroît, ses parents sont tous deux diplômés de l'université de Pékin. La famille a une longue association avec la célèbre université. Pourtant, dit Wang Dan, il n'avait pas encore à l'époque «d'idée précise de ce que nous voulions comme réforme démocratique, mais nous étions certains d'une chose, c'est que nous voulions plus de liberté».

Beaucoup d'étudiants passent plus de temps dans les salons et les cafés que dans les salles de cours. Ils se rassemblent souvent au pied d'une statue de Cervantès installée sur ce qu'ils appellent le « parterre de la démocratie». S'il y a une certaine ironie dans le fait que les étudiants s'apprêtent à se lancer à l'assaut du régime communiste à l'ombre d'un bronze de l'auteur de *Don Quichotte*, elle passe largement inaperçue dans la fièvre de ce printemps de contestation. En ces jours d'avril 1989, en effet, qui aurait pu prévoir que l'élan spontané des étudiants chinois vers la place Tiananmen, lors du décès du réformateur Hu Yaobang, allait déclencher un tel maelstrom politique, que le mouvement étudiant allait devenir, en quelques semaines seulement, une menace à la survie du Parti communiste chinois et que ses leaders paieraient si cher leurs actes?

Que le mouvement étudiant constitue le fer de lance d'un profond désir de changement dans la société chinoise s'explique par une convergence unique de circonstances dans la deuxième moitié des années 1980. En rouvrant les universités après la grande noirceur de la Révolution culturelle, les dirigeants chinois ont encouragé une foule de jeunes à entreprendre des études supérieures et, ce faisant, ont revalorisé le rôle de l'intellectuel. En 1977, la Chine ne comptait que quatre cents universités; en 1988, elle en compte plus de mille, dont soixante-dix à Pékin. À la fin des années 1980, il s'ouvre en Chine une université tous les trois ou quatre jours! Beaucoup d'étudiants sont encouragés à se lancer dans des études de sociologie, de philosophie ou d'histoire pour devenir les penseurs de demain. Presque du jour au lendemain, pourtant, Deng Xiaoping, avec ses quatre modernisations, minimise l'importance du rôle de ces nouveaux intellectuels pour mettre en valeur celui des nouveaux entrepreneurs. Soudainement, les diplômés en sciences sociales, qui étaient promis à devenir la nouvelle élite chinoise, ont de la difficulté à trouver du travail. Beaucoup d'entre eux aboutissent comme vendeurs dans des boutiques ou préposés dans des hôtels. Le moindre propriétaire de kiosque sans diplôme gagne plus d'argent qu'un docteur en philosophie !

Dans son analyse du mouvement étudiant de Tiananmen, le sociologue Dingxin Zhao, de l'université de Chicago, constate que les étudiants chinois ne comprenaient pas grand-chose au nouveau capitalisme. Ils croyaient que la nouvelle économie de marché les rendrait plus riches ; ils ne pensaient jamais qu'elle dégraderait le rôle et le prestige des intellectuels. Ce sera là, argumente Dingxin, l'une des grandes frustrations qui vont alimenter le mouvement étudiant de Tiananmen[2]. Mais il y a plus. Beaucoup d'étudiants qui espéraient pouvoir aller parfaire leurs études à l'étranger se font dire par le gouvernement que la Chine n'en a plus les moyens en raison des fluctuations de sa nouvelle économie. Les dirigeants chinois sont aussi irrités par le fait que les bourses qu'ils payent aux étudiants pour aller à l'étranger deviennent des laissez-passer pour l'émigration. Très peu d'étudiants qui décrochent une bourse dans une université étrangère reviennent en effet vivre et travailler en Chine. À l'époque, la blague veut qu'il y ait deux catégories d'étudiants dans les universités chinoises : les Tuo, qui préparent les examens d'anglais pour l'étranger, et les Ma, qui passent leur temps dans les cafés à jouer au mah-jong.

Les étudiants se trouvent à partager beaucoup des frustrations des autres Chinois devant ce qu'ils perçoivent comme les injustices de la libéralisation économique. Et cela n'est pas sans conséquences. Lorsqu'ils dénoncent la corruption et l'inégalité et qu'ils réclament une plus grande voix dans les affaires du pays, les étudiants chinois expriment en effet les mêmes griefs que leurs parents. On sait aujourd'hui que les dirigeants communistes étaient très conscients que les revendications étudiantes étaient davantage que l'expression d'une frustration de jeunesse. Un sondage préparé à l'intention du Comité central du

parti en mars 1989, quelques semaines à peine avant
l'occupation de la place Tiananmen, révèle un niveau
d'appui élevé dans la population pour les manifestations
étudiantes. Plus de cinquante pour cent des adultes
interrogés croient qu'il est légitime pour les étudiants de
descendre dans la rue pour faire valoir leurs griefs ; douze
pour cent seulement soutiennent le contraire. Le sondage,
préparé par la Ligue de la jeunesse communiste, conclut
que cette «similitude d'attitudes entre les jeunes et les
adultes» est très «préoccupante[3]». Dans leur rapport au
Comité central, les auteurs du sondage rapportent d'autres
tendances troublantes chez les étudiants. Beaucoup
d'entre eux croient que le communisme est une utopie
et qu'il ne se réalisera jamais. Plus de la moitié ne veulent
pas être membres du Parti communiste. Soixante pour
cent sont d'avis que la modernisation de la Chine ne doit
pas se faire selon des principes socialistes. Il s'agit d'une
répudiation à peu près totale du régime communiste et
de son programme. Les auteurs du rapport y voient ce
qu'ils appellent une tendance croissante des étudiants à
être «politiquement confus» et à épouser de «mauvaises
opinions». Mais si le Parti communiste est très lucide quant
aux griefs des jeunes Chinois, il ne peut admettre que ses
politiques en soient la cause. Les étudiants, concluent les
auteurs du rapport, sont manipulés par quelques agitateurs,
dont des disciples de Wei Jingsheng, l'un des leaders du
Mur de la démocratie de 1978 qui croupit depuis dix ans
en prison, et par des agents des puissances étrangères[4].
    Le mécontentement populaire est d'autant plus
inquiétant pour le régime qu'il survient au début de ce qui
s'annonce comme une année importante pour la Chine.
1989 marque en effet le soixante-dixième anniversaire du
Mouvement du 4 mai. En 1919, des milliers d'étudiants
avaient investi la place Tiananmen pour manifester leur
mécontentement devant l'humiliation de la Chine lors
du traité de Versailles et pour réclamer la démocratie. Ils
jugeaient que c'était le seul moyen de renforcer la Chine
et de lui permettre de se défendre contre l'impérialisme

occidental. Depuis, le 4 mai revêt autant d'importance pour les Chinois que la prise de la Bastille pour les Français. En 1989, le gouvernement chinois a l'intention d'organiser de grandes célébrations du 4 mai, ce qui permettra peut-être de rallier les Chinois autour d'un grand anniversaire patriotique et de leur faire oublier leurs griefs. Les étudiants aussi font des préparatifs pour commémorer le 4 mai. Mais ils se voient en héritiers des étudiants de 1919, et non comme des alliés du gouvernement. Beaucoup sont également inspirés par le deux centième anniversaire de la Révolution française, pour laquelle Mao et l'imaginaire communiste chinois ont toujours eu une affection parti-culière. Au début d'avril, Wang Dan, en compagnie d'autres étudiants de l'université de Pékin, écrit une lettre ouverte aux autorités dans laquelle il leur demande d'honorer l'esprit du 4 mai en permettant davantage de liberté de parole. Wang rappelle que c'est de cette même université, cette «terre sacrée de la démocratie», que sont partis les étudiants en 1919 pour aller faire leurs réclamations sur la place Tiananmen[5].

Le gouvernement et les étudiants ne sont pas les seuls à vouloir profiter du 4 mai pour faire avancer leur cause. Wang Juntao et les autres vétérans du Mur de la démocratie y voient l'occasion de donner un nouvel élan aux réformes politiques qui languissent depuis que les conservateurs ont réussi à miner l'autorité de Zhao Ziyang. Les vétérans du Mur de la démocratie se réunissent, à partir de décembre 1988, dans une suite que Wang Juntao et Chen Zeming ont louée dans l'hôtel numéro 2 du Conseil d'État, non loin du zoo de Pékin. Une bonne partie du jet set intellectuel chinois s'associe à l'initiative de Wang et de Chen. Il y a Fang Lizhi, qui a été expulsé du parti pour les conférences critiques qu'il donne aux étudiants dans les universités, Ren Wanding, un ami de Wei Jingsheng qui a passé quatre ans en prison avant de fonder la Ligue des droits de la personne de Chine et Zhang Gang, un ancien garde rouge qui est le bras droit de Bao Tong au sein du comité de réforme du gouvernement. L'une des premières actions du groupe est d'écrire à Deng Xiaoping pour réclamer, à l'occasion des célébrations du 4 mai, la libération de prisonniers politiques, dont, au premier chef, Wei Jingsheng. Ils forment également un comité chargé d'enquêter sur les conditions de détention de ces prisonniers, qu'ils nomment Amnistie 89[6]. Lorsque le gouvernement rejette leur requête, ils ripostent par de nouvelles pétitions auxquelles de plus en plus d'intellectuels acceptent d'associer leur nom.

À l'époque, Fang Lizhi va être au centre d'une controverse diplomatique lors de la visite à Pékin du président américain George Bush. L'ambassadeur américain Winston Lord inscrit Fang Lizhi sur la liste des invités de la réception que Bush va donner pour ses hôtes chinois dans un des seuls hôtels occidentaux de Pékin, le Sheraton Great Wall. Furieuses, les autorités chinoises menacent de boycotter le dîner si Fang y assiste. Les Américains acceptent d'asseoir Fang à l'arrière de la pièce et d'éviter tout contact public avec le président. Mais le jour de la réception, le 28 février, la police empêche Fang et son épouse de se rendre à l'hôtel. L'incident entache la visite de Bush. Le président américain offre quand même une paire de bottes de cowboy au premier ministre Li Peng, qui, pour sa part, lui présente deux bicyclettes[7]. L'affaire révèle tout de même à quel point le gouvernement américain est au courant des divisions dans la société chinoise et semble prêt, par des gestes symboliques, à soutenir les réformateurs.

Wang, Chen et les autres intellectuels sont conscients que des forces fondamentales viennent de se mettre en mouvement dans la société chinoise. Et ils y voient l'occasion d'en prendre le leadership. La société civile qu'ils imaginent en contrepoids au Parti communiste est en train de prendre forme dans les regroupements étudiants, dans les voix de protestation qui s'élèvent au sein de la population et même chez les entrepreneurs qui réclament de nouveaux droits comme celui à la propriété. Aux yeux de Wang Juntao et de Chen Zeming, les intellectuels, qui ont traditionnellement travaillé de manière isolée, coupés du peuple, ont un nouveau rôle à jouer. Ils doivent organiser la population dans un vaste mouvement politique[8]. Si, pour l'instant, la plupart des intellectuels souhaitent toujours que le régime se réforme de l'intérieur, leur mouvement peut certes être perçu comme l'embryon d'un parti politique qui pourra un jour menacer le monopole du pouvoir qu'exerce le Parti communiste. Dans son exil new-yorkais, Wang Juntao me laissera entendre, vingt ans plus tard, qu'il s'attendait à jouer un rôle politique important en Chine. Ses ambitions, pourtant, seront emportées dans la débâcle de Tiananmen.

* * *

Au printemps de 1989, la Chine est une véritable poudrière. Même si une bonne partie des Chinois vit mieux qu'au lendemain de la Révolution culturelle, la modernisation économique de Deng est surtout synonyme, à leurs yeux, de corruption, d'inégalité et d'incertitude. Sur les campus universitaires, les étudiants critiquent le Parti communiste et ses dirigeants avec une impunité totale. Dans la rue, les Chinois n'ont plus peur de laisser libre cours à leurs opinions. Même certains dirigeants communistes des provinces réclament plus de transparence et vont jusqu'à demander qu'on punisse les proches des membres du Comité central soupçonnés de corruption. Le gouvernement est divisé et le peuple le sait. Et c'est en grande partie pour soutenir les réformateurs comme Zhao Ziyang, qu'on sent vaciller, que les Chinois accentuent la pression sur leurs dirigeants. Dans un environnement aussi instable, la mort de Hu Yaobang, le 15 avril, va mettre le feu aux poudres.

Deng Xiaoping est en train de fumer lorsqu'on lui annonce que Hu vient de succomber à une crise cardiaque. Selon les témoins, il écrase son mégot, se croise les mains pensivement pendant quelques instants, puis se rallume une cigarette. La mort subite de son vieux compagnon de route le laisse sonné. Le moment de sa mort ne peut pas plus mal tomber, à deux semaines des célébrations du 4 mai et alors que le gouvernement a l'air plus divisé que jamais. Par souci d'unité, sans doute, le Comité central convient qu'on fera des funérailles grandioses à Hu et que son éloge sera unanime. Mais les étudiants vont prendre le parti de court et s'approprier le deuil et le symbolisme de la mort de Hu Yaobang. Dès le lendemain de l'annonce de sa mort, ils sont plus d'une dizaine de milliers à se rendre à la place Tiananmen pour lui rendre un hommage spontané. Ils déposent des gerbes de fleurs au pied du monument aux héros et font des discours à la mémoire de celui qu'ils considèrent comme le père de réformes qui sont maintenant menacées par l'aile conservatrice du parti. Des étudiants en arts visuels peignent un portrait de Hu qui fait trois mètres. Ils le paradent sur la place avant de l'adosser, bien en vue, au monument des héros. En cela, ils imitent les étudiants qui avaient occupé Tiananmen au lendemain de la mort de Chou En-lai en 1976. Leur éloge de Chou était une façon à peine détournée de critiquer Mao. Aussi, en réclamant la réhabilitation du nom de Hu Yaobang, les étudiants de 1989 s'en prennent-ils à l'immobilisme du patriarche actuel. «C'est Hu Yaobang qui est mort, lit-on sur une pancarte. Deng Xiaoping est toujours vivant[9].»

À l'aube du lendemain, il devient évident que les intentions des étudiants débordent largement un simple hommage à Hu Yaobang. Quelques centaines d'entre eux, menés par Wang Dan et Guo Haifeng, tous deux de l'université de Pékin, se présentent devant l'entrée du Palais du Peuple et réclament une rencontre avec un haut dirigeant du gouvernement. Ils dévoilent une liste de sept revendications, dont la réhabilitation des vues sur la démocratie de Hu Yaobang, la divulgation des revenus des membres du gouvernement et de leurs familles, l'autorisation de publier des journaux privés, l'augmentation du salaire des intellectuels, la levée de l'interdiction de tenir des manifestations à Pékin et la tenue d'élections démocratiques pour remplacer les officiers du parti jugés coupables d'avoir adopté de mauvaises décisions. Ils réclament également que la télévision et les journaux d'État diffusent leurs revendications et que le gouvernement y réagisse publiquement[10]. La manière par laquelle les étudiants dressent la liste de leurs demandes révèle à quel point c'est l'improvisation qui mène lors de ces premiers jours de manifestations. Lorsque Wang Dan arrive à la place Tiananmen à la tête de quelques centaines d'étudiants de l'université de Pékin, un leader étudiant d'une autre université, Zhang Boli, lui demande quel est le but de leur manifestation. «Je l'ignore, rétorque Wang Dan. C'est vous qui avez eu l'idée de cette marche.» Ils conviennent alors qu'il est préférable de dresser une liste de revendications[11].

Leurs demandes se heurtent aussitôt à un mur. Aucun représentant du gouvernement ne sortira pour les rencontrer. Frustrés, les étudiants entonnent *L'Internationale* et se déplacent vers l'entrée du complexe de Zhongnanhai, au nord-ouest de la place Tiananmen, où se trouvent les bureaux de Deng Xiaoping, Zhao Ziyang et les autres membres du Comité central. On a rarement vu une telle audace. Depuis l'époque des empereurs, le portail est ce qui sépare le peuple de ses dirigeants. Il est constitué d'énormes portes rouges en bois flanquées de deux lions de pierre. Il est formellement interdit aux Chinois d'y pénétrer. Or, voici que les étudiants bousculent les policiers qui leur barrent la route pour tenter de se frayer un chemin jusqu'au sanctuaire du leadership communiste. «Li Peng, sortez!» entonnent-ils à l'endroit du premier ministre. «À bas la dictature, vive la démocratie!» enchaînent-ils.

Dans les quartiers du gouvernement, les premières fissures apparaissent dans la stratégie à adopter pour réagir à ce soubresaut imprévu des étudiants. Le premier ministre, Li Peng, tenant de la ligne dure et déjà la principale cible des manifestants, recommande de tuer le mouvement étudiant dans l'œuf. Zhao Ziyang, quant à lui, prône plutôt la tolérance. Il se dit convaincu que les gestes des étudiants sont inoffensifs, qu'ils cherchent à soutenir les efforts de réforme du gouvernement. Zhao ordonne aux policiers qui gardent le portail Xinhua d'empêcher les étudiants de passer mais d'enlever les baïonnettes de leurs fusils afin d'éviter tout incident qui pourrait faire monter la tension[12]. Ces révélations au sujet des divisions au sein du leadership chinois durant la crise de Tiananmen proviennent des *Archives de Tiananmen*.

Ce qui se passe à Pékin et dans d'autres villes de Chine à la fin du mois d'avril 1989 est tout simplement remarquable. Les étudiants, grâce à un mélange de cran, d'idéalisme et d'improvisation, réussissent en quelques semaines à se constituer en un mouvement qui tient tête au régime communiste et qui a le soutien d'une bonne partie de la population. Ils ont complètement subtilisé le sens de l'initiative aux autorités chinoises, qui sont contraintes de réagir aux événements. Lorsque le gouvernement propose finalement de dialoguer par l'entremise des associations étudiantes officiellement reconnues, les étudiants refusent et fondent leurs propres associations indépendantes. La création de celle de l'université de Pékin se fait dans une nuit d'euphorie, sans vote formel. Wang Dan a convoqué des centaines d'étudiants à un salon de la démocratie. Wang et les autres porte-parole étudiants savent qu'ils doivent mieux structurer leur action et se doter d'une instance qui puisse prendre des décisions. Ils ont fait l'analyse des luttes étudiantes passées et concluent qu'elles ont échoué parce qu'elles n'avaient pas de leadership formel. Lorsqu'il s'adresse aux étudiants, Wang Dan leur dit simplement que quiconque a le courage de se lever, de donner son nom, la discipline dans laquelle il étudie et sa classe, sera «automatiquement membre du groupe[13]». Sept étudiants, dont Wang, sont élus au comité de direction. Ils adoptent la liste de revendications qu'ils ont tenté sans succès de remettre au gouvernement et en ajoutent une nouvelle : la libération du dissident Wei Jingsheng.

Ailleurs, la création d'une association étudiante pourrait sembler banale, mais en Chine, cela équivaut à un acte de rébellion. Le geste, au départ, est illégal. La Constitution interdit la création de groupes sociaux en dehors de ceux qui sont sanctionnés par le parti. Mais il y a plus. En reniant la légitimité des associations officielles, Wang Dan et les autres leaders étudiants mettent en cause la représentativité même du Parti communiste. Lorsque, quelques jours plus tard, ils réclament des négociations directes avec le gouvernement, ils ajoutent l'insulte à l'injure, puisqu'ils prétendent vouloir parler d'égal à égal avec les dirigeants chinois. La nuance peut paraître subtile de l'extérieur, mais les Chinois en connaissent toute l'importance : les étudiants osent se hisser au niveau de l'empereur.

Les délibérations des étudiants n'ont pas de secrets pour le gouvernement, qui dispose d'informateurs partout. Dès le lendemain de la fondation de l'association indépendante de l'université de Pékin, les dirigeants communistes ont en main un rapport complet de l'événement. Les autorités sont également très bien informées de ce qui se passe sur la place Tiananmen, où des milliers de Chinois continuent d'affluer dans les jours qui précèdent les funérailles publiques de Hu Yaobang. Un rapport d'activité est acheminé au parti toutes les deux heures. Des agents en civil interrogent même des manifestants pour en apprendre davantage sur leurs motivations. Ainsi, un homme d'âge moyen, qui a l'air d'un «fonctionnaire», semble représenter l'opinion de la majorité, rapporte un agent de sécurité. Ils sont mécontents de la situation économique, dit-il, n'apprécient pas les chicanes au sein du gouvernement et ils veulent davantage de démocratie et de réformes. Quant à Hu Yaobang, il était populaire parce qu'il était ouvert, honnête et franc, au contraire de «certains dirigeants corrompus» qui sont à la tête du gouvernement[14].

Des signes de panique apparaissent chez les anciens du Comité central qui sont parmi les membres les plus conservateurs du régime. La conversation téléphonique suivante, entre Peng Zhen et Chen Xitong, est typique de l'angoisse qu'ils connaissent. «Avec Pékin dans un tel état de chaos, dit Peng à Chen, nous devons nous prémunir contre une seconde révolution culturelle. Il y a sûrement des "mains noires" qui manipulent les étudiants, alors il nous faut absolument aller au fond des choses[15].» Un autre, Wang Zhen, intercède auprès de Deng Xiaoping pour qu'il mette fin à l'agitation étudiante. Le jour des funérailles de Hu Yaobang, les étudiants sont encore en plus grand nombre sur la place Tiananmen. Wang Zhen, qui, comme d'autres dignitaires, a dû contourner les manifestants pour se rendre à la cérémonie, va voir Deng Xiaoping et l'implore de faire intervenir la police pour disperser les étudiants. Deng ne partage pas encore l'exaspération des vétérans. Il dit à Wang que l'affaire n'est pas si simple et que ce n'est pas le moment d'en discuter.

Durant les premiers jours des manifestations étudiantes, en effet, le patriarche semble s'en remettre à son secrétaire général Zhao Ziyang. À ceux qui lui recommandent d'adopter la ligne dure, Zhao répond que les étudiants sont motivés par un désir d'améliorer le pays et qu'il ne faut pas les voir comme des ennemis du gouvernement. Le lendemain des funérailles de Hu, Zhao Ziyang réunit néanmoins le bureau politique pour faire adopter l'approche qu'il préconise pour contenir les manifestations étudiantes. D'abord, leur dit Zhao, maintenant que le service commémoratif à la mémoire de Hu Yaobang est terminé, il faut faire cesser les manifestations et s'assurer que les étudiants retournent en classe. Il faut par contre éviter toute violence, précise-t-il, ce qui fournirait un prétexte aux fauteurs de troubles. Puis, enchaîne-t-il, il faut punir ceux qui se sont adonnés à des actes de vandalisme, mais il est important de le faire en conformité avec la loi, pas de façon arbitraire. En dernier lieu, dit Zhao Ziyang, il faut adopter une approche conciliatrice envers les étudiants en amorçant un dialogue avec eux. Selon le compte-rendu de la réunion, Deng Xiaoping se dit d'emblée d'accord avec les suggestions de Zhao. «Bien», aurait-il laissé tomber lorsque Zhao termine son exposé[16]. Confiant de l'appui de

Deng et de sa propre position, Zhao informe les membres du bureau politique qu'il partira le lendemain, comme prévu, pour une visite d'État en Corée du Nord. Annuler la visite donnerait l'impression que le gouvernement faiblit devant les gestes des étudiants. Zhao demande à ses adjoints qu'on publie des articles dans la presse officielle où l'on souligne l'aspect positif des manifestations étudiantes. Puis, il désigne Li Peng pour le remplacer durant son absence. C'est une erreur qui va lui coûter cher.

* * *

Loin de s'apaiser, comme le supposait Zhao Ziyang, le mouvement étudiant, dans les jours suivant les funérailles de Hu Yaobang, va se radicaliser. Et chaque geste du gouvernement, qu'il soit posé consciemment ou non, a pour effet de jeter de l'huile sur le feu de la frustration étudiante. Les étudiants, pour leur part, sont à la croisée des chemins. Toutes leurs demandes de dialogue avec le gouvernement ont été vaines. La dernière, où trois étudiants se sont agenouillés sur les marches du Palais du peuple, implorant Li Peng de les écouter comme jadis de simples citoyens devant l'empereur, a touché une corde sensible. Ni le premier ministre ni aucun autre officiel n'a daigné sortir du palais pour reconnaître leur présence et prendre connaissance de leurs demandes. Jadis, il était du devoir des mandarins d'accepter respectueusement les pétitions du peuple, même si on y donnait rarement suite. Beaucoup d'étudiants sont profondément humiliés par le symbolisme de l'incident. Wang Dan et les autres leaders étudiants savent qu'ils doivent augmenter leurs moyens de pression, changer de stratégie ou plier bagage. Le 26 avril, ils sont pas moins de dix mille à se rassembler sur un terrain de football de l'université de Pékin pour décider de la prochaine étape. Ils se rallient sans hésiter à la proposition des leaders étudiants de boycotter les cours.

En apprenant le déclenchement d'une grève générale des étudiants, Li Peng est furieux. Le geste, déclare-t-il à ses adjoints, équivaut à une «déclaration de guerre contre le parti[17]». Le premier ministre décide qu'il est temps pour la direction de chaque université de sonner la fin de la récréation. On réunit les directeurs des soixante-dix universités de Pékin et on leur ordonne de faire entendre raison aux étudiants. Les autorités donnent instruction au personnel enseignant de même qu'aux responsables politiques du parti de se mêler aux étudiants et de les convaincre d'abandonner leur grève et de retourner en classe. La tactique va s'avérer un fiasco; elle révèle surtout à quel point le gouvernement chinois est coupé de la réalité étudiante. Les étudiants ridiculisent les cadres des universités lorsque ceux-ci tentent de les convaincre qu'ils sont manipulés par quelques éléments radicaux. La réalité, c'est que beaucoup de professeurs soutiennent la cause des étudiants. Aussi, les rapports qui sont acheminés au bureau de Li Peng font-ils état de l'incapacité totale des administrations d'influencer les étudiants. Les résultats, concluent-ils, sont «négligeables». Pire, les étudiants ont pris le contrôle des systèmes de haut-parleurs des universités et s'en servent pour diffuser encore plus largement leurs revendications. Même la disposition physique des universités défavorise les autorités. Lorsqu'il a décidé de créer de nombreuses universités, après la Révolution culturelle, le gouvernement s'est assuré de concentrer les campus dans le nord-ouest de la ville, loin du siège du gouvernement, où il peut plus facilement contrôler les étudiants. La stratégie fonctionne tant que les étudiants sont soumis au parti. Mais au printemps de 1989, une telle concentration de centaines de milliers d'étudiants dans un même périmètre renforce la cohésion de leur mouvement. Le gouvernement a tout simplement perdu le contrôle des campus.

Loin de suivre la directive de Zhao Ziyang d'amorcer un dialogue avec les étudiants, Li Peng décide de former une cellule de crise pour tenter de contenir le mouvement de contestation. Accompagné des piliers conservateurs du gouvernement, il rend visite à Deng Xiaoping et lui fait part de l'escalade des manifestations et de la nécessité pour le gouvernement de durcir la ligne. La «lance» de la contestation étudiante vous vise personnellement, dit Li Peng à Deng Xiaoping, vous et les autres membres de la génération des «prolétaires révolutionnaires». En l'absence de l'influence modératrice de Zhao Ziyang, les tenants de la ligne dure semblent avoir peu de difficulté à convaincre Deng Xiaoping qu'il faut agir fermement pour mettre fin aux manifestations. «Je suis totalement en accord avec le comité», déclare Deng. Ce n'est pas un mouvement étudiant ordinaire[18], ajoute-t-il, mais un complot visant à renverser le Parti communiste et le système socialiste. Il nous faut être clairs et explicites, conclut-il, dans notre opposition à cette «agitation». Fort du verdict de Deng, Li Peng suggère qu'on reprenne ses propos dans un éditorial du *Quotidien du peuple*.

L'éditorial va être un moment déterminant dans les événements du printemps 1989. En qualifiant l'action des étudiants d'«agitation» et en les accusant de se «liguer», l'éditorial utilise des termes qui sont synonymes dans l'imaginaire chinois de l'anarchie de la Révolution culturelle. C'est Deng, d'ailleurs, qui aurait personnellement insisté pour l'utilisation du terme «agitation[19]». Mais l'éditorial va plus loin. Il accuse les leaders étudiants de vouloir saborder les réformes. Si nous faisons preuve d'indulgence devant cette agitation, dit le texte rédigé par le chef de la propagande, ce sera le désordre. Les réformes que souhaitent le gouvernement, la population et une majorité d'étudiants bien intentionnés, la fin de la corruption, le contrôle de l'inflation, le développement de la démocratie, bref, une vie meilleure, seront impossibles. L'argument est aussi habile qu'il est incendiaire. Le gouvernement, dit en substance l'éditorial, partage les griefs de la population et souhaite accélérer la démocratisation de la Chine. Mais des agitateurs au sein de la population étudiante sont en train de miner ces efforts.

Ironiquement, l'éditorial du 26 avril donne un nouvel élan au mouvement étudiant qui commençait, après une semaine, à montrer des signes d'essoufflement. Ayant essuyé des refus répétés de la part du leadership communiste à leurs demandes de dialogue, Wang Dan et les autres leaders étudiants sont en effet à court d'idées sur la façon de poursuivre leur campagne. L'éditorial, cependant, galvanise les étudiants. Le lendemain, ils sont des centaines de milliers à marcher dans les rues de Pékin. Non seulement les policiers n'interviennent pas pour les empêcher de passer, mais plusieurs d'entre eux se disent ouvertement sympathiques aux revendications des étudiants. Lorsque des ouvriers, des enseignants et même des fonctionnaires se joignent à la marche, il est évident que le combat des étudiants est devenu le combat d'une bonne partie de la population. Conscients que le moindre incident pourrait donner raison à l'éditorial qui les accuse d'être manipulés par quelques fauteurs de troubles, les étudiants font preuve d'une discipline de fer. Ils évitent aussi de braquer le pouvoir. Ils portent des étendards sur lesquels ils ont peint les déclarations de Deng Xiaoping et de Lénine sur la démocratie et entonnent un chant patriotique connu : « Sans le Parti communiste, il n'y aurait pas de Chine. » Certains, conscients de la présence de caméras des télévisions étrangères, portent des pancartes sur lesquelles ils ont écrit « Vive la liberté ! » en français ou « Donnez-moi la liberté ou la mort » en anglais. Pour éviter toute confrontation avec les forces de l'ordre, les étudiants décident également de contourner la place Tiananmen.

Li Peng était convaincu que l'éditorial serait suffisant pour amener les étudiants à renoncer à leur contestation et à retourner en classe. Il se trompe. Des manifestations font irruption dans une dizaine de nouvelles villes. Les recteurs des universités de Pékin, à qui on a donné instruction d'organiser des sessions pour étudier et propager le message de l'éditorial du 26 avril, rapportent que l'exercice est un échec. Même les professeurs refusent d'y assister. Les recteurs disent au gouvernement qu'il n'y a qu'une façon de faire baisser la tension : amorcer un véritable dialogue avec les étudiants. Lorsque Li Peng convoque les membres du bureau politique pour faire le point sur la situation, le ministère de la Sécurité publique rapporte un fort taux d'appui aux étudiants chez les cadres et même chez les militaires de plusieurs régions du pays. Le premier ministre se dit toujours convaincu que l'agitation est le fait de quelques agents provocateurs[20]. Il consent tout de même à une amorce de discussion avec les étudiants. Li, pourtant, ne peut se résoudre à ce que le gouvernement discute uniquement avec les contestataires. Il charge donc le porte-parole du Conseil d'État, Yuan Mu, de convoquer les leaders des associations officielles, qui soutiennent déjà le parti et qui ne sont pas descendus dans la rue. Quelques-uns des représentants de ce que le gouvernement qualifie d'associations étudiantes illégales, tels que Wang Dan, sont aussi invités. Ce dernier refuse l'invitation. D'autres s'y rendront, ce qui sème la première division au sein du leadership étudiant.

La tactique du gouvernement est habile. Les étudiants, dans ces conditions, sont incapables de former un front uni. L'exercice ressemble à un dialogue à sens unique. Yuan est un ancien journaliste et un excellent communicateur. Il s'applique, devant les quarante-cinq représentants étudiants, à défendre l'intégrité du gouvernement. Il n'y a pas, soutient-il, de sérieux problèmes de corruption. Pour preuve, les leaders du parti ont annulé leur retraite annuelle au complexe de villégiature de Beidahe et ont banni l'importation de voitures de luxe étrangères. Il accepte certaines critiques de bon gré, comme lorsqu'un étudiant reproche à Zhao Ziyang de trop jouer au golf, sport bourgeois par excellence. Li Peng félicite Yuan Mu pour sa performance et ordonne qu'on diffuse la rencontre sur les ondes de la télévision d'État. Li n'a pas compris que la Chine se trouve devant une nouvelle géographie politique, qu'il ne suffit plus de nier une réalité pour qu'elle disparaisse, que les étudiants n'acceptent plus la démocratie de façade du Parti communiste. Aussi la diffusion de la session de dialogue, où Yuan Mu s'applique à esquiver même les questions les plus inoffensives des leaders étudiants officiels, provoque-t-elle l'effet contraire. De nouvelles manifestations ont lieu dans plusieurs villes. En conférence de presse, Wang Dan qualifie l'exercice de «frime». Lorsqu'il rentre de Corée du Nord, le lendemain, Zhao Ziyang croit toujours pouvoir reprendre la situation en main. Il convoque une réunion du comité restreint du bureau politique où il a l'intention d'adoucir le ton du gouvernement envers les étudiants. Le compte-rendu de la réunion révèle le fossé infranchissable qui sépare maintenant Zhao de son premier ministre, Li Peng. Après un premier tour de table où l'on sent une inquiétude palpable chez les autres membres du bureau politique, Zhao se lance dans un exposé où il endosse pratiquement la position des étudiants. Aucun leader communiste n'est jamais allé si loin dans sa critique du système. Un mois plus tard, les paroles que prononce Zhao Ziyang serviront de pièces à conviction lors de son expulsion du parti.

«Les temps ont changé, dit Zhao Ziyang, ainsi que les positions idéologiques. La démocratie est une tendance mondiale et il existe un contre-courant international contre le communisme et le socialisme qui s'est mis sous le drapeau de la démocratie et des droits de la personne. Si le parti ne porte pas l'étendard de la démocratie dans notre pays, quelqu'un d'autre le fera et nous serons perdants[21].» Dans ses mémoires, Zhao Ziyang écrit qu'il espérait toujours à ce moment se servir des manifestations étudiantes pour relancer ses réformes politiques. Mais devant le comité, il reste prudent. Il prend bien soin de réaffirmer la suprématie du parti. «Nous devons, évidemment, dit-il, insister sur le leadership du Parti communiste et ne pas jongler avec l'idée de systèmes occidentaux à partis multiples.» Mais le parti, ajoute-t-il, doit changer sa façon de gouverner, être plus transparent. Tous les responsables du parti, dit-il, doivent apprendre à travailler et à vivre dans un système fondé sur la démocratie et le droit. «En somme, conclut Zhao, les gens doivent avoir l'impression que sous le leadership du Parti communiste, ils pourront jouir pleinement et véritablement de la démocratie et de la liberté[22].» Comme gage de bonne foi du gouvernement, Zhao croit qu'il faut immédiatement corriger l'éditorial du 26 avril. Mais il ne peut compter que sur l'appui d'un membre du bureau politique, un réformateur comme lui, Hu Qili. Les autres se rangent derrière Li Peng. Ce dernier s'oppose fermement à ce qu'on désavoue l'éditorial. Ce que font les étudiants, dit-il, est illégal. La seule façon de résoudre la crise, ajoute-t-il, est de rétablir la stabilité. Ensuite on pourra parler de réforme et de dialogue.

Le 3 mai, à l'occasion d'un discours commémorant l'anniversaire du Mouvement du 4 mai 1919, Zhao Ziyang affirme publiquement ce qu'il a exposé au bureau politique. Il faut faire preuve de compréhension et de modération envers les étudiants. Ceux-ci ne rejettent pas le système, dit-il, seulement ses lacunes. Leurs demandes doivent être traitées dans un contexte de «démocratie et de légalité». Zhao, dont le discours a été écrit par Bao Tong, reprend les mêmes arguments devant la Banque asiatique de développement le lendemain. Cela n'a aucun effet sur les étudiants. Ils sont plus de cent cinquante mille à défiler sur la place Tiananmen pour commémorer l'anniversaire du 4 mai, entonnant des chants patriotiques des années 1930. «Demain, chantent-ils, nous nous lèverons comme une puissante vague pour défendre notre pays.» C'est comme si le pays entier avait entendu leur appel. Deux jours plus tard, pas moins d'un million et demi d'étudiants dans quatre-vingts villes descendent dans la rue pour appuyer les manifestations qui se déroulent à Pékin. Mais il n'y a pas que des étudiants sur la place Tiananmen. Il y a des membres des syndicats ouvriers et cinq cents journalistes de la presse officielle qui réclament le droit de dire la vérité, de ne plus être muselés par les censeurs.

Le régime, cependant, ne bronche pas, mais il est inquiet. «Si les ouvriers se soulèvent, fait remarquer un membre du bureau politique, nous sommes vraiment dans le pétrin.» Craignant à tort que le silence du gouvernement signifie qu'il s'apprête à frapper fort et à les arrêter, les leaders étudiants décident de faire monter les enchères. «Il fallait avoir recours à des méthodes plus radicales pour forcer le gouvernement à accéder à nos demandes, se souvient Wang Dan. Puisque les manifestations n'avaient plus aucun effet, nous avons convenu de déclencher une grève de la faim.» Le lendemain, après un dernier dîner symbolique, mille étudiants, dont Wang Dan et celle qui deviendra bientôt le visage plus radical du mouvement, Chai Ling, commencent leur jeûne. Leur croisade pour la réforme, qui jusque-là avait l'air davantage rationnelle et tactique, devient maintenant émotive, presque désespérée. S'adressant à plus de cent mille personnes sur la place Tiananmen, Chai Ling, des sanglots dans la voix, déclare que les autorités forcent les étudiants à risquer leur vie. «Nous voulons voir si les Chinois ont une conscience, lance-t-elle, et s'il y a toujours de l'espoir pour la Chine. Nous sommes prêts à affronter la mort pour assurer une nouvelle vie.» Zhao Ziyang reconnaît tout de suite qu'il s'agit d'une escalade dangereuse. Il veut à tout prix éviter que les étudiants ne fassent figure de martyrs. Certains manifestants se servent même de leur propre sang pour écrire des slogans sur des bannières. Il suffirait qu'un seul d'entre eux meure pour que la situation dégénère complètement. Zhao envoie immédiatement Bao Tong pour tenter de dissuader les étudiants d'aller de l'avant avec leur grève de la faim. Mais ces derniers refusent de lui parler, le traitant de «néo-autoritaire».

Avec la grève de la faim, le mouvement étudiant se radicalise. Wang Dan, qui est perçu comme une voix de la raison, va être de plus en plus éclipsé par Chai Ling, qu'on va bientôt surnommer la Jeanne d'Arc de Tiananmen. Les modérés dans les deux camps sont en train d'être marginalisés. Wang Juntao et les autres intellectuels, qui espéraient jouer le rôle de sages-femmes de la réforme, sont conscients que la fenêtre du compromis est en train de se refermer rapidement. Le secrétaire général Zhao Ziyang va néanmoins faire une nouvelle tentative de rapprochement avec les étudiants. Il mandate Yan Mingfu, un de ses alliés réformateurs, pour négocier un pacte avec les étudiants qui pourrait permettre de libérer la place Tiananmen avant la visite attendue de Mikhaïl Gorbatchev à Pékin le 15 mai. Yan demande à Wang Juntao et Chen Zeming d'identifier les leaders étudiants avec lesquels il serait le plus susceptible de s'entendre. Pour Wang Juntao, c'est peut-être la dernière chance d'éviter le pire. Il craignait que l'armée n'intervienne dès les premiers jours de l'occupation de la place Tiananmen, comme elle l'avait fait en 1976 lorsque lui-même, avec d'autres, avait abouti en prison pour avoir osé commémorer la mort de Chou En-lai. Mais il sait que la patience de Deng Xiaoping ne sera pas éternelle. Wang a déjà formé, avec son collègue Chen Zeming, un groupe de coordination qui rencontre les leaders étudiants régulièrement pour tenter d'orienter leur action. «J'avais deux objectifs en tête, me raconte Wang vingt ans plus tard. D'une part, il fallait structurer le leadership étudiant parce qu'il était en train de se diviser en plusieurs factions. D'autre part, il fallait coordonner les revendications disparates qui surgissaient de toutes parts afin d'avoir une seule position de négociation devant le gouvernement.» Pendant trois jours, Wang et Chen font la navette entre Yan et les leaders étudiants, négociant le lieu de la rencontre, le nombre de participants ainsi que l'ordre du jour des négociations. Ils font un briefing aux étudiants sur les différentes factions au sein du gouvernement. Ils leur disent que les autorités cherchent désespérément une voie de sortie à la crise et leur recommandent de tenter d'éviter des gestes de provocation qui pourraient miner la position des réformateurs et donner raison aux tenants de la ligne dure.

Malgré toutes ces précautions, la rencontre est un échec. Les étudiants ont exigé que la session soit diffusée en direct à la télévision d'État. Yan Mingfu leur dit que ce n'est pas possible, mais que leurs discussions seront diffusées à la radio. Un des porte-parole de la faction modérée, Shen Tong, celui-là qui a mené la marche contre l'éditorial du *Quotidien du peuple* avec Wang Dan, expose alors les revendications des étudiants. Mais il n'a pas le temps de terminer son exposé que l'un des représentants des grévistes de la faim actionne un magnétophone sur lequel il a enregistré de nouvelles réclamations. Après un bref conciliabule, les étudiants s'entendent pour se concentrer sur une première revendication : le retrait de l'éditorial du 26 avril. La session, pourtant, va s'arrêter là. Au même moment, apprenant que la session n'est diffusée ni à la télévision, ni à la radio, un groupe d'étudiants se met à protester aux portes de l'édifice. Devant l'agitation, les membres de la délégation étudiante décident de se retirer des négociations. Ils se rendent sur la place Tiananmen pour annoncer l'échec des négociations aux grévistes de la faim. « L'atmosphère était tellement émotive qu'il nous était impossible de continuer », dira Wang Dan. Yan Mingfu, pour sa part, fait un rapport de ses discussions à Zhao Ziyang. Il est pessimiste. Les étudiants, dit-il, ne sont pas d'accord entre eux. Ils ne sont même pas assis ensemble. « Je ne sais pas si aucun d'entre eux représente vraiment les grévistes de la faim ou peut excercer la moindre influence sur eux. » Le lendemain, Yan tentera à nouveau de convaincre les étudiants de la bonne foi du gouvernement. Il leur dit qu'ils représentent l'avenir, qu'ils sont essentiels au mouvement de réforme et jure que la question de l'éditorial offensant sera réglée. « Si vous ne me croyez pas, gardez-moi en otage[23] », lance-t-il en désespoir de cause.

Un groupe de douze intellectuels, des écrivains et des universitaires, vont également de leur côté tenter un rapprochement entre le gouvernement et les étudiants. Dai Qing, leur porte-parole, s'adresse aux manifestants sur la place Tiananmen et leur demande de faire preuve de compromis. Il offre de porter leurs demandes à Yan Mingfu, le représentant du gouvernement. Ce dernier dit aux intellectuels que les étudiants devraient en échange accepter de libérer au moins temporairement la place Tiananmen. « Que veulent-ils précisément ? » demande-t-il. Dai Qing répond que les étudiants sont prêts à partir à trois conditions : les leaders du gouvernement doivent déclarer en personne que le mouvement étudiant est patriotique et démocratique, que les nouvelles associations étudiantes sont légales et qu'il n'y aura pas de représailles pour les manifesations. « C'est impossible », répond Yan Mingfu[24]. Les étudiants, dit-il, sont de plus en plus exigeants. S'ils cessaient d'ajouter de nouvelles demandes, Zhao Ziyang et Li Peng accepteraient peut-être de les rencontrer. Dai Qing retourne sur la place Tiananmen pour faire un dernier appel aux étudiants. Vous avez prouvé, leur dit-il, que la Chine entière réclame la démocratie. Mais la démocratisation prend du temps. Il leur demande de libérer la place. Il se fait conspuer. Il rentre bredouille. « Nous étions pris entre un gouvernement complètement irrationnel et des étudiants complètement irrationnels. Que pouvions-nous faire[25] ? » dira-t-il. L'aile plus radicale du mouvement étudiant a désormais pris le contrôle des événements. Le lendemain, Mikhaïl Gorbatchev arrive à Pékin accompagné d'un important contingent de journalistes étrangers. Tiananmen va maintenant devenir un événement de portée internationale.

* * *

Pour Deng Xiaoping et le leadership chinois, l'humiliation est totale. La cérémonie d'accueil de Mikhaïl Gorbatchev prévue pour la place Tiananmen doit être annulée. En raison de la présence des protestataires, le leader soviétique est contraint d'emprunter une entrée secondaire du Palais du peuple pour sa rencontre avec Deng Xiaoping. Ragaillardis par l'arrivée de Gorbatchev, les manifestants se rendent en plus grand nombre sur la place Tiananmen. On compte même des représentants de l'industrie de la mode et des fonctionnaires de l'Administration des sinistrés des tremblements de terre. Des soldats délaissent l'uniforme et s'habillent en civil pour participer aux manifestations. On aperçoit des policiers qui jouent aux cartes sur les marches du Palais du peuple et qui applaudissent les discours. Signe encore plus inquiétant pour le gouvernement, des milliers d'étudiants arrivent par train des autres villes de la Chine pour se joindre au mouvement. Dan Rather, le correspondant vedette de la chaîne américaine CBS, rapporte que la place Tiananmen appartient maintenant au peuple. « Plus d'un million de Chinois qui demandent la démocratie et la liberté et qui proclament une nouvelle révolution », annonce-t-il à l'Amérique. Lors de sa rencontre avec Gorbatchev, Zhao Ziyang tente de rassurer le leader soviétique. Les réformes, dit-il, pourront satisfaire les étudiants qui émettent des doutes sur le socialisme. De toute façon, ajoute-t-il, Deng Xiaoping, même s'il n'occupe plus de fonction officielle au sein du gouvernement, est toujours celui qui tranche les questions importantes. Cette indiscrétion sur le rôle de Deng va lui coûter cher. C'est le début de la fin pour Zhao, dont l'influence se disperse comme sable au vent. Il réunit le comité restreint du bureau politique pour leur annoncer qu'il va écrire une lettre aux étudiants leur garantissant l'immunité s'ils mettent fin à leurs manifestations. Mais Zhao n'a plus l'appui du bureau politique. Devant l'impasse, lui et Li Peng décident de s'en remettre à Deng. Le 17 mai, ils se rendent à la résidence de Deng avec les autres membres du comité restreint. Arrivés sur place, Li Peng et ses acolytes se lancent dans une charge à fond de train contre Zhao. Li accuse le secrétaire général d'être responsable de l'escalade du mouvement de protestation. Le vice-premier ministre Yao Yilin prend le relais, disant que Zhao a révélé au grand jour les divisions dans le parti avec son discours devant la Banque asiatique de développement. Puis il l'accuse d'avoir voulu faire porter la responsabilité de la crise à Deng en révélant à Gorbatchev que le patriarche joue toujours un rôle déterminant dans les décisions du leadership. Zhao tente tant bien que mal de se défendre. Mais Deng lui assène un coup de massue. La situation a véritablement commencé à se détériorer, dit-il, à partir du moment où Zhao s'est montré conciliant dans ses discours. Ouvrir la porte à des élections à partis multiples comme en Occident, poursuit-il, mènerait au genre de guerre civile que la Chine a connue durant la Révolution culturelle. Si les choses continuent, avertit-il, nous risquons nous-mêmes de nous retrouver en état d'arrestation. Sur quoi il prononce son verdict final : il faut faire appel à l'armée et déclarer la loi martiale ! Zhao Ziyang dit à Deng qu'il ne peut se rallier à cette décision. «La minorité se soumet à la majorité», lui rappelle Deng. «Je me soumettrai à la discipline du parti[26]», répond Zhao. Mais aussitôt rentré chez lui, il convoque Bao Tong et lui demande de rédiger sa lettre de démission. Zhao, pourtant, ne la soumettra pas tout de suite. Le lendemain, lors d'une réunion extraordinaire du comité restreint du bureau politique, il tente une dernière fois de convaincre Li Peng et les autres de ne pas imposer la loi martiale. «Ça risque de nous coûter ce qu'il nous reste de légitimité», lance-t-il. Mais Li Peng est intraitable. Sur ce, Zhao Ziyang abdique. Ses opinions sur le mouvement étudiant, dit-il au comité, diffèrent de celles de Deng Xiaoping et d'une majorité d'entre eux. Dans ces conditions, poursuit-il, comment peut-il rester secrétaire général ? Le lendemain soir, Zhao fait sa dernière sortie publique. Il se rend à la place Tiananmen et, les larmes aux yeux, déclare aux étudiants : «Nous sommes venus trop tard[27].» Les partisans de la ligne dure ont maintenant la voie libre.

* * *

Dans l'intervalle, la grève de la faim est en train de transformer la dynamique du mouvement étudiant. Plus de trois mille personnes s'y sont maintenant jointes. À leur quatrième jour de jeûne, c'est par dizaines que les étudiants commencent à perdre conscience. Il n'y a pas assez d'ambulances pour faire la navette entre la place Tiananmen et les hôpitaux. Mais aussitôt qu'ils sont réanimés, beaucoup d'entre eux retournent jeûner. Les Chinois, horrifiés par le spectacle de sa jeunesse qui dépérit pendant que le gouvernement fait la sourde oreille à ses revendications, affluent vers la place Tiananmen pour signifier leur appui. Le ministère de la Sécurité estime leur nombre à un million deux cent mille. Confronté à ce qui constitue possiblement la plus grande manifestation populaire de l'histoire de la Chine, Li Peng, le nouvel homme fort du régime, accepte finalement, le 18 mai au matin, de rencontrer les leaders étudiants. La réunion tant réclamée par les étudiants est fixée à onze heures au Palais du peuple. Ce sont Wang Dan et Wuerkaixi, deux des leaders étudiants de la première heure, qui vont parler au nom du mouvement. La scène est surréaliste. Li Peng, flanqué de ses adjoints, est assis dans un immense fauteuil couvert de dentelle. En face de lui, en demi-cercle, sont les leaders étudiants. Wuerkaixi, qui fait la grève de la faim, arrive de l'hôpital vêtu d'un pyjama.

La rencontre va consacrer la brisure finale entre les étudiants et le gouvernement. D'entrée de jeu, Li Peng refuse de discuter des revendications des étudiants. Il faut se concentrer sur un sujet, dit-il : trouver un moyen de mettre fin à la grève de la faim. Mais il est aussitôt interrompu par Wuerkaixi. « Nous ne sommes pas ici parce que vous nous avez invités, lance-t-il au premier ministre, mais parce que des centaines de milliers d'étudiants sur la place vous ont invité à nous parler. C'est nous qui déciderons des sujets à discuter, pas vous[28]. » Wang Dan enchaîne en disant que pour mettre fin à la grève de la faim, le gouvernement doit accéder aux demandes des étudiants. Le gouvernement, dit-il à Li Peng, qui est resté de marbre depuis que les étudiants ont pris le contrôle de la rencontre, doit reconnaître que le mouvement étudiant est de nature patriotique et doit amorcer un véritable dialogue. En tant que leader de la faction modérée du mouvement, Wang Dan espère toujours que le gouvernement acceptera de discuter, ce qui permettrait de mettre fin à l'occupation de la place Tiananmen et de relancer le mouvement étudiant sur de nouvelles bases à l'automne. Mais il est déjà trop tard. Les grévistes de la faim font parvenir un message écrit à leurs représentants leur demandant de mettre fin à la rencontre avec Li Peng. La fin de l'entretien est digne d'un film. Li Peng tend la main à un des étudiants qui refuse de la serrer, affront aussi humiliant qu'impardonnable pour le leader communiste. Puis Wuerkaixi, affaibli par le jeûne, s'évanouit. Li Peng, visiblement ulcéré du traitement que lui ont réservé les étudiants, quitte le Palais du peuple. Il ne lui reste plus qu'à signer le décret imposant la loi martiale.

Le matin du 20 mai, vingt-deux divisions de l'Armée du peuple convergent vers les quartiers névralgiques de Pékin pour y faire observer la loi martiale. Il se produit alors quelque chose que ni le gouvernement, ni personne, n'avait prévu. Des Chinois ordinaires sortent de leurs demeures et bloquent la route aux militaires. Des ouvriers dressent des barricades de fortune dans la rue ; des grand-mères invectivent les soldats, leur disent qu'ils devraient avoir honte de s'en prendre ainsi au peuple ; des jeunes filles présentent des bouquets de fleurs aux recrues. Dans bien des quartiers, les militaires déposent les armes, s'assoient sur leurs blindés et badinent avec les gens. Il devient évident que l'état-major lui-même est divisé sur la question de la loi martiale. Huit généraux et deux maréchaux ont signifié leur refus d'obéir aux ordres. Ils jugent que la loi martiale est une mesure trop draconnienne. Après maintes pressions, ils acceptent toutefois de se rallier, sans grand enthousiasme[29]. Mais pas le chef de la trente-huitième armée, le général Xu Qinxian. Il est démis de ses fonctions et envoyé dans un hôpital. Quatre jours après le décret de la loi martiale, pourtant, c'est toujours l'impasse ; les Pékinois continuent de bloquer la route aux militaires. Le gouvernement, craignant que ces derniers ne soient contaminés au contact du peuple, ordonne aux soldats de reculer jusqu'aux frontières de la ville. On en profitera pour remplacer beaucoup de soldats par des détachements venus de provinces lointaines et jugés plus dociles. Une décision capitale qui va assurer le succès de l'opération du 4 juin.

Beaucoup de Chinois croient à tort que le gouverne-ment n'osera pas ordonner aux militaires de faire feu sur le peuple. Wang Juntao, lui, voit plutôt dans cette accalmie l'occasion de tenter un coup de force politique. L'idée, dont il a discuté avec Bao Tong, d'autres intellectuels et des leaders étudiants, est de tenter de convaincre le Congrès du peuple, le parlement chinois, de renverser la loi martiale. Compte tenu de la tension qui règne dans la capitale et de la vaste opposition à la loi martiale partout dans le pays, ils croient que les délégués pourraient être amenés à défier Li Peng et les anciens. Wan Li, le président du Congrès du peuple et membre du bureau politique, est en voyage au Canada où il s'est prononcé publiquement contre la loi martiale. S'il accepte de soumettre la question de la loi martiale au vote du Congrès, tout peut arriver.

Le 27 mai au matin, Wang Juntao, Chen Zeming et d'autres intellectuels réunissent les leaders du mouvement étudiant dans une salle de l'Académie des sciences. Wang Dan, avec d'autres, prône la fin de l'occupation de la place Tiananmen. Le mouvement, croit-il, a accompli tout ce qu'il pouvait espérer et il doit profiter de l'été pour se regrouper en prévision d'une nouvelle offensive politique à l'automne. L'association étudiante autonome qu'il dirige a d'ailleurs déjà annoncé son intention de se retirer de Tiananmen après une dernière manifestation monstre le 29 mai. Wang lit le texte d'une proposition qui a de toute évidence été rédigée de concert avec Wang Juntao. Si le Congrès du peuple renverse la décision d'imposer la loi martiale lors de sa réunion du 20 juin, les étudiants quitteront la place Tiananmen. Chai Ling, la leader de l'aile plus radicale du mouvement, celle qu'on surnomme la Commandante du quartier général, en surprend plusieurs en se ralliant à la proposition. Elle se dit fatiguée, confuse, et ne croit pas que les étudiants pourront tenir encore longtemps leur siège. Wang Juntao et Wang Dan quittent la réunion en croyant avoir trouvé une voie de sortie qui va éviter une intervention militaire. De retour sur la place Tiananmen, pourtant, Chai Ling fait volte-face. Elle ne peut se résoudre à annoncer aux protestataires la fin du combat. Plusieurs d'entre eux sont des étudiants qui viennent d'arriver des provinces et qui veulent en découdre avec le gouvernement. Le consensus étudiant n'aura duré que le temps d'une matinée. C'est le chant du cygne pour Wang Dan. Deux jours plus tard, les quelque dizaines de milliers d'étudiants qui occupent toujours la place Tiananmen décident de le démettre de ses fonctions. Résigné, Wang Dan reprend le chemin de l'université de Pékin. «Comment vouliez-vous que je contrôle quoi que ce soit? me dira-t-il vingt ans plus tard à Londres. J'étais si jeune et le mouvement étudiant était devenu une masse incontrôlable.»

De toute façon, l'espoir de faire renverser la loi martiale par le Congrès du peuple est voué à l'échec. Ayant eu vent du projet, Deng Xiaoping fait rappeler Wan Li, le président du Congrès du peuple, de son voyage en Amérique. Le gouvernement va le retenir à Shanghai, lui qui aurait pu tenter de faire renverser la loi martiale. On lui interdit de rentrer à Pékin jusqu'à ce qu'il s'y rallie publiquement, ce qu'il fera. Durant les derniers jours de mai, il devient évident que Deng Xiaoping et les anciens ont résolu de reprendre le contrôle des opérations. Dorénavant, c'est à la résidence de Deng, et non dans les réunions du bureau politique, que les décisions importantes se prennent. Le patriarche est particulièrement ulcéré de l'incapacité du gouvernement et de l'armée à faire respecter la loi martiale. Il tient Zhao Ziyang personnellement responsable de cet état de fait. Le 21, Zhao est limogé. Il n'avait jamais formellement remis sa démission. Lorsqu'il se présente à son bureau, le lendemain, il le trouve vide.

Selon les procès-verbaux des discussions qui figurent dans les *Archives de Tiananmen*, Deng Xiaoping semble sincèrement peiné de devoir limoger son dauphin. Il constate que la troisième génération de leaders que représente Zhao n'a pas la fermeté requise pour mater la rébellion étudiante. Si le parti a commis une erreur, dit Deng, c'est de ne pas avoir suffisamment insisté sur l'éducation de la population. Pour lui, la modernisation de la Chine ne peut se faire que sous le leadership exclusif du Parti communiste. Selon Deng, il est impératif de mettre fin à la révolte des étudiants et il faut nommer une nouvelle équipe qui va défendre les quatre modernisations et assurer la suprématie du Parti communiste. Il suggère que Zhao soit remplacé comme secrétaire général par Jiang Zemin, l'homme fort du parti à Shanghai, un cadre qui a le sens des affaires et qui a fait preuve de détermination devant les manifestations étudiantes.

La décision de faire intervenir l'armée pour libérer la place Tiananmen est prise dans la matinée du 2 juin. Deng fait un long exposé sur son analyse de la situation. Les causes de l'agitation, dit-il, ne tiennent pas aux conditions intérieures de la Chine, mais à une offensive de propagande de l'Occident qui cherche à usurper l'autorité du gouvernement chinois. Les États-Unis, en particulier, dit Deng, encouragent et aident les « soi-disant démocrates » en Chine qui ne sont que le « rebut du genre humain[30] ». Cette méfiance vis-à-vis du rôle américain aura sûrement été confortée par l'apparition, sur la place Tiananmen, d'une gigantesque effigie en styro-mousse de la statue de la Liberté que les étudiants ont baptisée la Déesse de la Démocratie. La stabilité, conclut Deng, doit avoir préséance sur tout le reste. Le gouvernement ne peut moderniser la Chine s'il doit constamment composer avec le désordre. « C'est pour cela, dit Deng, qu'il faut libérer la place Tiananmen. » Mais il faut d'abord, dit-il, tenter de convaincre les étudiants de quitter la place. S'ils refusent toutefois de partir, avertit-il, ils seront responsables des conséquences[31].

Dans la nuit du 3 au 4 juin 1989, les militaires avancent vers la place Tiananmen. Des centaines, peut-être des milliers de Chinois meurent en tentant de leur bloquer la route. Après avoir juré de tenir jusqu'à la mort, les étudiants qui sont restés sur la place, dont Chai Ling, acceptent un sauf-conduit et libèrent Tiananmen sans résister. Wang Juntao, alerté par son chauffeur, part à la recherche des leaders étudiants, qu'il veut faire sortir de Pékin. Il lui faudra trois jours pour les rassembler. Parmi eux, il y a Wang Dan. Il est complètement perdu, ne sait que faire, me dira-t-il. Wang Juntao les emmène en train vers Harbin, où, espère-t-il, ils pourront plus facilement échapper à la rafle policière. De Harbin, ils prennent ensuite l'avion pour Shanghai, où ils décident de se séparer. Wang Juntao sera arrêté quelques semaines plus tard dans le sud de la Chine au moment où il tente d'acheter un billet de train. Wang Dan, lui, n'est pas fait pour la vie de fugitif. Il craint également de compromettre les gens qui l'hébergent à Shanghai. Il décide donc de rentrer à Pékin et de ne pas se cacher. Les policiers l'arrêtent peu après son arrivée. Quelques semaines plus tôt, Wang Dan, avec d'autres, représentait l'avenir démocratique de la Chine. Il va maintenant commencer une existence de prisonnier politique. Ce sera pour lui une vie ballottée entre la dissidence et l'exil. Le gouvernement chinois n'a pu se résoudre à incorporer Wang Dan et ces millions d'autres Chinois qui réclament le changement dans la transformation du pays. À l'image du jeune leader étudiant, le mouvement démocratique chinois va maintenant entrer dans une période de clandestinité et d'hibernation.

Avec le massacre de Tiananmen, le mouvement de réformes politiques qui avait inspiré tant de Chinois durant les années 1980 est à toutes fins pratiques anéanti. Aurait-il pu en être autrement? Les étudiants ont-ils forcé la main au gouvernement avec leur impatience devant la lenteur des réformes? Ont-ils, sans le vouloir, coupé l'herbe sous le pied des réformateurs au sein du gouvernement? Lorsqu'on scrute les comptes-rendus des discussions au sein du leadership chinois, il devient assez évident que le patriarche Deng Xiaoping ne pouvait se réconcilier avec l'idée d'une démocratie de type occidental. C'était sans doute trop demander à ce vieux révolutionnaire qui avait consacré sa vie à la construction du Parti communiste. Chose certaine, l'aile réformatrice au sein du gouvernement sera complètement décapitée dans la foulée des représailles de la crise de Tiananmen et l'on assistera à un durcissement du leadership chinois qui perdure aujourd'hui.

# 7

# LA VICTOIRE DE DENG XIAOPING

*Shenzhen, janvier 1992*

*Conscient que son programme de modernisation et d'ouverture est en péril, Deng Xiaoping entame une visite hautement symbolique de la nouvelle zone économique franche de Shenzhen, dans le sud du pays. Shenzhen est situé juste en face de Hong Kong. C'est là que se concentrent les capitaux étrangers dans des partenariats avec les entreprises d'État chinoises qui produisent de tout pour les marchés occidentaux. Deng n'a pas entrepris ce périple de manière inconsidérée; il est âgé de quatre-vingt-sept ans et souffre de la maladie de Parkinson. Sa fille, qui l'accompagne, l'aide à se déplacer. Malgré son état de santé, Deng est convaincu qu'il doit poser un geste pour empêcher les conservateurs qui dominent le bureau politique de faire marche arrière sur son modèle économique.*

*La presse locale rapporte que lorsque Deng sort du train, il a l'air en bonne santé, a l'œil vif et est vêtu d'un veston gris et d'un pantalon noir « à l'occidentale ». Rien n'est laissé au hasard. Deng visite une usine qui produit des disques laser pour la société hollandaise Philips. Puis, du haut d'un restaurant tournant situé au cinquante-troisième étage d'un édifice commercial qui surplombe ce qui, quinze ans auparavant, n'était qu'un village, le patriarche invite les Chinois à redoubler d'ardeur pour réussir leur modernisation économique. Dans une critique à peine voilée de ses adversaires, il déclare qu'il faut cesser les « discours creux » et se mettre à la réalisation de « choses utiles ». Il faut, dit-il, s'inspirer des « fruits de la civilisation », y compris « ceux des sociétés capitalistes avancées ». La Chine, poursuit-il, doit agir avec audace et non comme une « femme aux pieds bandés », expression qu'affectionnait Mao pour critiquer ceux dont il doutait de la ferveur révolutionnaire. La Chine, dit Deng, doit s'inspirer du modèle de ce qu'il appelle les « quatre petits dragons »,*

*Hong Kong, Singapour, la Corée du Sud et Taiwan, et même les surpasser. À ceux qui prétendent qu'il s'agit là d'une dérive vers le capitalisme, il rétorque que c'est, au contraire, la réalisation d'un «socialisme aux caractéristiques chinoises».*

\* \* \*

La tournée de Deng Xiaoping dans le sud du pays en 1992 passera à l'histoire comme le moment charnière qui a permis au patriarche de sauver son programme de modernisation et de lancer la Chine sur la voie du miracle industriel qui en fait l'une des grandes puissances économiques d'aujourd'hui. À l'époque, pourtant, la tournée de Deng s'annonce comme un échec. Le premier ministre Li Peng et les autres éléments conservateurs du leadership chinois ordonnent à la presse nationale de ne rien écrire sur le voyage de Deng. La plupart des Chinois n'en ont pas connaissance.

Deng paye le prix du réalignement des forces politiques qu'il a lui-même déclenché au lendemain de la crise de Tiananmen. Lorsque l'on scrute les comptes-rendus qui ont vu jour sur les délibérations au sein du leadership chinois à l'été 1989, on voit que Deng Xiaoping est très conscient des conséquences d'avoir anéanti les forces réformatrices dans le parti et la population. Dans le discours qu'il donne à la nouvelle équipe de leaders à la mi-juin 1989, moins de deux semaines après avoir maté les manifestations de Tiananmen, Deng parle de la nécessité non seulement de poursuivre, mais d'accélérer les réformes économiques. Le reste du monde, dit-il, craint que la Chine se referme; il faut lui montrer le contraire. C'est pour cela que Deng ne veut pas qu'on fasse de procès public à Zhao Ziyang ou qu'on limoge trop de cadres du parti qui se sont montrés sympathiques aux revendications des étudiants. Il veut passer l'éponge rapidement. Une longue période de règlements de comptes, comme lors de la Révolution culturelle, risquerait d'enliser ses réformes économiques. Puis, pour redonner confiance à la population dans le gouvernement, il propose de porter des accusations de corruption contre une ou deux douzaines de dirigeants du parti. Des procès publics qui montreront que le gouvernement et le parti ont une véritable intention de réforme et de transparence. Le succès de son programme en dépend. « Il faut mettre de l'ordre dans le parti, dit-il. Nos plans à long terme risquent l'échec si nous ne nous débarrassons pas de la corruption, surtout dans les hautes instances du parti[1]. »

Deng annonce du même souffle son intention de se retirer de la politique active. Il veut laisser les coudées franches à la troisième génération de leaders, menée par Jiang Zemin, l'ancien maire de Shanghai qui a tenu tête aux manifestants et qu'il a désigné comme son successeur. Deng avertit le bureau politique qu'il ne veut même pas qu'on lui donne de poste honorifique. Il a vu les excès auxquels a mené la concentration du pouvoir dans les mains de Mao et la paralysie qu'a provoqué le culte de sa personnalité. Il faut à son avis mettre fin à ces tendances malsaines. « Si j'ai des idées qui peuvent être utiles, dit-il, je les partagerai sûrement avec le nouveau leadership. »

Avec Deng en retrait du pouvoir, il ne reste personne au sein du leadership communiste capable de promouvoir activement la modernisation économique. Pour le premier ministre Li Peng, en particulier, la priorité est d'assurer la stabilité du régime. À ses yeux, le train de réformes économiques amorcées par Zhao Ziyang est d'ailleurs grandement responsable des troubles du printemps 1989. Li fait promulguer une loi qui interdit toute manifestation qui met en doute le leadership du Parti communiste. Il lance également une vaste campagne de rectification pour s'assurer qu'il ne reste pas d'éléments radicaux dans les rangs du parti. Même les militaires n'y échappent pas. À l'hiver 1990, craignant le genre de mutinerie qui a mis fin aux jours de Nicolai Ceauşescu en Roumanie, le leadership chinois ordonne une enquête sur le comportement de plusieurs milliers d'officiers de l'armée populaire. Plusieurs d'entre eux, dont la loyauté est jugée suspecte, sont traduits en cour martiale et limogés. Parallèlement, le gouvernement lance une campagne d'endoctrinement dans les rangs des forces armées pour combattre la libéralisation bourgeoise et ce qu'il appelle l'«évolution pacifique», un euphémisme pour désigner la démocratie capitaliste à l'occidentale. Afin de montrer aux Chinois que le leadership lui-même est disposé à admettre ses erreurs et à revoir sa conduite, le bureau politique annonce que les enfants des cadres supérieurs du parti n'auront dorénavant plus le droit de faire des affaires et que ses membres se priveront de voitures personnelles et de nourriture étrangère[2].

Ce que Li Peng et les autres conservateurs du bureau politique veulent faire, c'est remettre les pendules à l'heure communiste. Ils ne proposent pas seulement de ralentir ou de freiner la libéralisation économique, ils ont l'intention d'en saborder les grands principes. Les conservateurs proposent d'évincer les éléments capitalistes des zones économiques franches qui constituent la porte d'entrée des capitaux étrangers en Chine. L'intention est de redonner aux entreprises d'État le monopole sur les grands secteurs industriels. Certains vont même jusqu'à réclamer la recollectivisation de l'agriculture. Ce réflexe de repli révèle non seulement une méfiance du marché, mais également le type d'expériences qui ont formé des conservateurs tels que Li Peng.

Ce dernier est un pur produit de l'école de l'économie planifiée. Après la mort de ses parents, qui ont été tués par les forces nationalistes, Li Peng, alors enfant, est adopté par Chou En-lai et son épouse. Il est envoyé en URSS pour parfaire ses études à l'Institut de l'énergie de Moscou. Il en revient avec la conviction que l'avenir économique de la Chine passe par de gigantesques projets industriels. C'est d'ailleurs Li Peng qui est reconnu comme le père du projet grandiose et controversé du barrage des Trois Gorges. Avec le limogeage de Zhao Ziyang, le premier ministre a donc les coudées franches pour ralentir la modernisation économique et redonner un plus grand rôle à l'État dans l'économie. **Dans un affront direct à Deng**, Li Peng déclare que «la réforme et l'ouverture», la pierre angulaire de la pensée du patriarche, ne doivent plus guider le développement économique de la Chine. Wang Zhen, l'un des anciens, se plaint de son côté que les réformes favorisent le capitalisme et les religions étrangères et nuisent à la capacité du Parti communiste d'attirer les jeunes. Il n'a pas tort. Deng, conscient qu'il ne peut plus jouer sur le rapport de forces antérieur entre les conservateurs et les réformateurs, se plaint, dans une interview, que plus personne ne lui prête attention. Deux ans après Tiananmen, l'héritage même de Deng Xiaoping semble en péril. Le pragmatisme qu'il a réussi à introduire dans l'économie chinoise est contesté par la rigidité idéologique du nouveau leadership. À l'étranger, l'image de cette nouvelle Chine plus ouverte, qu'il a tant œuvré à construire, est en ruines, anéantie par l'image des blindés qui ont écrasé l'élan démocratique de Tiananmen. En réprimant le mouvement étudiant et en nommant une nouvelle équipe à la main plus ferme, Deng a voulu rétablir la stabilité politique pour assurer la survie de ses réformes économiques. Mais cette victoire prend de plus en plus des airs d'une victoire à la Pyrrhus. Car le prix de cette stabilité pourrait bien être son programme de modernisation.

L'une des grandes inconnues de cette période est Jiang Zemin, le nouveau secrétaire général. Il est, à bien des égards, comme une œuvre d'art abstrait; on peut lire en lui ce qu'on veut. Comme beaucoup de cadres de sa génération, Jiang a été formé en URSS, où il a même travaillé dans une usine d'automobiles de Moscou. C'est un homme d'un grand éclectisme, un polyglotte qui se débrouille dans une demi-douzaine de langues, y compris l'anglais, le russe, le roumain et le japonais. Il adore la poésie chinoise, mais aussi la musique d'Elvis Presley. Sur le plan politique, on le dit prudent plutôt que doctrinaire, trait que semble refléter sa physionomie. Il a un visage rond surplombé de larges lunettes et semble arborer en permanence un genre de demi-sourire énigmatique. Il a l'air aussi impénétrable qu'un sphinx. Comme ancien maire de Shanghai, ville avec une longue tradition de commerce, on le croirait *a priori* pragmatiste. Peu après sa nomination, pourtant, Jiang semble se rallier au consensus conservateur au sein du bureau politique.

Deng, malgré l'offensive des conservateurs, demeure très populaire au sein de la population. Beaucoup plus que Jiang Zemin, qui n'est pas très connu, ou que Li Peng, qu'on appelle « le bourreau de Tiananmen ». Les Chinois sont reconnaissants à Deng d'avoir sorti la Chine de la noirceur des années de Mao et d'avoir grandement amélioré leur niveau de vie. Ce n'est pas la première fois, d'ailleurs, que Deng se retrouve dans les câbles politiques. Il a survécu à deux purges sous Mao avant de revenir en force, la dernière fois à l'issue de la Révolution culturelle où il avait été confiné à la campagne. Aussi Deng va-t-il en appeler directement aux Chinois pour combattre ceux qui veulent saborder ses réformes.

Le voyage qu'il entreprend en janvier 1992 est son dernier et, possiblement, le plus important de sa vie. Deng part en train privé de Wuhan pour Shenzhen et Zhuhai, deux des zones économiques franches qui sont le symbole de l'ouverture de la Chine sur l'étranger. Puis, il poursuit son voyage jusqu'à Shanghai, la grande métropole économique de la Chine. De tout temps, les empereurs chinois sont sortis de la Cité interdite pour entreprendre de longs voyages lorsqu'ils sentaient le besoin de renouveler l'appui du peuple. Deng puise à même cette tradition. Au-delà de ses appels à la modernisation, pourtant, c'est sa célèbre phrase selon laquelle il est « glorieux de vouloir s'enrichir » qui frappe l'imagination. C'est comme si Deng avait levé un tabou qui datait de la révolution. Il dit aux Chinois qu'ils peuvent aspirer à la richesse tout en étant de bons socialistes.

Il faudra plusieurs semaines avant que le compte-rendu de ses discours se retrouve dans la presse nationale. Mais l'effet est immédiat. L'argent se met à affluer dans les zones économiques. Après plus de deux ans d'incertitude et de flottement, Deng a remis le cap sur la modernisation et l'ouverture. Sa sortie va provoquer un réalignement des forces politiques au sein du leadership chinois. Les réformateurs reprennent du poil de la bête, alors que les conservateurs sont forcés de battre en retraite. Jiang Zemin, qui penchait plutôt du côté des conservateurs, flaire le sentiment populaire et se range derrière Deng. Le patriarche a un ascendant que n'a pas Jiang et ce dernier en est conscient.

La victoire de Deng met fin au bras de fer qui dure depuis plus de dix ans entre les tenants du dogmatisme socialiste et ceux qui, comme lui, privilégient le pragmatisme du marché. Les deux écoles de pensée, de prime abord incompatibles, seront bientôt réconciliées dans un habile compromis, le « socialisme aux caractéristiques chinoises ». La doctrine de Deng comporte également un volet politique. La condition première du succès économique de la Chine est la stabilité politique. Il s'agit pourtant d'un ultimatum plutôt que d'un pacte avec le peuple ou d'un contrat social. Ce que le gouvernement dit aux Chinois, c'est qu'il va consacrer ses énergies à la modernisation de la Chine et qu'il va leur garantir une amélioration de leurs conditions de vie tant qu'ils ne se mêlent pas de politique. Le procès des principaux leaders du mouvement de Tiananmen et les lourdes peines de prison auxquelles ils ont été condamnés constituent des preuves tangibles de l'intention du gouvernement de ne tolérer aucune dissidence.

\* \* \*

À l'hiver 1992, au moment où Deng entame sa « tournée du Sud », Wang Dan croupit depuis deux ans et demi dans une cellule de la prison Qin'cheng, célèbre prison où sont incarcérés les prisonniers politiques. La première chose qu'a faite Wang Dan en arrivant dans sa cellule, c'est d'en mesurer la longueur. Elle fait sept pas. Il dort sur une planche de bois à même le sol. Il y a une toilette sans couvercle dans un coin. Lorsqu'il s'est rendu aux autorités, le 2 juillet 1989, après une cavale de moins d'un mois, il était l'homme le plus recherché en Chine, le premier d'une liste de vingt et une personnes dont la photo est placardée dans les gares et les lieux publics.

D'autres leaders étudiants auront plus de chance. Chai Ling, la pasionaria de Tiananmen, réussit à se rendre à Hong Kong dissimulée dans une caisse en bois au fond de la cale d'un navire. Li Lu, l'étudiant de Tianjin qui s'était joint au mouvement plus tard et qui en était l'un des leaders les plus radicaux, réussira aussi à fuir la Chine. Les deux sont aujourd'hui devenus de riches entrepreneurs aux États-Unis. Plusieurs des fugitifs les plus recherchés obtiendront un soutien important de la population; certains seront cachés et nourris pendant près d'un an avant de pouvoir prendre la fuite. Cinq cents d'entre eux gagneront Hong Kong grâce à un réseau de passeurs faisant appel à des contrebandiers. Le fugitif reçoit un message codé de se rendre à un endroit précis sur la côte du sud de la Chine. Il y est cueilli, de nuit, par un petit bateau. Avec un peu de chance, son capitaine réussit à échapper à la garde côtière chinoise et aux nombreux pirates qui patrouillent le bras de mer qui sépare la terre ferme de Hong Kong.

Les autorités, pourtant, réussiront à mettre la main sur les deux intellectuels qu'elles accusent d'être les «mains noires» derrière le mouvement, Wang Juntao et Chen Zeming. Tous deux subissent un procès à huis clos dont la conclusion est connue d'avance. Ils sont condamnés chacun à treize ans de prison pour tentative d'usurpation des pouvoirs de l'État, ce qui équivaut à la trahison. Bao Tong, le bras droit de l'ancien secrétaire général Zhao Ziyang, celui-là qui a dirigé le comité des réformes politiques, complète le quatuor des dissidents vedettes emprisonnés. Il est reconnu coupable d'avoir dévoilé des secrets d'État. On lui reproche notamment ses rencontres avec le financier et philanthrope américain George Soros, dont la fondation finance des projets de réforme et de démocratisation. L'acte d'accusation, pourtant, ne tient pas qu'à ses rencontres avec Soros ou à ses idées de réforme. «Comment voulez-vous faire confiance à cet homme qui porte des jeans?» avait lancé un des anciens au moment où l'on discutait du cas de Bao Tong au Comité central. «On dirait qu'il se prend pour un étudiant[3].»

À partir de leur procès et de leur incarcération, un changement remarquable va s'opérer chez les leaders du mouvement de Tiananmen. Un sociologue américain parlera même de changement d'identité. Il s'agira à tout le moins d'un changement de rôle qu'ils voient pour eux-mêmes dans cette société chinoise qui a été politiquement lobotomisée et qui, comme l'a dit un historien, n'a dorénavant le droit de faire que du commerce. Wang Dan, Wang Juntao et Chen Zeming passent en effret du rôle de leaders d'un mouvement de réforme à celui de martyrs de la cause de la démocratie. Bao Tong, plus âgé, plus philosophe, ne semble pas surpris par la tournure que prend sa vie, comme si, en quelque sorte, il s'y attendait. Ce n'est pas seulement que les jeunes leaders du mouvement doivent trouver un sens au fait qu'ils vont passer de longues années en prison, c'est que bien des Chinois ainsi qu'une bonne partie de la communauté internationale les considèrent comme les victimes expiatoires du mouvement de Tiananmen. Ce qui leur arrive, en effet, se situe bien plus dans la continuité que dans l'exception du sort qui est réservé de tout temps en Chine aux partisans de la démocratie. De la réforme des Cent jours au mouvement des Cent fleurs, du Mur de la démocratie au massacre de Tiananmen, le scénario, pour les démocrates, est le même. Avant même qu'il ne soit propulsé à l'avant-scène du mouvement de contestation, Wang Dan était d'ailleurs fort conscient qu'il risquait la prison pour ses activités. C'est qu'il connaît l'histoire. Il a même demandé à Ren Wanding, un vétéran du Mur de la démocratie de 1978 qui avait fait de la prison, comment composer avec la vie et les difficiles conditions de détention. Ren lui a conseillé de continuer de parler à haute voix, même s'il est seul dans sa cellule, pour éviter que ses cordes vocales et sa capacité de raisonnement ne s'atrophient.

«Je voyais la prison comme un stade nécessaire de mon engagement dans le mouvement pro-démocratique et comme un cours obligatoire que doit suivre tout dissident pour comprendre la réalité politique de la Chine», me confie Wang Dan. «Puisque j'avais choisi cette voie, je devais être prêt pour tous les obstacles qui se trouveraient sur ma route. C'est ce qui m'a permis de demeurer optimiste.» Pour rester en forme, Wang Dan se force à faire le tour de sa cellule cinq cents fois par jour. Et il fredonne *L'Internationale*, le grand hymne communiste, en faisant ses exercices.

Si, en Chine, le gouvernement a l'intention de reléguer les dissidents emprisonnés aux oubliettes de l'histoire, il ne peut rien contre le symbole qu'ils sont en train de devenir à l'étranger. Au lendemain de leur condamnation, en janvier 1991, le *New York Times* compare Wang Juntao et Chen Zeming à Vaclav Havel et au dissident soviétique Anatoly Sharansky. Il ne faut pas oublier non plus Wei Jingsheng, écrit le *Times* en éditorial, qui croupit en prison dans des conditions inhumaines depuis onze ans. Le gouvernement chinois n'est pas complètement insensible aux critiques de la communauté internationale. Sans l'avoir souhaité, Wang Dan, Wang Juntao et Wei Jingsheng vont maintenant devenir une étrange monnaie d'échange dans la tentative de la Chine de refaire son image à la suite de la crise de Tiananmen.

Wang Dan sera le premier à être libéré avant la fin de sa peine, en 1993, peu de temps avant la visite à Pékin du Comité international olympique. Il restait cinq mois à sa sentence de quatre ans de prison. Les autorités chinoises diront qu'il a fait la preuve de sa réhabilitation, notamment par le travail. La proximité de la décision du CIO au sujet de la candidature olympique de Pékin, pourtant, semble aussi y être pour quelque chose. Même s'il déclare à sa sortie de prison qu'il a dorénavant l'intention de se lancer en affaires, Wang Dan recommence ses activités politiques. Il a trop investi dans la cause pour abandonner. Il publie des articles sur la démocratie et les droits de la personne dans des magazines étrangers, entretient une correspondance soutenue avec d'autres dissidents et lance un groupe de soutien pour les victimes de Tiananmen. En 1995, il est arrêté de nouveau, accusé de vouloir renverser le gouvernement et condamné à onze ans de prison.

Wei Jingsheng, le vétéran du Mur de la démocratie, va aussi être libéré soudainement, avant la fin de sa peine, à l'automne 1993, dans ce qui sera interprété comme un geste d'ouverture du gouvernement chinois quelques jours seulement avant que le Comité international olympique ne tranche sur la candidature de Pékin pour les jeux de l'an 2000. La Chine n'obtient pas les jeux et Wei Jingsheng dénonce publiquement le fait d'avoir été utilisé comme monnaie d'échange. Comme Wang Dan, il reprend ses activités politiques et se retrouve bientôt à nouveau en prison.

Avec l'arrivée de Bill Clinton à la Maison Blanche en 1992, les dissidents chinois emprisonnés vont se retrouver à l'avant-plan des relations entre les États-Unis et la Chine. À aucun moment de l'histoire, ni avant, ni après, un président américain ne va investir autant de capital politique dans ses efforts pour faire libérer ceux qu'il considère comme les prisonniers politiques de Tiananmen. Près de vingt ans plus tard, au printemps 2009, lorsque Hillary Clinton, secrétaire d'État et épouse de l'ancien président, viendra en visite à Pékin en pleine crise financière et qu'elle dira à ses hôtes chinois que la question des droits de la personne ne saurait nuire aux relations commerciales entre les deux pays, il deviendra évident que le rapport de forces a changé et que les États-Unis ne sont plus dans une position pour arracher des concessions politiques à la Chine. Au début des années 1990, en revanche, la Chine cherche à réhabiliter son image auprès de l'Occident après la crise de Tiananmen. Elle désire également être admise dans les grands clubs internationaux tels que l'Organisation mondiale du commerce. Bill Clinton fera de la libération des dissidents chinois une condition de son appui aux ambitions internationales du régime chinois.

À l'hiver 1994, la Maison Blanche annonce que Pékin a jusqu'au 3 juin pour montrer des signes d'ouverture en matière de droits de la personne. Sinon, le gouvernement américain retirera à la Chine les privilèges commerciaux qui lui permettent d'exporter 30 milliards de dollars de produits vers le marché américain par an. Le 24 avril, quelques semaines avant la date de l'ultimatum, Wang Juntao est conduit à l'aéroport de Pékin et, après une brève rencontre avec sa famille, est mis à bord d'un avion de United Airlines en partance pour New York. La Chine annonce que Wang a été libéré pour des raisons médicales et qu'il sera traité aux États-Unis. Wang Juntao souffre en effet d'hépatite et de problèmes cardiaques. Le jeune intellectuel sûr de lui à l'époque de Tiananmen n'est plus que l'ombre de lui-même. Sa libération est vue comme une concession majeure de la Chine devant les pressions de Washington.

Moins de trois ans plus tard, c'est au tour de Wei Jingsheng d'être libéré et d'être exilé aux États-Unis, également pour des motifs médicaux. Sa libération survient deux semaines après la visite du numéro un chinois Jiang Zemin aux États-Unis. Wei est dans un état lamentable lorsqu'il descend de l'avion à Detroit. Il est aussitôt conduit dans un hôpital où on lui fait passer une batterie de tests pour les problèmes de santé dont il souffre : zona, bronchite chronique, hypertension, problèmes au foie qu'on attribue à une mauvaise alimentation et arthrite. Wei a passé la presque totalité des dernières dix-sept années en prison. Il a notamment été détenu dans une cellule en verre non chauffée et sous un éclairage constant. D'autres détenus étaient régulièrement envoyés dans sa cellule pour le tabasser. Malgré cela, il a toujours refusé une libération qui ne lui permettrait pas de vivre en Chine. S'il a accepté cet exil médical, raconte sa sœur, qui lui sert de porte-parole à son arrivée aux États-Unis, c'est en raison de ses conditions de détention et de son état de santé.

Lors de la visite de Jiang Zemin, Washington et Pékin négocient non seulement la libération de Wei Jingsheng, mais également celle de Wang Dan, le dissident chinois le plus connu à l'extérieur de la Chine. En avril 1998, ce dernier est conduit de sa cellule, dans une prison du nord-ouest de la Chine, jusqu'à Pékin et embarqué à bord d'un avion à destination de Detroit. Sa libération survient peu avant la visite de Bill Clinton en Chine. En échange, Washington accepte également de retirer son appui à une motion de l'ONU blâmant la Chine pour son bilan en matière des droits de la personne. Wang Dan souffre également de problèmes de santé, dont une irritation chronique de la gorge.

La stratégie de la Maison Blanche est d'entamer un dialogue constructif avec la Chine sur la question des droits de la personne et du commerce. Le raisonnement est le suivant : il est plus facile d'obtenir des concessions des dirigeants chinois si on a des relations soutenues avec eux. La visite de Bill Clinton en Chine en juin 1998, huit mois après celle de Jiang Zemin aux États-Unis, vise à sceller cette nouvelle relation. Mais l'approche des démocrates est critiquée, non seulement par bien des républicains qui accusent le président d'être trop indulgent envers un régime autoritaire, mais également par des groupes de défense de la personne. Ces derniers, même s'ils se félicitent de la libération de Wang Juntao, Wei Jingsheng et Wang Dan, craignent qu'ils ne puissent retourner en Chine et que leur voix ne s'éteigne dans leur exil américain. Leur santé rétablie, Wang Dan et Wang Juntao retournent aux études. Les universités Harvard et Columbia leur donnent l'équivalent d'un statut de dissident résident. Ils militent également au sein des organisations de promotion de la démocratie en Chine. Mais leur existence est essentiellement celle d'exilés politiques. Le gouvernement chinois n'a aucunement l'intention de les laisser revenir en Chine. À son expiration, leur passeport ne sera pas renouvelé. Wei Jingsheng, quant à lui, le doyen des dissidents, établit à Washington une fondation de défense des droits en Chine. Il attend toujours le jour où il pourra rentrer chez lui dans une Chine démocratique.

* * *

La nouvelle doctrine de Bill Clinton envers la Chine va cependant avoir des conséquences aussi sérieuses qu'imprévues sur ce qu'il reste du mouvement démocratique en Chine. Plusieurs vétérans de Tiananmen, qui ont échappé à la prison ou qui ont fini de purger leur peine, voient dans la reprise du dialogue entre Washington et Pékin l'occasion de relancer leur lutte sur de nouvelles bases. Ils sont notamment encouragés par le discours qu'a donné Jiang Zemin à l'université Harvard lors de sa visite officielle aux États-Unis. S'adressant à l'assistance en chinois et en anglais, Jiang a rappelé qu'il a visité Harvard comme jeune fonctionnaire quarante ans plus tôt. Il avait déjà, lors de ce premier voyage, a-t-il dit, compris le « concept général de la démocratie ». Puis, a-t-il ajouté, « au cours de ce voyage-ci aux États-Unis, que j'ai entamé à Hawaï, j'ai développé une compréhension encore plus précise de la démocratie américaine, plus précise même que ce que j'ai appris dans les livres ». Jiang, souriant et maniant l'humour, a fait peu de cas des milliers de protestataires qui manifestaient à l'extérieur de l'édifice. Pour ceux qui veulent y croire, le discours du secrétaire général du Parti communiste et président de la République populaire peut représenter une nouvelle ouverture du régime chinois aux idées de démocratie et de dissidence. La Maison Blanche, sentant elle aussi une nouvelle tolérance de la part du leader communiste, encourage les Chinois à s'exprimer.

Le 25 juin 1998, profitant de l'arrivée de Bill Clinton pour sa visite officielle en Chine, trois Chinois se présentent à la préfecture de la ville de Hongzhou, dans l'est de la Chine, pour enregistrer officiellement le Parti démocratique de Chine, qu'ils ont fondé clandestinement. Le geste va tester la nouvelle doctrine de la Maison Blanche et révéler la vraie nature des propos conciliants du président chinois. L'un des trois hommes est Wang Youcai, qui a passé deux ans en prison pour son rôle dans les manifestations de Tiananmen. En 1989, il était sur la liste des vingt et une personnes recherchées par la police. S'adressant aux journalistes, Wang déclare qu'il espère que Bill Clinton «appuiera l'établissement d'un parti d'opposition en Chine». C'est pour cela, ajoute-t-il, que lui et ses collègues ont décidé de l'enregistrer le jour même de l'arrivée du président américain en sol chinois. Mais Wang Youcai ne réussira pas à enregistrer son Parti démocratique. «Les officiels locaux étaient embêtés puisqu'il n'y avait pas de procédure pour inscrire un parti politique», dira-t-il. Il ne faudra pourtant pas beaucoup de temps aux autorités pour se ressaisir. Quelques semaines plus tard, Wang Youcai est arrêté à son domicile et accusé de vouloir renverser le gouvernement.

La présence de Clinton offrira peu de protection à Wang ou aux autres Chinois qui veulent faire entendre leur voix. Avant même la fin de sa visite officielle, la politique de relations constructives que Bill Clinton a voulu amorcer avec la Chine montre déjà ses limites. À Xian, la police détient un militant qui a annoncé son intention de demander à Bill Clinton de rencontrer des groupes de défense des droits de la personne. Elle en expulse plusieurs autres de la ville. À son arrivée dans cette ville du nord de la Chine connue mondialement pour son armée de soldats de terre cuite, le président est aussitôt interpellé par les journalistes qui l'accompagnent au sujet de l'arrestation du militant. «Si c'est vrai, déclare Clinton, ça ne représente pas la Chine à son meilleur, pas une Chine tournée vers l'avant, mais qui regarde vers l'arrière.» Le gouvernement chinois a peut-être augmenté ses investissements et son commerce avec les États-Unis, il accepte peut-être de libérer des prisonniers politiques en échange de concessions symboliques sur la question des droits de la personne, mais en aucun cas il n'a l'intention d'ouvrir la porte aux réformes politiques. Jiang Zemin a beau dire qu'il a mieux compris la démocratie américaine lors de son voyage aux États-Unis, cela ne veut pas dire qu'il va en faire l'importation en Chine. Il s'agit d'un dur coup pour la Maison Blanche. L'arrestation des militants survient au moment même où le président américain incite le gouvernement chinois à faire preuve de plus d'ouverture sur la question des réformes politiques. Les Américains, pourtant, n'en veulent pas qu'aux autorités chinoises. Même s'ils ont encouragé les dissidents chinois à s'exprimer lors de la visite du président américain, les conseillers de Bill Clinton reprochent maintenant à Wang Youcai et aux autres militants démocrates d'y être allés trop fort. Le régime chinois, quant à lui, ne va pas leur faire de quartier.

Six mois plus tard, en décembre 1998, Wang Youcai et son collaborateur du parti démocratique Qin Yongmin sont traduits devant les tribunaux. Le troisième du groupe, Xu Wenli, attend son procès. Ils sont sans représentation légale puisque la police intimide tous les avocats qui auraient voulu les représenter. En plus de l'accusation d'usurpation des pouvoirs de l'État, Wang Youcai est accusé d'avoir comploté avec des ennemis étrangers de la Chine. Les peines sévères imposées à Wang Youcai et aux deux autres dirigeants du Parti démocratique chinois, respectivement onze, douze et treize ans, vont dissuader les autres membres du parti de continuer leurs activités. Le parti devient, à toutes fins pratiques, lettre morte. «Comment voulez-vous recruter des membres dans un tel contexte?» dira un représentant régional du parti.

Le lendemain du procès de Wang Youcai, le numéro un chinois, Jiang Zemin, prononce un important discours devant les cadres du Parti communiste au Palais du peuple à Pékin. Dans un langage et un ton qui tranchent avec l'apparente ouverture dont il a fait preuve lors de son voyage aux États-Unis, il déclare sans équivoque que le système politique chinois, fondé sur la suprématie du Parti communiste, ne doit être «ni ébranlé, ni affaibli, ni abandonné». Le modèle occidental, ajoute-t-il, «ne doit jamais être copié». Ceux qui s'imaginent, dit-il, que l'introduction d'une économie de marché en Chine est un prélude à l'importation de la démocratie libérale se trompent. Il appelle les membres du parti à être vigilants devant toute «infiltration, toute activité subversive ou séparatiste de la part de forces hostiles, qu'elles soient de nature domestique ou étrangère». Le gouvernement, déclare-t-il dans un avertissement final, va «tuer dans l'œuf» toute tentative d'opposition organisée au Parti communiste. Sans les nommer, il vise Wang Youcai et les centaines d'adhérents au Parti démocratique chinois qui pensaient que le terrain était propice à un début de pluralité politique. Les lourdes peines auxquelles Wang et les autres seront condamnés quelques jours plus tard ne laisseront à cet effet aucune équivoque.

* * *

Six ans plus tard, en 2004, à la suite de pressions de la Maison Blanche, Wang Youcai est libéré et exilé à San Francisco par les autorités chinoises. Une transaction de plus dans le commerce des concessions entre l'Occident et la Chine. La semaine précédente, le gouvernement américain a sévèrement critiqué le bilan de la Chine dans son rapport annuel sur la situation des droits de la personne. Le gouvernement chinois tente aussi à l'époque de convaincre l'Union européenne de lever l'embargo dont est frappée la Chine sur la vente d'armes.

Peu après son arrivée aux États-Unis, Wang Youcai s'inscrit à des études de doctorat en physique nucléaire. À l'hiver 2009, il termine ses travaux de thèse dans un laboratoire privé de Virginie. Il faut trois heures de train pour se rendre de Washington jusque dans la petite ville où il vit et travaille. Si je tiens à le rencontrer, c'est pour tenter de comprendre ce qui a pu le motiver à vouloir fonder un parti politique qui menace la suprématie du Parti communiste si peu de temps après Tiananmen. Est-ce le courage, l'idéalisme, la témérité, la naïveté ou le syndrome du martyr qui l'ont poussé à poser ce geste qui allait inévitablement le mener à une lourde peine de prison ? Tel que convenu, il me prend à la gare dans une voiture usée qui ne semble avancer que par la force de sa volonté. Un peu à l'image de son propriétaire. Il me conduit à son laboratoire. Puisque c'est samedi, il n'y a personne. Wang Youcai, à quarante ans, sent que le temps presse. Il a hâte de vivre une vie plus normale avec sa femme qui travaille dans le secteur financier à New York. Il se sent gêné, à son âge, d'être encore aux études. C'est pour cela et pour rattraper le temps perdu qu'il met les bouchées doubles afin de terminer son doctorat. C'est un petit homme nerveux à la voix claire et à l'anglais encore hésitant. Il vit seul dans un petit appartement et cuisine tous ses repas. Il ne s'est pas encore habitué à la nourriture américaine. Il me dit qu'il est convaincu que des agents du gouvernement chinois le surveillent.

S'il a tenté de fonder le Parti démocratique chinois et de l'inscrire auprès des autorités locales, donc d'en faire reconnaître la légalité, m'explique-t-il, c'est parce qu'il n'est pas un « radical ». « J'ai voulu y aller graduellement, poursuit-il, parce que si on agit de façon brusque en Chine, ça ne fonctionne pas. » Il avait bien sûr en mémoire Tiananmen. « Mais vous étiez quand même un des leaders étudiants en 1989 », lui fais-je remarquer. « Pas vraiment », répond-il. Il m'explique qu'il s'occupait surtout de logistique, de trouver des bénévoles pour assurer la bonne marche des manifestations. Lorsque les choses se sont corsées, raconte-t-il, il a conseillé aux étudiants de dire à la police que c'était lui qui les avait embrigadés, pour les protéger. C'est comme cela qu'il s'est trouvé sur la liste des vingt et une personnes les plus recherchées. Il a été en cavale pendant deux mois avant d'être arrêté.

Neuf ans plus tard, lorsqu'à la faveur de la visite de Bill Clinton, il se présente au secrétariat municipal, à Hongzhou, il ne s'attend pas à ce qu'on accepte d'enregistrer son parti politique. « Si vous voulez accepter d'inscrire le parti, c'est très bien, leur ai-je dit. Sinon, ce n'est pas grave. » Pour Wang Youcai, l'important c'est de poser le geste. « J'avais le droit de poser ce geste comme ils avaient le droit de le refuser. Je me disais que si on commençait à familiariser le Parti communiste avec la démocratie, un jour, on pourrait avancer.» Il aura pourtant mal lu le climat politique et il va le payer cher. Lors de son procès, il assure sa propre défense. Il soutient que ses activités politiques sont légales en vertu de la Constitution chinoise et de la convention internationale des droits politiques que la Chine vient de signer. Sans succès. Le juge l'interrompt avant même la fin de son plaidoyer. Sa femme, l'une des rares personnes à être admises au tribunal, chronomètre la séance. Le procès aura duré deux heures et dix minutes.

Après notre entretien, Wang Youcai me reconduit à la gare. J'en conclus que c'est un homme à la fois lucide et idéaliste, téméraire et prudent, aussi paradoxal que cela puisse paraître. Il insiste pour attendre le train avec moi, dans la petite salle d'attente qui ne contient qu'une dizaine de fauteuils. Il parle fort, comme bien des Chinois, ce qui indispose une dame qui ne cesse de lui lancer des regards. Il ne s'en rend pas compte. De tous les dissidents chinois en exil que j'ai rencontrés, il est certes celui qui a l'air le plus perdu dans cette Amérique qui lui a donné asile.

\* \* \*

Wang Youcai et les centaines d'autres adhérents au Parti démocratique chinois font partie d'une longue lignée de Chinois qui, depuis la fin du dix-neuvième siècle, jugent que la cause de la démocratie en Chine est suffisamment importante pour y consacrer leur vie. Leur campagne pour faire reconnaître leur parti, pourtant, sera aussi brève que le prix qu'ils auront à payer sera lourd. Elle constitue néanmoins un jalon important dans la lutte pour la démocratisation de la Chine. Si la campagne des Cent fleurs représente un cri du cœur de la part d'intellectuels brimés par la machine de Mao et le Mur de la démocratie une première sortie timide des réformateurs dans la rue après la Révolution culturelle, le mouvement de Tiananmen est un mouvement de masse qui tente d'infléchir le Parti communiste par le biais de la pression populaire. Devant son échec, certains militants de la démocratie vont maintenant opter pour une approche plus douce, plus stratégique, en tentant de faire reconnaître la légalité d'une opposition politique au Parti communiste. Ils n'auront pas plus de succès, mais la nouvelle méthode, les nouveaux moyens qu'ils adoptent pour faire évoluer la Chine va influencer ceux qui, encore aujourd'hui, luttent pour une meilleure gouvernance et une plus grande imputabilité du gouvernement.

Les années 1990 auront vu l'affirmation puis la consolidation du pragmatisme économique de Deng Xiaoping. Malgré son retrait de la politique, Deng demeure une influence majeure derrière le trône de Jiang Zemin. Ce dernier, considéré pendant la majeure partie de son mandat comme un leader transitoire, sentira le besoin de raffiner la justification du monopole du Parti communiste sur le pouvoir au moment où la Chine s'intègre de plus en plus à une économie internationale régie par les règles du marché. Lors du XIVᵉ Congrès national du Parti, à l'automne 1992, Jiang, nouvellement rangé derrière Deng et son programme de modernisation, fait adopter deux principes importants. Le premier est d'affirmer que le parti doit s'appliquer à construire un «socialisme avec des caractéristiques chinoises». Le second, que la Chine est désormais une «économie de marché socialiste», avec un fort accent sur le terme «marché». Ziang a pris soin de faire approuver les deux phrases par Deng lors d'une rencontre à son domicile avant de les soumettre au parti. Ces deux slogans permettent de justifier la dérive vers le capitalisme dans laquelle la Chine est engagée. Elle permet aussi au parti de se distancer de la doctrine marxiste-léniniste et de la pensée de Mao Tsé-toung.

La deuxième grande itiniative de Jiang Zemin est sa doctrine des «trois représentativités». Essentiellement, Jiang affirme que le Parti communiste a la responsabilité de se faire le représentant, le dépositaire, de trois réalités : les forces productives avancées, la culture avancée de la Chine et les intérêts fondamentaux de la société chinoise. Cette théorie de Jiang Zemin constitue son héritage intellectuel. Elle permet au Parti communiste de se réclamer comme le seul porte-parole légitime des intérêts des Chinois. La troisième et dernière initiative de Jiang consiste à permettre aux nouveaux capitalistes chinois d'être membres du Parti communiste. Le gouvernement craint en effet qu'avec une classe d'entrepreneurs grandissante, le parti soit perçu comme coupé de la nouvelle réalité chinoise s'il ne l'intègre pas dans ses rangs. De tous les paradoxes qui jonchent le paysage chinois, ce dernier semble le plus irréconciliable. Jiang justifie la décision de donner des cartes de membre du Parti communiste aux gens d'affaires en disant qu'ils ne sont pas les capitalistes prédateurs que Marx dénonçait, mais d'honnêtes gens, respectueux de la loi, qui n'exploitent pas leurs employés et qui contribuent à la construction du socialisme de marché chinois. L'inclusion des gens d'affaires dans le parti est tempérée par le fait que, selon le credo du Parti communiste, l'économie de marché qui caractérise la Chine d'aujourd'hui n'est que le stade préliminaire à l'achèvement du socialisme scientifique.

En élevant le socialisme au statut de science, en consacrant le pragmatisme de Deng comme doctrine politique aux côtés de celles de Marx et de Mao, en inscrivant dans la Constitution que seul le Parti communiste est apte à représenter les intérêts supérieurs de la Chine, Jiang Zemin vise à rendre plus difficile toute contestation politique et même constitutionnelle de la suprématie du parti. Mais pour toutes ses déclarations sur la supériorité de la démocratie socialiste, le parti choisit toujours son leadership selon des principes qui datent de Mao. C'est Deng, et non le Congrès du peuple ou même le bureau politique, qui va désigner le successeur de Jiang Zemin et actuel président de la Chine, Hu Jintao. Lorsque Hu accède à la présidence, en 2002, il représente la quatrième génération de leaders depuis la révolution, celle qui sera connue comme la génération des gestionnaires. Il va hériter d'une Chine en pleine expansion, mais une Chine qui commence à se sentir à l'étroit dans la camisole de force politique qu'elle a enfilée au lendemain de Tiananmen. Malgré sa profession de foi démocratique, en effet, le gouvernement chinois demeure, au début de l'an 2000, un régime autoritaire sans véritable mécanisme qui puisse permettre à ses citoyens de s'exprimer. Cette Chine de l'an 2000 cherche pourtant moins à réformer le système politique qu'à faire valoir des droits bien concrets, des droits qui sont souvent bafoués par les tribunaux et les autorités politiques. La lutte pour la démocratisation va donc devenir, au tournant du nouveau siècle, une lutte pour un gouvernement responsable davantage que pour la démocratie et elle va emprunter de nouvelles avenues pour contourner les barrages du parti.

# 8

# LA PERSÉVÉRANCE DE HAN DONGFENG

*Hong Kong, 30 mai 2009*

*Comme il le fait tous les matins, Han Dongfeng prend le traversier de l'île Lamma, où il habite, pour se rendre à Hong Kong, un trajet de quarante minutes. Rendu en ville, il traverse à pied le quartier marchand de Sheung Wan. La rue grouille de marchandises; des denrées de toutes sortes, jusqu'aux serpents qui servent à la médecine traditionnelle et cette odeur de poisson séché qui rappelle à Han Dongfeng sa jeunesse dans la province du Shanxi. Une jeunesse marquée au fer rouge de la Révolution culturelle où il avait constamment faim. Puis, il se rend jusqu'à son bureau du* China Labour Bulletin, *situé dans une ancienne usine et là, petit à petit, pierre par pierre, il s'applique à construire la démocratie en Chine. Pas la démocratie avec un grand D, avec ses partis politiques et son droit de vote, mais une démocratie du droit, une démocratie utile, pratique, pour les travailleurs de la nouvelle Chine industrielle.*

*Nous sommes à quelques jours seulement de l'anniversaire de Tiananmen et les militants de Hong Kong s'apprêtent à tenir une vaste manifestation contre le régime communiste chinois. Mais Han Dongfeng n'y assistera pas. Ce vétéran de Tiananmen, qui a passé vingt-deux mois en prison, ne croit plus aux manifestations. «Je conseille aux gens de ne pas descendre dans la rue, dit-il. Allez plutôt en cour. Combattez en utilisant le système, non pas en le confrontant. La rue, ce n'est pas fiable; c'est la leçon que j'ai retenue de Tiananmen.» On dirait un Gandhi du syndicalisme. Les locaux du* China Labour Bulletin, *le magazine ouvrier qu'a fondé Han Dongfeng en 1994, ressemblent en tous points à ceux d'une ONG de gauche: le mobilier modeste est en mélamine, les étagères des bibliothèques ploient sous le poids de livres et de revues sur le monde ouvrier et on y boit du café dans des tasses en carton.*

*Han Dongfeng est un grand homme svelte à la chevelure abondante et au regard doux. Il a un charisme indéniable. Il passe ses journées entre les bureaux du* China Labour Bulletin *et les studios de la radio* Voice of America, *où il anime une émission destinée aux ouvriers de la Chine continentale. Ces derniers sont invités à lui faire part de leurs griefs, par téléphone ou sur internet. Han Dongfeng leur donne des conseils ou bien il en réfère aux avocats qui travaillent pour lui en Chine. En après-midi, il déjeune à un petit comptoir du quartier où il prend toujours le même plat : une soupe vietnamienne au bœuf. Là, assis à une table en formica, il me raconte son incroyable odyssée et comment il en est venu à la conclusion que le combat pour la démocratie en Chine doit être progressif plutôt que provocateur.*

* * *

Aux petites heures du matin, le 4 juin 1989, Han Dongfeng, épuisé, dort profondément dans une tente sur la place Tiananmen lorsqu'il est éveillé brusquement par une quinzaine de types costauds qui lui annoncent que la situation est devenue trop dangereuse et qu'il doit les suivre. Dehors, on entend les coups de feu de l'armée qui avance. Han, vingt-cinq ans, est le visage et la voix du mouvement ouvrier qui s'est joint au mouvement étudiant. Mais Han refuse de partir. Sa vie, leur dit-il, ne vaut pas plus cher que celle d'un autre. Les jeunes hommes ne sont pas d'accord : «Vous êtes le Lech Walesa de la Chine, lui dit l'un d'entre eux, faisant référence au leader ouvrier polonais qui a fondé le mouvement Solidarité. Vous ne pouvez pas vous sacrifier.» Puis ils l'empoignent et l'emmènent de force. Ils se constituent en garde rapprochée autour de lui pour le protéger des balles. Ils le déposent quelques rues plus loin, à l'est, près de chez lui, et ils repartent vers la place Tiananmen. Il ne saura jamais qui ils étaient ni qui les avait envoyés.

Han Dongfeng ne semblait pourtant pas destiné à jouer un rôle important dans les événements de Tiananmen. En 1989, il travaille comme simple ouvrier à l'entretien des wagons frigorifiques sur le chemin de fer. Lorsque les premières manifestations étudiantes commencent, à la mi-avril, c'est sa femme qui l'emmène voir ce qui se passe. Au fil des discussions avec les étudiants, toutefois, Han en vient à réfléchir sur la situation des ouvriers. «C'était la première fois que j'entendais discuter de démocratie comme d'une chose en soi. Jusque-là, la démocratie avait toujours été incorporée à d'autres concepts, tels que la "démocratie sous la dictature prolétarienne". Je savais bien sûr que le mot chinois pour démocratie, *min zhu*, signifie que le peuple est maître. J'ai suggéré aux autres que nous devrions réfléchir à ce que la démocratie signifiait pour le milieu du travail, comme le contrôle de la gestion et des profits.» Han Dongfeng décide alors de fonder, avec d'autres, un mouvement ouvrier autonome pour que la voix des travailleurs soit représentée et entendue sur la place Tiananmen. Lorsque les journalistes lui demandent combien de personnes font partie de son organisation, pourtant, il est gêné. Très peu d'ouvriers y adhèrent par peur de représailles. C'est que la constitution d'un syndicat ouvrier en dehors des structures des syndicats communistes d'État est illégale. Des représentants du chemin de fer lui rendent visite pour le dissuader de continuer son action politique. Ils lui disent qu'il risque non seulement la prison, mais possiblement la mort. Mais Han ne bronche pas, au contraire. «Je me suis senti comme exalté à l'idée de la mort, raconte-t-il. Ce serait même bien de mourir de cette façon. Beaucoup d'étudiants pensaient de même. Il y avait des rêves d'héroïsme dans l'air.»

N'empêche, au matin du 4 juin, Han Dongfeng opte pour la fuite plutôt que pour le martyre. Aussi incroyable que cela puisse paraître, il fuit Pékin à vélo. Mais au bout de quelques jours à errer sans le sou dans la campagne, réduit à coucher à la belle étoile, Han décide de rentrer à Pékin et de faire face aux conséquences de ses actes. Il se souvient des paroles qu'il a prononcées sur la place Tiananmen quelques semaines auparavant. Si quelqu'un devait aller en prison, avait-il déclaré, il serait le premier à le faire. Il est pris de remords. Toujours à vélo, il fait le chemin à rebours. Il passe près de Tiananmen, où il voit des soldats, et se dirige vers l'édifice du Bureau de la sécurité publique. Le policier qui le reçoit le félicite de s'être rendu à la justice. « Ça va te sauver la vie », lui dit-il. Mais Han Dongfeng lui laisse entendre qu'il n'est pas venu se rendre à la justice puisqu'il n'a rien fait d'illégal. Il est venu défendre ses droits reconnus par la Constitution. Pendant les vingt-deux mois suivants, les autorités tenteront de lui faire signer un document reconnaissant qu'il s'est rendu. Il refuse, bien qu'on l'ait battu, privé de sommeil et soumis à de longs interrogatoires. Au terme d'une grève de la faim où il est hospitalisé, les autorités, de guerre lasse, le libèrent. Aucune accusation ne sera portée contre lui ; l'État ne lui fera pas de procès. Mais il paye cher ses mois de détention. Il a contracté la tuberculose. Tous les détenus de sa cellule, dit-il, crachaient du sang. Il n'y avait aucun médicament. Un médecin américain qui l'examine peu après sa libération conclut qu'il faut lui faire l'ablation d'un poumon, tant il est miné par la maladie. À l'automne 1992, le syndicat ouvrier américain AFL-CIO lui paie un voyage à New York. L'intervention chirurgicale a lieu à l'hôpital de l'université Columbia.

Contrairement à d'autres dissidents expulsés de Chine, Han Dongfeng ne se résigne pas à un exil américain. Un an plus tard, lorsqu'il est suffisamment rétabli, il s'embarque pour Hong Kong grâce à un visa touristique. De là, il prend un petit bateau et se fait déposer sur les côtes de la Chine continentale. C'est le chemin contraire qu'ont emprunté les étudiants qui ont réussi à fuir la Chine clandestinement au lendemain de Tiananmen. Han a l'intention de se rendre à Pékin, mais il est arrêté alors qu'il fait escale dans un hôtel de Guangzhou. La police le refoule du côté de Hong Kong sur le pont qui relie la terre ferme à la colonie britannique. Après quelques autres tentatives infructueuses de pénétrer en Chine continentale, Han Dongfeng en vient à la réalisation que sa mission, dans la vie, n'est pas de continuer à embêter le gouvernement chinois en tentant de franchir la frontière, mais de créer un mouvement ouvrier en Chine. Et ça, il peut y travailler depuis Hong Kong. Il fonde donc le *China Labour Bulletin*, une revue avec une édition en mandarin qu'il poste à dix mille usines en Chine chaque mois, ainsi qu'une édition anglaise qui vise à informer le reste du monde des problèmes des travailleurs chinois. « J'étais conscient que dans bien des cas, la revue aboutissait dans les bureaux de la direction des usines ou au poste de police, mais je me disais que cela servirait peut-être à instruire les patrons et les policiers », raconte-t-il avec une pointe d'ironie.

Depuis, avec l'aide de sa revue et son émission de radio, Han Dongfeng informe les travailleurs chinois de leurs droits et des méthodes les plus efficaces pour les faire valoir. Il veut briser le cercle vicieux des manifestations et des révoltes ouvrières locales qui mènent habituellement à l'arrestation des leaders ouvriers sans que les travailleurs obtiennent gain de cause. Il encourage les employés des usines qui se sentent floués à intenter des poursuites en cour. Il leur explique comment tenir des élections syndicales qui leur permettent de remplacer démocratiquement les représentants ouvriers qui sont à la solde du parti et de la direction des entreprises. Des avocats de Pékin sont dépêchés sur les lieux des conflits de travail pour venir en aide aux ouvriers. « Puisque nous faisons tout cela à partir d'une fondation légale solide, explique Han, la police souvent n'ose pas intervenir contre les travailleurs. Si vous avez un nombre important d'ouvriers qui sont solidaires et qui portent plainte, il est plus difficile pour les tribunaux de rendre des décisions qui vont à l'encontre des lois du pays. Nous savons tous, bien sûr, que cela arrive. »

Le moule de la peur, pourtant, n'est pas facile à briser. « Les Chinois ont fait l'expérience de la Révolution culturelle, du 4 juin 1989, puis après le 4 juin, ce fut la grande noirceur, dit Han Dongfeng. Ils ont peur, mais ils ne peuvent pas expliquer pourquoi. Il n'y a pas pire crainte que celle qu'on ne peut expliquer. Lorsque vous connaissez les raisons de vos craintes, vous pouvez agir. En donnant une assistance légale aux travailleurs, nous leur faisons comprendre qu'il n'y a pas de raison d'avoir peur.» Pour Han Dongfeng, chaque victoire dans un village, dans une usine, est une pierre de plus à la fondation d'une Chine démocratique.

* * *

La trajectoire de Han Dongfeng révèle à quel point les choses changent en Chine mais aussi à quel point, à d'autres égards, elles restent figées. Le combat de Han Dongfeng, des syndicalistes et des avocats sensibles à la cause ouvrière, a en effet lieu sur un autre terrain que sur celui du combat traditionnel pour la démocratie, c'est-à-dire pour le droit du peuple d'élire son gouvernement. Le combat des militants comme Han Dongfeng, c'est le combat pour ce qu'il est convenu d'appeler aujourd'hui les «droits citoyens». Ce sont des droits qui ne sont pas nécessairement reconnus par les chartes des droits universels, mais qui sont néanmoins essentiels à une plus grande démocratisation de la Chine et, surtout, à une meilleure qualité de vie. On parle ici du droit à des conditions de travail justes, à de l'eau potable, à l'éducation, à la santé. Ce sont, pour la vaste majorité des Chinois, des droits plus importants, plus essentiels dans l'immédiat, que la liberté de parole ou le droit de vote.

Cela ne signifie pas que des militants comme Han Dongfeng aient abandonné l'objectif d'un système démocratique. Au contraire. Mais ils considèrent que pour que la démocratisation de la Chine réussisse, il faut au préalable bâtir une société civile, un État de droit, établir un contrat social, qui contribueront à créer les conditions d'une démocratie viable lorsqu'elle surviendra. Le souvenir de l'échec de la répression du mouvement de Tiananmen y est pour quelque chose. Le recul démocratique en Russie et dans bien des pays de l'ancienne périphérie soviétique également. Ils rappellent à quel point il faut davantage que des élections pour avoir une démocratie fonctionnelle. Car, pour ces militants, il y a une différence entre la démocratie, qui demeure un objectif, et la démocratisation, qui est le chemin qui y mène. Cette nuance dans le discours et les stratégies des militants pour la démocratie en Chine reflète une maturation certaine de leur pensée. En 1989, la démocratie était un idéal, presque un cri du cœur, mais les leaders étudiants avaient très peu réfléchi à quoi cette démocratie aurait ressemblé si jamais ils avaient eu l'occasion de la mettre en pratique. On imagine mal comment ils auraient pu diriger la Chine si jamais ils s'étaient retrouvés au pouvoir.

Le fait qu'une nouvelle classe d'avocats diplômés peut faire valoir des droits devant des tribunaux présidés par des juges de plus en plus professionnels révèle qu'il est en train de se créer en Chine un espace juridique, un début d'État de droit qui permet au citoyen qui se sent lésé d'avoir accès à une certaine forme de justice. Les autorités chinoises y trouvent aussi leur compte, puisqu'elles considèrent qu'il est préférable que les griefs se règlent devant les tribunaux que dans la rue. En 2006, le gouvernement chinois a révélé qu'il y avait eu pas moins de quatre-vingt-six mille manifestations illégales en Chine au cours de l'année précédente. Des agriculteurs qui s'en prenaient aux autorités locales parce que leurs terres avaient été confisquées illégalement, des résidents en colère parce qu'ils ne pouvaient avoir gain de cause contre une usine qui polluait les cours d'eau, des citoyens qui n'acceptaient plus la brutalité policière devant laquelle ils n'avaient aucun recours. Voilà pourquoi le gouvernement tolère la présence d'avocats qui contestent les décisions et le comportement des autorités locales. La création d'un espace juridique où peuvent s'arbitrer les différends de la nouvelle économie de marché est jugée comme une condition essentielle à la stabilité sociale d'une Chine en profonde mutation.

Si les réformateurs chinois se concentrent aujourd'hui sur l'avancement des droits citoyens, c'est aussi parce que c'est le seul espace qui leur est permis. L'horizon d'une

démocratisation politique, quant à lui, demeure plus
bouché que jamais. Alors ils mènent leur combat où ils
le peuvent. Quiconque ose franchir la frontière interdite
d'une revendication des droits de la personne ou de la
démocratie libérale s'expose en revanche à de sévères
représailles. Le cas le plus pertinent est sûrement celui du
militant Hu Jia, qui a purgé une peine de trois ans et demi
de prison pour avoir osé critiquer le Parti communiste.

Hu Jia représente une nouvelle génération de
militants, ceux qu'on va surnommer les cyberdissidents.
En 1989, il n'a que seize ans. Tiananmen, pour lui, est
un souvenir d'adolescence. Ce sont les aberrations et les
injustices de la nouvelle Chine capitaliste qui vont en faire
un militant. À l'université, il se spécialise en sciences de
l'informatique, mais il s'intéresse aussi, dans ses temps
libres, à la cause de l'environnement, deux nouvelles
réalités de la Chine contemporaine. De fil en aiguille, à la
fin des années 1990, Hu en vient à militer pour une variété
de causes. Puis un ami écrivain lui parle des victimes du
sang contaminé par les virus du sida et de l'hépatite dans
le sud de la Chine. Hu Jia deviendra leur défenseur le
plus vigoureux. Il multiplie les interventions auprès des
autorités pour leur obtenir un dédommagement. Son
travail lui vaudra, au début des années 2000, une notoriété
nationale. Hu Jia connaît aussi la force d'internet. Il tient
un blogue où les Chinois lui font part de leurs griefs. Un
blogue qui devient, en quelque sorte, un nouveau carrefour virtuel des plaintes des citoyens. Quant à Hu, il est
bientôt considéré comme le Robin des Bois de l'internet.

Graduellement, de son poste d'ordinateur, Hu Jia va
tester les limites de la tolérance du régime communiste. La
ligne à franchir, pourtant, n'est pas claire. Les lois sur la
subversion, celles qui sont habituellement invoquées lors
des procès des dissidents, sont délibérément floues, ce qui
donne beaucoup de latitude aux procureurs de l'État. Hu
Jia procède graduellement. Au début, en plus de victimes du
sang contaminé par le virus du VIH, il défend des paysans
qu'on a expropriés illégalement. Ou encore des gens qui se

plaignent que les entreprises polluent leur milieu. Au fil de ses actions, pourtant, la critique de Hu Jia devient de plus en plus axée sur la nature même du régime politique, car il en est venu à la conclusion que la source de tous ces griefs, c'est l'absence d'imputabilité des autorités. Dans un article particulièrement virulent, il raconte comment la police a torturé deux personnes qui protestaient contre la saisie illégale de leur maison à Pékin. Et il ne s'arrête pas là. Il critique le bilan des droits de la personne du gouvernement et lance des pétitions réclamant la libération des prisonniers politiques. Ce faisant, Hu Jia franchit la frontière interdite de la critique du régime.

En 2006, la police le place en résidence surveillée. Mais, loin de cesser sa campagne pour les droits, il utilise internet pour contourner les contraintes de sa détention physique. Il blogue constamment et produit un documentaire sur sa détention. Avec sa petite caméra vidéo, il prend des images des policiers qui harcèlent son épouse lorsqu'elle tente de quitter l'édifice où ils habitent. Le document s'intitule Prisonniers de la Cité de la Liberté. La Cité de la Liberté, c'est, ironiquement, le nom du complexe immobilier où ils demeurent. À l'automne 2007, Hu décide de profiter de l'approche des Jeux olympiques pour accentuer sa campagne. Il témoigne par vidéoconférence devant un comité du Parlement européen qui enquête sur les violations des droits de la personne en Chine. Pour le régime chinois, c'est la goutte qui fait déborder le vase. Le 27 décembre, Hu Jia est arrêté. La police coupe le lien internet ainsi que le téléphone de sa résidence. En mars, il est traduit devant les tribunaux sous des accusations d'avoir tenté d'usurper les pouvoirs de l'État. Il est accusé, en d'autres termes, d'avoir voulu renverser le régime communiste. On lui reproche notamment d'avoir publié des articles critiques de la Chine à l'étranger et d'avoir donné des entrevues à des journalistes étrangers. Ce qui semble avoir vexé au plus haut point le gouvernement, c'est un article virulent dans lequel Hu Jia accuse le leadership chinois d'avoir manqué à ses engagements de respecter les droits de la personne en échange de l'obtention des Jeux olympiques. Son procès, en mars 2008, ne durera que quatre heures. Ni ses avocats, ni son épouse, Zeng Jinyan, ne seront admis au tribunal. La condamnation de Hu Jia à trois ans et demi de prison se veut un signal aux blogueurs chinois que le gouvernement ne tolérera aucune remise en question de sa légitimité ou même de ses actions. Et pour cause. L'arrivée de cyberdissidents comme Hu Jia dans l'arène publique bouleverse le *modus vivendi* implicite qui existe entre le gouvernement et les militants chinois depuis la crise de Tiananmen. La règle non écrite semble être la suivante : les autorités tolèrent une certaine critique tant qu'elle est de nature privée, mais aussitôt que son instigateur décide de la propager à un groupe, le couperet tombe. Non seulement les militants blogueurs violent-ils cette entente tacite, mais ils le font sur internet, un nouvel espace beaucoup plus difficile à contrôler pour les autorités. La surveillance des activités des principaux dissidents est somme toute assez facile lorsque celles-ci se limitent à des déplacements physiques, des échanges de documents, des conversations téléphoniques ou des rencontres dans des cafés. Or, l'arrivée de l'internet pose un tout nouveau défi. Il permet la constitution de réseaux virtuels presque instantanés. Lorsqu'un dissident met un texte en ligne ou lance une pétition, il a le temps de joindre des centaines de milliers de personnes avant que les autorités ne réussissent à contenir son geste. Le gouvernement chinois, d'ailleurs, était fort conscient de ce danger lorsqu'il considérait la possibilité de permettre l'entrée de l'internet en Chine. En bout de ligne, il a opté pour son introduction parce que son interdiction aurait brimé le commerce et nui aux entreprises chinoises dans leurs relations avec l'étranger[1].

Le contrôle et la surveillance de l'internet vont exiger des ressources considérables et des efforts herculéens de la part des autorités chinoises. L'État va créer une cyberpolice qui, selon certaines estimations, pourrait compter jusqu'à cinquante mille agents. Ceux-ci sont chargés de surveiller tout ce qui se dit et s'écrit sur la Toile. Les cafés internet sont tenus d'installer des caméras pour identifier leurs clients. Ces derniers n'ont pas le droit d'utiliser les terminaux des cafés anonymement : ils doivent s'identifier auprès des préposés dès leur arrivée. Les autorités, d'ailleurs, ne sont pas seulement à l'affût d'activités subversives. Elles ont mis en place tout un dispositif de filtrage qui permet de bloquer l'accès à des sites étrangers ainsi que toute recherche d'informations jugées nuisibles aux intérêts de la Chine sur les moteurs de recherche. Ainsi, une recherche sur des thèmes comme la démocratie, le Tibet ou le massacre de Tiananmen est automatiquement bloquée. C'est cette censure qui a mené à la décision de Google de fermer son moteur de recherche anglophone en Chine à l'hiver 2010, décision qui laisse le champ libre aux moteurs de recherche chinois qui n'ont aucun scrupule à se soumettre aux restrictions des autorités. Les internautes chinois rivalisent d'ingéniosité pour déjouer la censure. Ils parlent du 35 mai plutôt que du 4 juin pour évoquer la date anniversaire de Tiananmen. Mais, dans l'ensemble, la cyberpolice chinoise réussit à contrôler ce qui circule sur internet.

Ce ne sont pas que les dissidents qui sont considérés comme une menace dans le monde virtuel de l'internet et de la téléphonie sans fil, ce sont également tous les citoyens chinois qui se servent de ces moyens de communication pour exposer leurs griefs. Lorsque survient une crise nationale, comme lors du scandale du lait contaminé à la mélamine qui a entraîné la mort de plusieurs nourrissons et rendu malades des milliers d'autres enfants à l'automne 2008, les Chinois se servent de l'internet pour faire part de leur colère ou pour échanger des informations. Les blogues ou les sites créés spécialement pour ces occasions ont habituellement une durée de vie d'une journée avant que la cyberpolice ne les neutralise. Lorsque des citoyens de Xiamen, dans le sud de la Chine, se sont servis de leurs téléphones cellulaires pour organiser une manifestation contre la construction d'une usine chimique, leur campagne a réussi à faire stopper le projet. Les organisateurs de ce mouvement citoyen ont pourtant été identifiés grâce au registre de leurs messages téléphoniques et ont été amenés au poste de police. À une époque où le téléphone portable permet de tourner des images d'un événement et de les transmettre à des milliers de kilomètres, il devient également de plus en plus difficile pour l'État chinois de supprimer le compte-rendu des manifestations et leur propagation à l'extérieur de la Chine. Lors des émeutes au Tibet, à l'hiver 2008, le bouclage du territoire par l'armée n'a pas empêché les Tibétains de transmettre des images au monde entier grâce à la téléphonie cellulaire et à l'internet. À la suite de ce soulèvement et des émeutes plus récentes dans la province musulmane du Xingjiang, les portails d'échanges vidéo populaires YouTube, Facebook et Twitter ont été bloqués en Chine. Au début de la deuxième décennie du XXIᵉ siècle, le gouvernement chinois se retrouve dans une situation où il doit non seulement protéger son modèle politique de la contestation des dissidents, mais également contrer l'influence envahissante des nouveaux moyens de communication.

* * *

Ce genre de censure ne signifie pas pour autant que la pensée et le discours du leadership communiste sur la question de la démocratie n'ont pas évolué depuis Tiananmen. Dans leurs discours, les dirigeants chinois parlent d'ailleurs ouvertement de démocratie. Dans une allocution au Congrès du Parti, en 2007, par exemple, Hu Jintao a utilisé le mot démocratie pas moins de soixante et une fois. Il a même qualifié la démocratie d'objectif commun de l'humanité. La démocratie dont parle Hu Jintao, pourtant, n'a rien à voir avec la démocratie à l'occidentale. C'est une démocratie qui s'exerce sous le monopole du pouvoir du Parti communiste. L'analyse que fait le Parti communiste de son rôle dans l'Histoire demeure dans la ligne du raisonnement de Mao et de Deng. Le Parti communiste est l'incarnation de la volonté démocratique du peuple chinois. Cette légitimité l'ancre dans la révolution qui a permis à la Chine de s'affranchir de la domination des puissances étrangères et de ses agents dans le pays, dont au premier chef le Kuomintang de Tchang Kaï-chek. Ce principe est inscrit dans la Constitution chinoise. Quiconque le met en doute se rend coupable de crimes contre l'État et le peuple chinois. C'est en vertu de ce raisonnement que les militants pour une démocratie libérale sont accusés de tentative d'usurpation des pouvoirs de l'État lorsqu'ils sont traduits en justice.

Cela signifie-t-il pour autant que les dirigeants chinois, en privé, ne s'interrogent pas sur la démocratie et sur la façon dont elle pourrait se développer en Chine? Pas nécessairement. Mais il est très rare qu'ils donnent des entrevues sur le sujet ou qu'ils sortent du texte de l'orthodoxie du parti lors de leurs déclarations publiques. C'est pour cela que lorsqu'un jeune intellectuel proche du président, Yu Keping, a publié en 2006 un essai intitulé *La démocratie est une bonne chose,* plusieurs sinologues y ont vu un changement de cap du leadership chinois sur la question des réformes politiques. Dans son texte, qu'il a par la suite développé dans un livre publié en anglais aux États-Unis, Yu explique que la Chine est engagée sur la voie d'une «démocratie progressive». Il soutient que le développement de la démocratie doit se faire de façon ordonnée, dans le respect de la loi et de la stabilité de la société[2]. Selon lui, il y aurait trois chemins qui mèneraient à une plus grande participation des citoyens chinois à la vie politique. La démocratie progresserait du niveau local à des niveaux plus élevés de gouvernement, de l'intérieur du parti vers la société, et d'un niveau de compétition limitée entre candidats à l'intérieur du Parti communiste à un niveau de compétition plus large. Yu ne précise pourtant pas l'échéancier d'une telle démocratie progressive et on ignore jusqu'à quel point ses vues reflètent celles du leadership chinois. Le président Hu Jintao et le premier ministre Wen Jiabao parlent régulièrement de la nécessité pour la Chine de perfectionner sa démocratie. Mais pour bien des sinologues chevronnés qui se spécialisent dans l'étude de la démocratie chinoise, ces déclarations restent dans la lignée de la pensée de Mao[3].

Les journalistes étrangers en poste à Pékin ont l'occasion, une fois l'an, de voir la démocratie du Parti communiste à l'œuvre. En mars, dans la grande salle du Palais du peuple, située sur le flanc gauche de la place Tiananmen, les délégués au Congrès du peuple prennent place à leur banquette pour la session annuelle de ce qui constitue le parlement de la République populaire de Chine. Plus de trois mille délégués de tous les coins de la Chine convergent vers Pékin pour ce qui constitue la grand-messe annuelle du Parti communiste. Les leaders du parti s'installent sur l'estrade de cette immense salle construite d'après le style soviétique dans la foulée de la révolution. De superbes gerbes de fleurs ornent la scène. Beaucoup de délégués portent l'uniforme militaire vert de l'Armée du peuple ; d'autres, dont ceux du Tibet et du Xingjiang, sont vêtus de leur costume national, vêtements colorés des hautes steppes qui contrastent avec les complets cravate des délégués du reste de la Chine. Pendant la dizaine de jours que dure l'événement, ils entérinent les décisions du leadership communiste pour l'année à venir, la plupart du temps par des votes unanimes.

Ces scènes sont souvent présentées en Occident comme une parodie de démocratie. Aussi, le gouvernement chinois n'est-il pas insensible à ces critiques. En 2005, il a publié un livre blanc dans lequel il expose sa vision de ce qu'il appelle une démocratie avec des caractéristiques chinoises. La caractéristique la plus importante est que la démocratie chinoise est une démocratie du peuple qui s'exerce sous le leadership du Parti communiste. « Sans le Parti communiste, dit le document, il n'y aurait pas de Nouvelle Chine. Ni de démocratie du peuple. Ceci est un fait de l'Histoire[4]. » Le corollaire de ce principe, selon le livre blanc, est le «centralisme démocratique». Il consiste, sous le leadership du Parti communiste, à recueillir les opinions et les désirs du peuple et à les traduire par des décisions collectives. Le gouvernement a le devoir de consulter largement, y compris les huit partis politiques reconnus par la Constitution qui sont regroupés sous l'appellation des «partis démocratiques». Ces derniers, reconnus au lendemain de la révolution comme des alliés du Parti communiste dans la lutte contre l'impérialisme, comprennent la Ligue démocratique de Chine, fondée en 1941, et le Parti démocratique des paysans et des ouvriers chinois. Il est entendu que ces partis ne servent pas d'opposition au gouvernement, comme dans les démocraties de type occidental, mais de conseillers dans la construction du socialisme. Ces partis politiques sont de proches amis du Parti communiste de Chine, explique le livre blanc. Ils coopèrent avec ce dernier dans les affaires de l'État. Dans les faits, ces huit partis politiques ont peu d'influence sur le gouvernement. Le peuple, quant à lui, est représenté par son Congrès, qui se réunit une fois l'an pour entériner les décisions du gouvernement. Mais en aucun cas, selon le livre blanc, le citoyen chinois doit-il faire passer ses intérêts avant ceux de la collectivité. «L'exercice du centralisme démocratique requiert que la majorité soit respectée alors que la minorité est protégée. Nous sommes contre l'appel anarchique à la démocratie pour tous.»

Sous la présidence de Hu Jintao, le gouvernement chinois a fait pour le système politique ce que Deng Xiaoping avait fait pour l'économie. Si Deng avait réussi à justifier l'introduction d'une économie de marché en la qualifiant de socialisme avec des caractéristiques chinoises, Hu justifie le maintien du régime à parti unique en le qualifiant de démocratie avec des caratéristiques chinoises. En développant un modèle de démocratie typiquement chinois, cela permet au leadership communiste de contrer les critiques qui proviennent de l'étranger et en même temps de convaincre les Chinois qu'ils vivent en démocratie, quoi qu'en disent le reste du monde ou les dissidents. Il est bien connu que celui qui définit les termes d'une discussion détient un pouvoir considérable; en définissant ce qu'est la démocratie en Chine et en supprimant toute définition concurrente de ce terme, le gouvernement chinois veut s'assurer que la seule discussion permise ait lieu à l'intérieur des paramètres du monopole du pouvoir du Parti communiste.

Le leadership communiste est tout de même conscient que le modèle chinois connaît de sérieux ratés, que le gouvernement se doit d'être plus à l'écoute des Chinois s'il espère maintenir sa légitimité et son emprise sur le pouvoir, qu'il doit, en d'autres termes, trouver un moyen d'être plus imputable de ses actions. La conjonction de cadres non élus, d'une nouvelle classe d'entrepreneurs, et de l'absence d'un État de droit fonctionnel a engendré une corruption endémique en Chine qui, selon les termes mêmes du président Hu Jintao, constitue la menace la plus pressante à la survie du Parti communiste. Le gouvernement s'est mis à la tâche de construire un certain État de droit, en adoptant entre autres des lois sur les conditions de travail ou sur le droit à la propriété. De plus en plus de juges ont une formation juridique et ils remplacent graduellement les magistrats issus des rangs militaires dont le mandat était d'appliquer la justice du parti. Pourtant, si le gouvernement chinois souhaite que les citoyens aient des avenues légales pour faire valoir leurs droits, cette volonté semble se limiter à celle d'assurer le bon fonctionnement du modèle économique chinois. Autant il est souhaitable pour la stabilité sociale que les Chinois puissent s'adresser aux tribunaux pour régler leurs différends, pour faire valoir ce qu'on pourrait appeler les droits de tous les jours, autant les autorités tracent une ligne infranchissable lorsqu'il s'agit de droits fondamentaux tels que la liberté de parole ou d'association. Le message du gouvernement à cet effet est devenu on ne peut plus clair lorsqu'à l'été 2009 il a suspendu le permis de pratique de quelque trois cents avocats de Pékin qui se spécialisent dans les questions des droits de la personne, dont l'avocat qui a représenté le cyberdissident Hu Jia lors de son procès. C'est ce qui fait dire à bien des experts que la Chine dispose peut-être d'une constitution qui garantit les libertés fondamentales, mais qu'elle n'a pas de constitutionnalisme qui permette l'application de ces droits. D'ailleurs, selon le juriste américain Jacques deLisle, un expert renommé sur le droit chinois, le projet de développement du droit sous le leadership de Hu Jintao ne vise pas le développement de la démocratie, bien au contraire. Le droit et les processus légaux, selon lui, ont pour but de fournir des «substituts de démocratie» et de «diminuer la soif de démocratisation[5]».

Pour les dirigeants chinois, il n'y a pas là de paradoxe, puisque la revendication de droits personnels ne peut se faire au détriment du bien collectif. Sous Hu Jintao, ce principe, qui découle non seulement de la doctrine de Mao mais également d'une riche tradition confucéenne, va prendre des allures de philosophie sociale, voire de code de conduite civique. Une des grandes contributions de Hu Jintao à l'édifice idéologique du Parti communiste est l'idée de la société harmonieuse. Il s'agit d'une doctrine vague mais qui sous-entend que le devoir premier de tout Chinois est de travailler au maintien de l'harmonie sociale, même au détriment de ses intérêts personnels et de ses droits. Il est frappant de constater à quel point l'expression fait partie de l'imaginaire collectif et du vocabulaire courant. Il suffit qu'un chauffeur de taxi klaxonne ou coupe la route à quelqu'un pour qu'on dise que son comportement n'est pas harmonieux.

Le slogan de la société harmonieuse devient un instrument qui permet aux autorités chinoises de contenir tout débordement qui risque de porter ombrage à la Chine au cours de crises sociales. Lors du tremblement de terre du Sichuan, en 2008, c'est le gouvernement qui s'est réservé le droit de déterminer ce qui constituait un comportement harmonieux chez les victimes du séisme. Les autorités chinoises étaient en effet très disposées à montrer au monde entier l'image d'un pays affligé par cette tragédie où les militaires secouraient les sinistrés et où les populations des provinces lointaines récoltaient des vivres et des vêtements à leur intention. Mais aussitôt que les parents des écoliers qui sont morts dans l'effondrement d'écoles mal construites ont commencé à réclamer justice, la police est intervenue pour les faire taire. Une telle critique des autorités ne cadrait pas avec l'image d'une société harmonieuse affligée par le deuil et la tragédie. La société harmonieuse de Hu Jintao, c'est en quelque sorte le prolongement soft de la camisole de force politique qu'à imposée Deng Xiaoping à la Chine. Elle a l'avantage non seulement d'interdire toute revendication de droits, mais également de culpabiliser tous ceux qui seraient tentés de le faire.

La dernière grande contribution de Hu Jintao à la pensée du leadership chinois est le concept du «développement scientifique». Essentiellement, le président considère qu'il faut trouver des solutions techniques plutôt qu'idéologiques aux problèmes contemporains de la Chine. En clair, cela signifie qu'il faut développer une approche scientifique, désintéressée, à l'endroit de problèmes comme ceux de la pollution ou de la redistribution de la richesse. Hu Jintao a évoqué ce principe du développement scientifique pour la première fois en 2003. Il a par la suite confié à l'École centrale du Parti communiste la tâche d'en définir la théorie. Le bureau politique, soit les neuf hommes qui dirigent le gouvernement chinois, en a adopté le principe en 2005[6]. Cette idée selon laquelle les problèmes de la société doivent être réglés de manière scientifique rejoint celle de la gouvernance technocratique des pays occidentaux. Mais elle a aussi une dimension très politique. Elle a l'avantage de court-circuiter toute critique du gouvernement, puisque contester les décisions du Parti communiste équivaut à nier l'existence de la science. Selon ce raisonnement, toute demande de réforme politique ou économique viole à la fois l'idée de la société harmonieuse et constitue une hérésie par rapport à la gouvernance scientifique.

Le gouvernement chinois aura l'occasion de démontrer l'efficacité de son modèle démocratique lors de la crise financière de 2008-2009. À l'époque, la Chine doit composer avec le choc imprévu de la crise financière mondiale qui est en train de jeter des millions de travailleurs à la rue dans les usines du sud du pays. Des émeutes éclatent dans les rues de Guangzhou et les villes-usines environnantes du Sud industriel lorsque les travailleurs, la plupart des migrants du Sichuan ou d'autres provinces pauvres, se heurtent aux portes closes de leurs lieux de travail ou font face à des employeurs qui refusent de leur verser le salaire qui leur revient. Ils sont sans le sou, sans logis et sans espoir. Il n'y a rien de plus dangereux qu'une population qui n'a rien à perdre. Le premier ministre Wen Jiabao profite de la tenue du Congrès du peuple, en mars 2009, pour annoncer un programme de stimulation économique de six cents milliards de dollars afin de stopper l'hémorragie économique et de remettre au travail les Chinois qui en sont victimes.

Dans son discours sur l'état du pays devant les délégués, le premier ministre parle de la nécessité pour le parti et le gouvernement d'être davantage à l'écoute des citoyens afin de mieux répondre à leurs attentes et à leurs griefs. Mais au moment même où il prononce ces mots, des centaines de Chinois qui ont tenté de se présenter à Pékin à l'occasion du Congrès pour faire part de leurs doléances au gouvernement sont arrêtés et jetés dans des prisons clandestines. Au bout de quelques jours, ils sont conduits dans leurs villages respectifs sous escorte policière. L'étalage d'unanimité et d'unité que présente le Congrès du peuple réussit difficilement à masquer les contradictions et les tensions de la nouvelle Chine. N'empêche, le gouvernement a les coudées franches pour financer la sortie de crise de la Chine sans faire les frais de longs débats qui, dans les démocraties occidentales, paralyseront ou à tout le moins ralentiront les efforts des gouvernements pour adopter leurs propres plans de stimulation économique. Pour le leadership chinois, la crise financière a permis de montrer la supériorité du modèle chinois basé sur la suprématie du Parti communiste et la gouvernance scientifique.

Conscientes que l'agitation sociale est latente, les autorités chinoises se servent également du Congrès du peuple de 2009 pour réaffirmer que la Chine n'a aucunement l'intention d'expérimenter avec les modèles politiques démocratiques occidentaux. Le numéro deux du régime, Wu Bangguo, prononce un discours virulent dans lequel il dit que sans le leadership absolu du Parti communiste, la Chine «s'entredéchirerait et serait incapable d'accomplir quoi que ce soit». Le gouvernement chinois, ajoute-t-il, n'acceptera jamais que «des élections aient lieu entre plusieurs partis ou entre candidats qui ne seraient pas désignés au préalable par le Parti communiste». Cette réaffirmation de la ligne dure ne reflète pas seulement les craintes du gouvernement devant l'incertitude économique, mais également devant une possible agitation autour de deux anniversaires importants, celui du vingtième anniversaire du soulèvement des Tibétains en mars et celui, en juin, de Tiananmen. Il vise en particulier un groupe de trois cents intellectuels qui ont cru le moment propice au lancement d'une campagne pour réclamer des élections libres et le respect des droits de la personne, la Charte 08.

*  *  *

L'idée de la Charte 08 revient à Liu Xiaobo, celui-là même qui a négocié le sauf-conduit qui a permis aux leaders étudiants de quitter la place Tiananmen pacifiquement aux petites heures du matin le 4 juin 1989. Liu purgera une peine de prison pour son rôle dans les événements de Tiananmen. À l'époque, ce critique littéraire était revenu de New York, où il enseignait à l'université Columbia, pour être témoin de ce mouvement d'émancipation démocratique sans précédent. À sa sortie de prison, Liu continue de militer pour la défense des droits. Il fait partie du noyau dur des irréductibles du

combat pour la démocratie en Chine. Son militantisme
lui vaudra d'être régulièrement arrêté et emprisonné. Les
poèmes qu'il écrit de prison lui donneront pourtant une
renommée internationale. Il dirigera le comité chinois de
PEN International, l'association d'écrivains qui milite pour
la libération des prisonniers politiques.

En 2008, l'année olympique, Liu Xiaobo croit que
le climat est propice pour que les militants démocrates
chinois fassent un coup d'éclat afin de relancer le débat
sur la démocratisation du pays. Il conçoit, notamment
avec Bao Tong, l'ancien bras droit de Zhao Ziyang qui
est toujours assigné à résidence, l'idée d'une charte qui
réclamerait le respect des droits et la tenue d'élections
libres. La Charte 08 s'inspire de la Charte 77, le mouvement
lancé par Vaclav Havel qui a mené à la chute du régime
communiste dans l'ancienne Tchécoslovaquie. Liu recrute
trois cents intellectuels qui sont prêts à signer la charte. Sa
publication est prévue pour le 10 décembre 2008, date qui
coïncide avec le soixantième anniversaire de la Déclaration
universelle des droits de l'homme. Plutôt que de faire
circuler un document auquel des gens pourraient adhérer,
Liu et ses collègues ont l'intention de lancer la Charte 08
sur internet, ce qui en permettra une plus large diffusion
dans toute la Chine. Mais dans la soirée du 9 décembre,
la veille du lancement, une douzaine de policiers font
irruption dans l'appartement de Liu et l'arrêtent. Ils
emportent également trois ordinateurs portables. Les
collègues de Liu réussissent néanmoins à diffuser la Charte
sur internet. Des milliers de personnes acceptent de courir
le risque d'y adhérer avant que les autorités réussissent à
en stopper la circulation.

Peu de ceux qui avaient signé la charte croyaient
qu'elle mènerait Liu Xiaobo à la prison. Après tout,
elle ne propose pas la disparition du Parti communiste. Elle réclame des élections où d'autres partis
politiques pourraient contester le leadership du parti. Le
gouvernement chinois, pourtant, n'est pas plus disposé
à tolérer une telle proposition qu'il ne l'a été depuis la

fondation de la République en 1949. Après plus de six mois
en détention préventive où il est tenu dans un lieu secret,
Liu Xiaobo est accusé, en juin 2009, comme tant d'autres
avant lui, de tentative d'usurpation des pouvoirs de l'État.
Il réclamait des élections ; on l'accuse de vouloir renverser
le régime communiste. Il est condamné à une lourde
peine de onze ans de prison. Le verdict est prononcé le
25 décembre ; les autorités chinoises comptent sur le fait
que la plupart des journalistes étrangers en poste à Pékin
sont partis pour le congé de Noël.

\* \* \*

Le gouvernement chinois n'est pas plus disposé
aujourd'hui à permettre l'expression d'opinions discor-
dantes sur la question des réformes politiques qu'il ne
l'était au lendemain de Tiananmen. La répression de la
campagne en faveur de la Charte 08 illustre à quel point la
lutte pour la démocratie libérale en Chine se retrouve sans
cesse à la case départ. L'attribution du prix Nobel de la
paix à son auteur Liu Xiaobo à l'automne 2010 va d'ailleurs
creuser le fossé entre la Chine et les pays occidentaux sur
la question de la démocratie et des droits. C'est le même
scénario qui se répète depuis que les premiers militants
démocrates ont tenté, à la fin du dix-neuvième siècle, de
convaincre la cour de l'impératrice Cixi d'accepter l'idée
d'une monarchie constitutionnelle. À une époque où la
plupart des pays ont tenté l'expérience démocratique,
l'incapacité de la Chine à faire de même semble accréditer
la conception chinoise selon laquelle l'Histoire ne
progresse pas de façon linéaire mais est composée de cycles
qui se répètent.

De son poste d'observation de Hong Kong, Han
Dongfeng est bien conscient qu'il n'est pas le premier
exilé chinois à tenter de transformer la Chine à partir
de l'ancien territoire britannique. Cent ans plus tôt, Sun
Yat-sen lui-même, faut-il le rappeler, tentait d'organiser
la résistance au régime impérial des Qing depuis Hong

Kong. Han Dongfeng sait aussi qu'on peut lui reprocher, dans certains milieux, de faire le jeu du gouvernement chinois en encourageant les travailleurs chinois à négocier plutôt qu'à manifester. Qu'il travaille, en d'autres termes, à promouvoir l'idée de la société harmonieuse, un paravent, disent les critiques, qui sert à camoufler les conflits de la société chinoise et à rendre illégitime toute contestation de l'ordre établi.

Han Dongfeng ne partage pas cette analyse. La Chine, dit-il, a une longue histoire de révoltes sociales. « Mais qu'est-ce que cela a donné ? » demande-t-il. Ce qu'il manque à la Chine, selon Han, c'est un État de droit. C'est la clé qui va permettre d'ouvrir progressivement la porte de la démocratie. « C'est cela que nous tentons de faire, résoudre les problèmes sociaux à travers le système légal. On peut appeler ça un genre de projet culturel qui consiste à encourager les gens à faire confiance à la négociation, m'explique-t-il. Cette confiance dans le système légal est essentielle au développement de notre pays. »

Selon lui, les premiers signes de cette évolution commencent à apparaître. La Chine s'est donné un code du travail qui régit les heures de travail, les conditions de licenciement et les critères de sécurité, de nouvelles dispositions légales que les avocats des ouvriers peuvent faire valoir devant les tribunaux. Han Dongfeng n'en impute pas pour autant le crédit aux autorités chinoises. « Ce qui va amener le gouvernement à être plus responsable, me dit-il, ce n'est pas le gouvernement. Ça ne s'est jamais produit dans l'histoire du monde. Il faut que les gens soient plus confiants et qu'ils poussent ; c'est ce qui est en train de se produire en Chine. Avec le temps, le gouvernement chinois n'aura pas le choix de changer, de devenir un gouvernement plus responsable. » Pour Han Dongfeng, en effet, les chemins de la victoire sont rarement conventionnels, pour la cause qu'il défend et pour lui-même. Plutôt que de s'entêter à tenter de pénétrer clandestinement en Chine, il a simplement attendu que la Chine vienne à lui. Avec la rétrocession de Hong Kong à la Chine communiste, en 1997, Han Dongfeng est automatiquement redevenu citoyen chinois. Une victoire personnelle qui sert de symbole pour l'ensemble de son action.

«Et la démocratie, c'est pour quand?», je lui demande.

«Je n'ai pas d'échéancier et je n'ai pas de définition de la démocratie, répond Han Dongfeng. Mais j'ai une référence qui me permettra de déterminer si la Chine est plus démocratique. Si trente pour cent des travailleurs chinois ont le droit d'élire leurs propres représentants et de négocier un contrat de travail, même avec le Parti communiste au pouvoir, la Chine sera une démocratie établie.»

Il est seize heures, mais la journée de travail de Han Dongfeng est loin d'être terminée. Plus tard, en soirée, il prendra le traversier pour rentrer chez lui, persuadé qu'il a fait avancer encore un peu la cause des travailleurs chinois et de la démocratie telle qu'il la conçoit, peut-être pas une forme de démocratie idéale mais la seule possible pour l'instant en Chine continentale.

# ÉPILOGUE

Pékin, 27 février 2011

Craignant une répétition des manifestations qui secouent le monde arabe, les autorités chinoises ont bouclé le quartier de Wanfujing, non loin de la place Tiananmen. Des militants ont lancé une invitation aux Chinois sur internet pour qu'ils se rendent sur ce populaire mail piétonnier et qu'ils expriment leurs demandes de réforme. La même invitation vaut pour une douzaine d'autres villes de Chine. Mais il n'y aura pas de rassemblements comme ceux qui, en Tunisie et en Égypte, ont provoqué la chute de régimes autoritaires... En ce dimanche après-midi ensoleillé, des centaines de policiers bloquent l'accès à la rue Wanfujing. Ils ont déroulé des dizaines de mètres de ruban jaune pour décourager les passants de s'en approcher. Une telle opération policière peut sembler excessive. Très peu de Chinois oseraient descendre dans la rue pour réclamer le départ du gouvernement communiste. Mais les autorités sont particulièrement inquiètes de tout débordement à quelques jours de l'ouverture du Congrès du peuple. Déjà, les centaines de militants qui seraient susceptibles de causer des problèmes au régime ont été arrêtés ou assignés à résidence. Sauf pour quelques curieux, il y a surtout des policiers et des journalistes étrangers sur Wanfujing. Comme beaucoup d'autres correspondants, j'ai reçu un coup de téléphone du ministère des Affaires étrangères le matin même, m'enjoignant de ne pas tenter de couvrir la manifestation annoncée. Je m'y rends quand même et tente de me frayer un passage par l'écheveau de petites rues qui mènent au lieu de rendez-vous des cyberdissidents, mais la police m'interdit de passer. À l'entrée sud de la place, les choses se corsent. Des policiers en civil s'interposent et empêchent les caméramen des télévisions étrangères de tourner des images, même s'il n'y a aucun manifestant. Certains sont tabassés puis détenus. La semaine suivante, le gouvernement chinois nous menace d'expulsion si nous nous entêtons à vouloir couvrir toute manifestation. Le faire nous rendrait coupables de complicité avec ceux qui voudraient renverser le régime chinois.

\* \* \*

Il n'y aura pas de printemps de la démocratie en Chine en 2011. Les Chinois, contrairement aux populations arabes, n'ont pas soif de révolution. La Chine vient de dépasser le Japon comme deuxième puissance économique mondiale ; la plupart des Chinois sont occupés à tenter de profiter d'une économie qui tourne à plein régime. Lorsque la télévision d'État montre des images de ce qui se passe en Tunisie et en Égypte, c'est pour leur rappeler à quel point la revendication de la démocratie est une source de violence et d'instabilité. Très peu de Chinois sont conscients que la rue arabe invoque le souvenir de Tiananmen comme source d'inspiration. On ne leur dira pas cela à la télévision. Au contraire, plus de vingt ans après que la Chine a vécu son propre printemps de révolte, le souvenir de Tiananmen, ici, semble se dissoudre dans le temps.

Au lendemain du massacre de Tiananmen, pourtant, l'Histoire semblait vouloir donner raison à ceux qui croyaient que la démocratisation de la Chine était inévitable. Le contexte international y était pour beaucoup. L'URSS s'était effondrée comme un château de cartes ; son modèle socialiste était en ruine. Dans les pays de l'Est, les gens descendaient dans la rue pour célébrer leur nouvelle liberté et réclamer des élections. La Chine, au printemps 1989, semblait résolument engagée dans la même mouvance. Des centaines de milliers de Chinois, inspirés par ce qu'ils voyaient dans les républiques soviétiques, avaient osé braver le régime communiste et réclamer la démocratie. Dans ce contexte, croyait-on, la suppression du mouvement étudiant de Tiananmen n'était sûrement qu'un échec temporaire, un premier rendez-vous manqué avec la démocratie. La poursuite des réformes économiques par le leadership chinois le forcerait éventuellement à ouvrir la porte à la démocratisation. La démocratie pousserait comme le blé du terreau de l'économie de marché.

Toute la diplomatie occidentale après Tiananmen consistera à encourager la Chine sur cette voie, au moyen d'échanges culturels, d'ententes commerciales et de pressions politiques. Selon cette logique, l'octroi des Jeux olympiques à la Chine et son admission à l'Organisation mondiale du commerce allaient progressivement amener le régime chinois à se mettre au diapason de l'Occident. Les nouveaux entrepreneurs chinois allaient graduellement exiger des lois pour encadrer leurs activités telles que le droit à la propriété et l'on assisterait au même phénomène qui s'est produit dans l'Europe de la révolution industrielle : la revendication de droits commerciaux nécessiterait la création de tribunaux impartiaux pour les arbitrer et d'une représentation politique pour les défendre. La démocratisation se trouverait accélérée par le contexte de la mondialisation qui impose à la Chine des obligations légales en vertu des traités économiques qu'elle signe. En d'autres termes, à partir du moment où la Chine accepterait de jouer selon les règles du commerce international, elle en viendrait assurément à adopter le mode de fonctionnement politique qui les accompagne.

Cela, de toute évidence, ne s'est pas produit. D'ailleurs, les enquêtes menées auprès des entrepreneurs chinois démontrent qu'une forte majorité d'entre eux s'accommodent très bien du régime à parti unique et ne souhaitent pas que les Chinois puissent élire leur gouvernement parmi plusieurs partis politiques[1]. En fait, de plus en plus de ces entrepreneurs chinois se joignent au Parti communiste depuis qu'ils ont obtenu le droit de le faire. Cette convergence d'intérêts entre la classe d'affaires et la classe politique est renforcée par le fait qu'elles appartiennent souvent aux mêmes familles. Une partie prépondérante des entreprises et de la richesse de la Chine est entre les mains de membres du Parti communiste ou de leurs proches. Le fils du président Hu Jintao, par exemple, a fondé l'une des plus grandes entreprises de systèmes de sécurité du pays. Le fils du premier ministre Wen Jiabao, quant à lui, dirige un important fonds d'investissement à Pékin. Il est entendu dans les cercles des investisseurs étrangers qu'il est capital de passer par ce genre de fonds pour avoir ses entrées en Chine. Qu'ils soient les enfants capitalistes de dirigeants communistes semble la chose la plus normale du monde.

L'autre grand baromètre du développement démocratique en Chine, c'est les élections villageoises. Celles-ci ont souvent été présentées comme le premier pas vers une démocratisation progressive de tout le système politique. Une fois habitués à élire les dirigeants des villages, les Chinois seraient prêts à élire les préfets des cantons, puis les gouverneurs des régions et, enfin, leur parlement et leur président. Or, de récentes études montrent que c'est le contraire qui est en train de se produire. À quelques rares exceptions près, loin de faire foisonner la démocratie locale, les élections villageoises ne font que renforcer l'emprise du Parti communiste sur les campagnes. Certains universitaires prétendent même que les élections villageoises ont été instituées par le leadership chinois pour refaire la crédibilité des cadres locaux et empêcher la «progression de la démocratie formelle au niveau national[2]».

Deng Xiaoping aurait-il donc remporté son pari selon lequel une économie de marché encadrée par une camisole de force politique constitue, pour la Chine, la formule gagnante? L'on pourrait être tenté de le croire à la lumière de l'extraordinaire renaissance économique de la Chine. La Chine, depuis Tiananmen, a fait la preuve qu'elle pouvait se maintenir simultanément sur les rails parallèles de l'autoritarisme politique et de l'économie de marché. Qu'un gouvernement qui se dit communiste peut, en d'autres mots, gérer une économie capitaliste sans crouler sous le poids de ses contradictions.

Il y a des raisons bien particulières qui expliquent pourquoi la Chine a pu se maintenir sur cette trajectoire. Lorsque les dirigeants chinois ont constaté la déroute du système soviétique, à partir de 1989, ils ont tiré des conclusions contraires à celles des leaders des pays occidentaux sur les causes de cette crise. Le régime chinois a attribué l'échec de l'URSS et de son empire moins aux faiblesses de son modèle économique qu'à des erreurs de son leadership. On accusera même Mikhaïl Gorbatchev d'avoir délibérément sabordé l'Union soviétique et trahi la grande famille communiste. Les experts des groupes de réflexion du gouvernement chinois consacreront beaucoup de temps à l'analyse de ce qui s'est passé en Europe de l'Est. Ils en viendront à la conclusion que trois facteurs auront mené à l'effondrement de son système socialiste : le mécontentement économique de la population, un manque d'unité au sein du leadership communiste et l'influence de l'Occident[3]. Aussi, le Parti communiste chinois adoptera-t-il des mesures énergiques pour éviter de subir le sort de son cousin soviétique. Après une première hésitation, Deng Xiaoping réussira à convaincre le parti d'accélérer les réformes économiques pour éliminer le mécontentement au sein de la population. Le leadership communiste s'assurera également de supprimer tout foyer de division et de dissension dans ses rangs. Le limogeage du secrétaire général Zhao Ziyang et la lourde peine de prison imposée à son adjoint Bao Tong serviront d'avertissement à quiconque serait tenté de mettre en cause la ligne du parti. Enfin, les autorités chinoises seront à l'affût de toute tentative de l'Occident de promouvoir son modèle politique en Chine. L'emprisonnement de tout dissident qui osera proposer quelque forme de démocratie libérale, que ce soit par un blogue, une charte ou en tentant de faire reconnaître un parti politique, témoigne encore aujourd'hui de la détermination du régime communiste de tuer dans l'œuf quelque discussion de réforme politique.

Toute trace d'opposition politique qui aurait pu renaître des cendres de Tiananmen a conséquemment été anéantie en Chine. Cela s'explique en bonne partie, bien sûr, par le refus total du gouvernement chinois de permettre tout débat sur la nature et le bien-fondé du régime qu'il dirige. Mais la facilité avec laquelle le mouvement pro-démocratique de 1989 a été supprimé tient également au fait que c'était un mouvement avec peu d'ancrage profond dans la population chinoise, même s'il bénéficiait d'une large sympathie publique. C'était un élan spontané de jeunes qui espéraient convaincre le Parti communiste de la nécessité des réformes. Malgré leurs slogans incendiaires, ils n'avaient ni l'intention, ni les moyens de renverser le régime. La frustration populaire au printemps 1989 en Chine était de nature radicalement différente de celle de l'Europe de l'Est. Les Chinois ne croulaient pas sous le poids d'un régime qui arrivait à peine à les nourrir, mais réclamaient plutôt une plus grande part d'un essor économique qui promettait de sortir la Chine de sa pauvreté endémique. À partir du moment où le régime communiste réussira à améliorer le niveau de vie d'une majorité de Chinois, il fera disparaître du même coup une bonne partie des motifs du mécontentement de 1989. C'est ce qui fait dire à bien des analystes que les réformes économiques en Chine ont tenu lieu de réformes politiques.

Cela ne signifie pas que les Chinois n'ont pas de griefs, loin de là. Mais ceux-ci se rapportent la plupart du temps à ce qu'on pourrait appeler des injustices locales et non à une critique fondamentale du régime. Et ils sont majoritairement de nature individuelle. Les milliers de Chinois qui font le trajet jusqu'à Pékin chaque année pour déposer une pétition ont la plupart du temps un grief contre les autorités locales. Comme à l'époque des empereurs, ils espèrent que le gouvernement central pourra faire entendre raison aux fonctionnaires locaux qui empoisonnent leur vie. Sauf dans des cas exceptionnels tels que la crise du lait contaminé de 2008, où les dirigeants d'entreprises laitières ont délibérément ajouté de la mélamine à leur produit, causant la mort de quelques nourrissons et en laissant des milliers d'autres malades, les récriminations des Chinois envers les autorités ne sont pas de nature collective. Il n'y a pas de foyer d'opposition organisé qui puisse menacer le gouvernement. Dans ce contexte, il n'est pas surprenant de constater que le champ de bataille pour les réformateurs en Chine soit passé graduellement de celui de la démocratie à celui des droits. Bien des militants chinois, devant l'espace restreint qui s'offre à eux, en sont venus à la conclusion qu'il est plus réaliste et utile, à long terme, de tenter de construire une société civile que de réclamer dans la rue un droit de vote qui serait vide de sens ou qui n'a aucune chance de se réaliser. Le raisonnement est que pour aboutir à une démocratie fonctionnelle, il est préférable de construire d'abord un État de droit. Dans cette perpective, la démocratie devient l'aboutissement des réformes, plutôt que leur point de départ. Ces milliers d'avocats et de militants qui luttent dans l'ombre pour faire respecter le droit à la propriété, à un dédommagement convenable en cas d'expropriation, à de l'eau potable ou à des services de santé dignes de ce nom combattent pour ce qu'il est convenu d'appeler les «droits du citoyen». L'affirmation de ces droits a l'avantage d'être moins menaçante pour le gouvernement.

La stabilité relative que l'on constate aujourd'hui en Chine, pourtant, n'aurait pas été possible sans une certaine adaptation du Parti communiste aux nouvelles réalités qu'il a lui-même engendrées. Avant même 1989, Deng Xiaoping avait commencé à justifier le virage capitaliste en le qualifiant de socialisme avec des caractéristiques chinoises. Un tel glissement sémantique a permis et permet toujours au leadership chinois d'échapper au carcan de l'idéologie communiste sans la répudier officiellement. En qualifiant le stade actuel de l'économie de marché d'étape sur la voie de l'achèvement du socialisme scientifique, le leadership commmuniste peut sans cesse repousser l'échéance où il devra en régler le paradoxe fondamental. C'est ce qui permet au Parti communiste de pouvoir conserver son nom et la justification du monopole du pouvoir qu'il excerce malgré le fait qu'il imbrique la Chine de plus en plus dans une économie de marché mondiale. À la limite, cette contradiction apparente préoccupe davantage les Occidentaux que les Chinois, qui profitent largement du pragmatisme économique du Parti communiste. Les entrepreneurs chinois, ceux-là mêmes qui devaient déclencher la marche de la Chine vers la démocratie, y trouvent aussi leur compte. La stabilité que garantit un gouvernement autoritaire leur est grandement profitable. Il va sans dire que ce raisonnement vaut pour bien des entreprises étrangères qui font des affaires en Chine.

Ce nouveau modèle chinois porte même un nom : le « consensus de Beijing ». Et c'est un modèle qui commence à inspirer certains pays en développement qui ont des relations soutenues avec la Chine. Pour les dirigeants de bien des pays africains ou asiatiques, le consensus de Beijing, qui conjugue l'économie de marché et l'autoritarisme, est bien plus attrayant que l'ancien consensus de Washington, qui se veut un modèle de développement basé sur la démocratie et les droits de la personne. Ils préfèrent de loin faire affaire avec des investisseurs chinois qui n'exigent pas d'élections libres, plutôt qu'avec des Occidentaux qui leur font la morale sur la question des libertés fondamentales. Cette nouvelle influence de la Chine au-delà de ses frontières aura pour la communauté internationale des incidences dont on commence à peine à mesurer l'ampleur.

Cela signifie-t-il pour autant que la Chine ne sera jamais démocratique, que le régime a remporté le pari de l'autoritarisme ? Pas nécessairement. La Chine, malgré un essor économique sans précédent, demeure un géant aux pieds d'argile. Puisque la légitimité du Parti communiste n'est pas ancrée dans la démocratie au sens classique du terme, les dirigeants chinois ont dû la fonder sur autre chose, en l'occurrence leur performance économique[4]. Mais c'est une légitimité fragile, puisqu'elle dépend de la capacité du gouvernement de maintenir une forte croissance économique. Les dirigeants chinois sont d'ailleurs très conscients de cette réalité. Ils calculent que, si le taux de croissance annuelle de l'économie chinoise chute en deçà de huit pour cent, la stabilité du pays sera mise en péril. Or, le modèle chinois commence à montrer des signes d'essoufflement qui sont normaux dans un pays en émergence. Le gouvernement peine à créer suffisamment d'emplois pour les dix millions de Chinois qui quittent les campagnes pour les villes chaque année et pour les millions de jeunes diplômés de ses universités[5]. Des problèmes tels que l'inflation et l'écart de richesse engendrés par sa fulgurante croissance économique rattrapent la Chine.

Le gouvernement chinois a eu un avant-goût de ce nouveau genre de défi au printemps de 2010 lorsque de jeunes employés d'une usine de Honda de Guangzhou se sont mis en grève pour réclamer de meilleurs salaires en raison de l'augmentation du coût de la vie. Les autorités locales avaient en face d'elles une nouvelle génération de jeunes qui n'acceptent plus les piètres conditions de travail de leurs parents, des jeunes qui ne sont pas satisfaits d'assembler les produits de consommation destinés aux marchés extérieurs mais qui réclament les moyens de les posséder. Des jeunes qui, en d'autres termes, veulent davantage qu'assembler les iPod du monde ; ils veulent pouvoir s'en payer un. Dans le cas de Honda, le directeur de l'usine, qui était aussi le chef local du Parti communiste, n'a réussi à acheter la paix qu'en consentant une augmentation de salaire de quarante pour cent aux ouvriers. Cet épisode montre les limites et les failles d'un régime autoritaire qui refuse aux travailleurs le droit de négocier leurs conditions de travail au moyen de syndicats indépendants et d'un système qui ne dispose d'aucun mécanisme pour arbitrer les tensions sociales.

De telles révoltes sporadiques ne signifient pas que le régime chinois soit à la veille de s'effondrer. Loin de là. Il existe un consensus émergeant chez les experts qui observent la Chine pour dire que celle-ci sera probablement sous l'égide d'un « autoritarisme tenace » pour encore bien longtemps[6]. Mais beaucoup de ces mêmes experts s'entendent également pour dire que le modèle chinois n'est pas nécessairement viable à long terme. Selon cette analyse, l'autoritarisme chinois, fondé sur l'absence d'imputabilité de ses dirigeants, a engendré une corruption endémique qui commence à miner sa capacité de gouverner. Déjà, le gouvernement central ne réussit pas toujours à imposer sa volonté à l'extérieur de Pékin, où les tentacules des mafias locales se rendent jusque dans les rangs des dirigeants communistes. Certains sinologues en sont même venus à la conclusion que le modèle chinois commence à montrer ses limites, qu'à moins d'une réforme politique majeure, où le parlement, la presse et les tribunaux ne seraient plus soumis aux volontés des cadres du Parti communiste, les griefs et les frustrations des Chinois risquent de s'exprimer dans la rue[7]. Les dizaines de milliers de manifestations qui ont lieu chaque année en Chine et que le gouvernement juge illégales témoignent de l'absence de recours dont disposent les Chinois pour faire valoir leurs griefs. L'incompatibilité de l'autoritarisme politique et de l'économie de marché serait donc en train de rattraper la Chine.

Le leadership communiste réussira-t-il encore pendant longtemps à maintenir sa trajectoire actuelle, ou est-ce que le développement d'une classe moyenne qui a accès aux biens de consommation, à l'internet, qui participe de plain-pied à la mondialisation, le forcera à des concessions démocratiques? En ouvrant la porte à davantage de transparence dans le parti, surtout pour ce qui est de la lutte contre la corruption, le gouvernement se trouve-t-il lui-même, par inadvertance, à plaider la cause d'une plus grande imputabilité? En se fixant des objectifs en matière d'écologie et de contrôle de la pollution, les autorités chinoises ne vont-elles pas donner des munitions aux groupes citoyens qui osent s'insurger contre l'établissement d'entreprises polluantes dans leur milieu? Le Parti communiste pourra-t-il présider à tous ces changements sans renoncer à son monopole du pouvoir, sans consentir aux Chinois un plus grand mot à dire dans les affaires du pays, sans, en d'autres termes, ouvrir la porte à une forme de démocratie ? Ces questions sont les questions fondamentales du nouveau siècle chinois. Dans les facultés et les cabinets politiques d'Occidentaux, il circule plusieurs scénarios sur la façon dont la Chine pourrait se démocratiser. Ils vont d'une évolution progressive où le Parti communiste accepterait la concurrence d'autres partis politiques à des hypothèses catastrophes de révoltes sociales, voire de renversement du gouvernement par l'armée suite à une crise économique soudaine. Tenter de prédire l'avenir politique de la Chine, pourtant, demeure une science aussi exacte que la lecture des feuilles de thé. Mais si une chose semble claire, c'est que l'impulsion de la démocratisation, si elle se produit, viendra des Chinois eux-mêmes. L'époque où les pays occidentaux pouvaient influencer la Chine sur cette question semble révolue.

Les leaders occidentaux disposent en effet de moins en moins de moyens pour inciter le régime chinois à enclencher des réformes démocratiques. La Chine d'aujourd'hui n'est pas la Chine de 1989, ce parent pauvre de l'Asie qui émergeait de son isolement. C'est la deuxième puissance économique du monde. Il fut un temps où le président américain pouvait inciter les dirigeants chinois à libérer un prisonnier politique en échange d'une visite à la Maison Blanche. Plus maintenant. Il suffit de rappeler que Barack Obama a refusé de rencontrer le dalaï-lama à la veille de sa première visite officielle en Chine pour éviter de froisser les dirigeants chinois. Ce n'est pas seulement le rapport de forces qui a changé entre les États-Unis et la Chine, c'est la nature même de ce rapport. Il est pour le moins singulier de constater qu'un pays communiste est aujourd'hui le plus important créancier des États-Unis. Il s'agirait que la Chine décide d'écouler une partie importante des centaines de milliards de dollars qu'elle détient de la dette américaine pour blesser gièvement la devise et l'économie des États-Unis.

La question de la démocratisation de la Chine se pose donc de façon très différente aujourd'hui qu'elle pouvait se poser en 1989, alors que le gouvernement avait lui-même ouvert la discussion sur les réformes politiques. Et ce n'est pas seulement parce que la Chine a changé, parce que la ruée vers le développement a remplacé ou semble à tout le moins avoir diminué la soif de réformes politiques. Il y a aussi le fait que l'attrait de la démocratie libérale n'a plus la même force qu'elle pouvait avoir en 1989. Si les étudiants manifestaient à nouveau sur la place Tiananmen aujourd'hui, il n'est pas certain qu'ils érigeraient une effigie de la statue de la Liberté américaine comme symbole de leurs revendications. Au printemps de 1989, l'Union soviétique agonisait ; la démocratie, pour ceux qui avaient vécu sous le joug communiste, en Chine comme ailleurs, représentait un idéal de libération. Or, les vingt dernières années ont démontré que dans bien des pays de l'ancienne périphérie soviétique, y compris au premier titre la Russie, l'obtention du droit de vote est loin d'avoir garanti la démocratie. Au contraire, ces régimes ont prouvé qu'il était possible d'adopter une façade de démocratie, avec suffrage universel, tout en maintenant intacte une autocratie à parti dominant, sinon unique. Même si pas moins de quatre-vingt-dix pays ont rejoint le club démocratique depuis 1974, les universitaires qui recensent la performance de ces États n'hésitent pas à parler d'un véritable recul de la démocratie[8]. L'enlisement des États-Unis en Irak et de l'OTAN en Afghanistan rappelle à quel point la greffe démocratique peine à prendre dans ces cultures. La tenue d'élections est loin de garantir à elle seule une démocratie fonctionnelle. Lorsqu'ils observent ces événements, les dirigeants chinois se sentent sûrement confortés dans leur décision de ne pas s'être engagés sur la voie d'une libéralisation économique et politique simultanée en 1989.

Mais il y a plus. Vingt ans après avoir fermé la porte aux réformes politiques lors de la crise de Tiananmen, le gouvernement chinois a développé un contre-discours qui lui permet de rejeter les critiques sur la question de la démocratie. C'est que la Chine dispose de sa propre forme de démocratie socialiste. Cette démocratie à parti unique est évidemment vide de sens du point de vue occidental. Il n'en demeure pas moins que, dans le vase clos chinois, elle est la seule qui ait droit de cité, et cela n'est pas sans conséquences. La virulence avec laquelle la Chine a réagi à l'attribution du prix Nobel de la paix à son dissident le plus célèbre, Liu Xiaobo, à l'automne 2010, est à ce sujet très évocatrice. Liu est ce militant qui a été condamné à une lourde peine de prison pour avoir lancé le mouvement de la Charte 08, qui réclamait des élections libres et la liberté de parole. En dénonçant le choix du comité du prix Nobel, les autorités chinoises ont déclaré qu'elles ne considéraient pas la démocratie et la conception occidentale des droits de la personne comme des valeurs universelles, mais bien comme des instruments de l'impérialisme américain. Nous sommes loin de l'époque où les dirigeants chinois jugeaient la démocratie valable mais prématurée pour la Chine. Le gouvernement chinois contrôle pour l'instant la définition même de ce qu'est la démocratie; il prend aussi les moyens pour écarter toute conception concurrente et, surtout, occidentale, du terme. Que la démocratie chinoise interdise tout débat sur la notion même de ce qu'est la démocratie n'est pas le moindre des paradoxes de la Chine actuelle.

Le débat sur la démocratie en Chine a traditionnellement été de nature très distincte. Pour bien des penseurs et militants chinois, la démocratie représentait davantage que le droit de vote ou que des institutions politiques responsables : l'idée de la démocratie représentait une forme d'émancipation de la pensée. C'est ce qui explique que plusieurs ténors de la réforme en soient venus à la conclusion que les Chinois n'étaient pas prêts pour la démocratie, que le pays se devait de passer par une période de tutelle politique, d'éducation populaire, avant de pouvoir élire son gouvernement de façon responsable. Lorsque l'on étudie le vingtième siècle chinois, on se rend compte que la plupart des dirigeants chinois, qu'ils aient été républicains, nationalistes ou communistes, sont arrivés au pouvoir en promettant une forme de démocratie. Et qu'ils ont passé une bonne partie de leurs règnes respectifs à en répudier l'idée ou à en reporter l'échéance. Pour Mao et les autres dirigeants communistes, la notion même de démocratie libérale tenait de l'anathème. Avec l'arrivée de Deng Xiaoping au pouvoir, les dirigeants communistes en sont néanmoins venus à la conclusion qu'ils devaient faire preuve d'une plus grande imputabilité, que la corruption et le manque de transparence menaçaient la survie même du Parti communiste. Le pari de Deng était que le parti pouvait être imputable de ses gestes tout en conservant le monopole du pouvoir politique. C'est un défi que les successeurs de Deng n'ont toujours pas réussi à relever.

La direction future de la Chine dépendra grandement de la prochaine génération de leaders chinois qui s'apprête à prendre le pouvoir en 2012, à l'échéance du deuxième mandat du président Hu Jintao et du premier ministre Wen Jiabao. Chacune des générations qui l'ont précédée aura incarné une période très particulière de la Chine : Mao, l'aventure et l'utopie communiste ; Deng Xiaoping, le virage pragmatiste ; Jiang Zemin, la consolidation du modèle capitaliste-autoritaire ; Hu Jintao, enfin, la gestion technocratique de la nouvelle économie. La cinquième génération de leaders ne sera pas plus élue que celles qui l'auront précédée. Le successeur probable du président Hu, Xi Jinping, a été désigné par consensus du bureau politique, les neuf hommes qui sont à la tête du pays. Xi n'est pas un rebelle. C'est le fils d'un des héros de la révolution qui a patiemment gravi les échelons du pouvoir. Il est considéré comme faisant partie de la génération des «princes héritiers», ces enfants des leaders chinois qui étaient au pouvoir à l'époque de Mao et qui se considèrent à bien des égards comme les gardiens de l'héritage de la révolution. Cela, *a priori*, ne prédispose pas Xi à envisager des changements radicaux.

Même si Xi Jinping se révélait ce leader éclairé dont rêvent bien des militants chinois, il lui faudrait entreprendre un virage majeur pour lancer la Chine sur la voie de la démocratisation. Il devrait ni plus ni moins répudier le discours politique de ses prédécesseurs et démolir l'édifice idéologique qu'ils ont érigé depuis le virage économique que Deng Xiaoping a enclenché il y a plus de trente ans. Cela voudrait dire infirmer des principes importants qui ont été enchâssés dans la Constitution chinoise ou qui sont des articles importants de la doctrine du Parti communiste. Un tel virage impliquerait de reconnaître que le Parti communiste n'est pas le seul habilité à parler au nom du peuple, que son monopole du pouvoir n'est pas justifié, que le virage capitaliste n'est pas une étape sur la route de l'achèvement du socialisme et que réclamer la démocratie ne devrait pas être un crime passible d'une lourde peine de prison. Il lui faudrait admettre, en d'autres termes, que la démocratie socialiste chinoise n'est pas une véritable démocratie. On imagine mal un leader chinois procéder à une telle volte-face à moins d'y être contraint par les événements.

Xi Jinping sera pourtant le premier président chinois né après la révolution ou à ne pas avoir fait partie de l'appareil politique lors des événements de Tiananmen. Bien des militants chinois espèrent que cela lui donnera les coudées franches pour porter un regard nouveau sur cette crise, pour s'affranchir d'un discours qui consiste à nier l'existence même de cette tragédie. Pour beaucoup de militants chinois, la Chine ne pourra avancer sur la route des réformes politiques tant qu'elle ne se sera pas délestée du lourd héritage de Tiananmen. Pour eux, un premier pas vers une réconciliation nationale consisterait à réhabiliter ceux qui ont payé cher leur rôle dans ces événements, voire tous ceux qui ont été persécutés pour avoir combattu pour la démocratie. Certains ténors de la réforme, ceux qui se trouvent en exil, se plaisent à dire avec une ironie teintée d'amertume que s'ils ont trouvé le ciel de la liberté, ils ont perdu, en revanche, la terre de Chine[9].

Tout déblocage quant aux réformes politiques, cependant, ne pourra survenir tant que les dirigeants chinois n'en seront pas venus à la conclusion que le respect de libertés fondamentales telles que la liberté d'expression et le droit de choisir librement son gouvernement constituent la meilleure garantie du développement soutenu de la Chine, c'est-à-dire, tant qu'ils ne considéreront pas le prix du *statu quo* comme étant plus élevé que celui du changement. Alors seulement les vétérans des luttes démocratiques, ceux qui ont payé si cher leur attachement à cet idéal, pourront-ils espérer revenir vivre en terre de Chine, sous un ciel de liberté.

# Bibliographie sélective et crédits[*]

Barnouin, Barbara et Yu Changgen, *Zhou Enlai. A Political Life*, Hong Kong, The Chinese University Press, 2006.

Béja, Jean-Philippe, *À la recherche d'une ombre chinoise. Le mouvement pour la démocratie en Chine (1919-2004)*, « L'Histoire immédiate », Paris, Éditions du Seuil, 2004.

Bell, Daniel A., *China's New Confucianism. Politics and Everyday Life in a Changing Society*, Princeton, Princeton University Press, 2008.

Bergère, Marie-Claire, *Sun Yat-sen*, Stanford, Stanford University Press, 1998.

Bergsten, C. Fred, Bates Gill, Nicholas R. Lardy et Derek J. Mitchell, *China : The Balance Sheet. What the World Needs to Know Now about the Emerging Superpower*, New York, Public Affairs, 2006.

* Calhoun, Craig, *Neither Gods nor Emperors. Students and the Struggle for Democracy in China*, Berkeley, University of California Press, 1997.

Chang, June et Jon Halliday, *Mao*, Paris, Gallimard, 2005.

Chen Guidi et Wu Chuntao, *Will the Boat Sink the River? The Life of China's Peasants*, Londres, Public Affairs, 2006.

Cheng, Anne, dir., *La pensée en Chine aujourd'hui*, Paris, Gallimard, 2007.

Delmas-Marty, Mireille et Pierre-Étienne Will, dir., *La Chine et la démocratie*, Paris, Fayard, 2007.

Diamond, Larry, *The Spirit of Democracy. The Struggle to Build Free Societies Throughout the World*, New York, Henry Holt and Company, 2008.

Dunn, John, *Setting the People Free. The Story of Democracy*, Londres, Atlantic Books, 2005.

Fenby, Jonathan, *Alliance. The Inside Story of How Roosevelt, Stalin & Churchill Won One War and Began Another*, Londres, Pocket Books, 2006.

---

[*] Note de l'éditeur : Les titres précédés d'un astérisque renvoient à des citations à l'intérieur du texte qui ont reçu l'aval des différents éditeurs détenteurs des droits de reproduction.

\* Fenby, Jonathan, *The Penguin History of Modern China. The Fall and Rise of a Great Power, 1850-2008*, Londres, Penguin Books, 2008.

Fraser, John, *The Chinese. Portrait of a People*, Don Mills, Collins Publishers, 1981.

Gilley, Bruce, *China's Democratic Future. How it Will Happen and Where it Will Lead*, New York, Columbia University Press, 2004.

Haski, Pierre, *Internet et la Chine*, Paris, Éditions du Seuil, 2008.

Holzman, Marie et Chen Yan, dir., *Écrits édifiants et curieux sur la Chine du XXIᵉ siècle. Voyage à travers la pensée chinoise contemporaine*, La Tour d'Aigues, Éditions de l'Aube, 2004.

Johnson, Ian et Wild Grass, *China's Revolution from Below*, Londres, Penguin Books, 2004.

Kristof, Nicholas D. et Sheryl WuDunn, *China Wakes. The Struggle for he Soul of a Rising Power*, New York, Vintage Books, 1995.

Kuhn, Robert Lawrence, *How China's Leaders Think*, Singapour, John Wiley & Sons (Asia), 2010.

Lam, Willy Wo-Lap, *The Era of Zhaoa Ziyang. Power Struggle in China, 1986-88*, Hong Kong, A.B Books, 1989.

\* Lary, Diana, *China's Republic*, Cambridge, Cambridge University Press, 2007.

Li Cheng, dir., *China's Changing Political Landscape. Prospects for Democracy*, Washington, Brookings Institution Press, 2008.

Lieberthal, Kenneth, *Governing China. From Revolution Through Reform*, New York, W.W. Norton & Company, 2004.

MacMillan, Margaret, *Nixon and Mao. The Week that Changed the World*, Toronto, Random House, 2007.

Mann, James, *The China Fantasy. How our Leaders Explain Away Chinese Repression*, New York, Viking, 2007.

Nathan, Andrew J. et Bruce Gilley, *China's New Rulers. The Secret Files*, New York, New York Review Books, 2003.

Nathan, Andrew J., *Chinese Democracy*, Berkeley, University of California Press, 1985.

O'Brien, Kevin J. et Liangjiang Li, *Rightful Resistance in Rural China*, Cambridge, Cambridge University Press, 2006.

Peerenboom, Randal, *China Modernizes. Threat to the West or Model for the Rest ?*, Oxford, Oxford University Press, 2007.

Pei Minxin, *China's Trapped Transition. The Limits of Developmental Autocracy*, Cambridge, Massachusetts, Harvard University Press, 2006.

Perry, Elizabeth J. et Merle Goldman, dir., *Grassroots Political Reform in Contemporary China*, Cambridge, Massachusetts, Harvard University Press, 2007.

Pietra, Régine, *La Chine et le confucianisme aujourd'hui*, Paris, Le Félin/Poche, 2008.

\* Salisbury, Harrison E., *The New Emperors. China in the Era of Mao and Deng*, New York, Avon Books, 1992.

\* Shambaugh, David, *China's Communist Party. Atrophy and Adaptation*, Washington, Woodrow Wilson Centre Press, 2008.

Shi, Tianjian, *Political Participation in Beijing*, Cambridge, Massachusetts, Harvard University Press, 1997.

Shirk, Susan L., *China. Fragile Superpower. How China's Internal Politics Could Derail its Peaceful Rise*, Oxford, Oxford University Press, 2007.

Snow, Edgar, *Red Star Over China. The Classic Account of the Birth of Chinese Communism*, New York, Grove Press, 1968.

Spence, Jonathan D., *The Search For Modern China*, New York, W. W. Norton & Company, 1990.

Tsai, Kellee S., *Capitalism Without Democracy. The Private Sector in Contemporary China*, Ithaca, Cornell University Press, 2007.

Tsai, Lily L., *Accountability Without Democracy. Solidarity Groups and Public Goods Provision in Rural China*, Cambridge, Cambridge University Press, 2007.

Wang Hui, *China's New Order. Society, Politics, and Economy in Transition*, Cambridge, Massachusetts, Harvard University Press, 2003.

Wang Juntao, *Reverse Course. Political Neo-conservatism and Regime Stability in Post-Tiananmen China*, Saarbrücken, VDM Verlag Dr. Müller, 2008.

Wei Jingsheng, *The Courage to Stand Alone. Letters from Prison and Other Writings*, New York, Penguin, 1997.

Yu Keping, *Democracy is a Good Thing. Essays on Politics, Society, and Culture in Contemporary China*, Washington, Brookings Institution Press, 2009.

Yu-Lan Fung, *A Short History of Chinese Philosophy. A Systematic Account of Chinese Thought From Its Origins to the Present Day*, New York, The Free Press, 1976.

Zhang Boli, *Escape From China. The Long Journey from Tiananmen to Freedom*, New York, Washington Square Press, 1998.

Zhang Lian, Andrew J. Nathan et Perry Link, dir., *The Tiananmen Papers. The Chinese Leadership's Decision to Use Force Against Their Own People – In Their Own Words*, New York, Public Affairs, 2001.

* Zhao Dingxin, *The Power of Tiananmen. State-Society Relations and the 1989 Beijing Student Movement*, Chicago, The University of Chicago Press, 2001.

Zhao Ziyang, *Prisoner of the State*, Londres, Simon & Schuster, 2009.

# Notes

*Puisque ce livre n'est pas un ouvrage de nature universitaire, j'ai réduit au minimum les renvois. Ceux que j'ai retenus se rapportent à des idées, des analyses, des faits attribués précisément à un auteur. Je n'ai pas inclus de renvois sur les informations de nature générale qui se trouvent dans plus d'un texte. Les ouvrages que j'ai consultés pour la rédaction de cet essai figurent en bibliographie. J'ai également eu recours au service d'archives du New York Times pour le récit de certains événements publics; j'ai omis de citer chacun des articles sources, afin de ne pas alourdir le texte. J'ai traduit moi-même les citations tirées des ouvrages et articles en langue anglaise; je me considère responsable de toute erreur de traduction, de fait ou d'interprétation.*

## CHAPITRE 1

1. Zhang et autres, dir., *The Tiananmen Papers. The Chinese Leadership's Decision to Use Force Against Their Own People – In Their Own Words.* – 2. Béja, *À la recherche d'une ombre chinoise. Le mouvement pour la démocratie en Chine (1919-2004)*, p. 73. – 3. *Ibid.*, p. 243. – 4. *Ibid.*, p. 244. – 5. Calhoun, *Neither Gods nor Emperors. Students And The Struggle For Democracy in China*, p. 269.

## CHAPITRE 2

1. Lary, *China's Republic*, p. 42. – 2. Fenby, *The Penguin History of Modern China. The Fall and Rise of a Great Power, 1850-2008*, p. 120-121. – 3. Sur la vie et l'œuvre de Sun Yat-sen, voir Bergère, *Sun Yat-sen.* – 4. Joël Thoraval, «L'appropriation du concept de "liberté" à la fin des Qing – en partant de l'interprétation de Kant par Liang Qichao», dans Delmas-Marty et Will, *La Chine et la démocratie*, p. 219. – 5. Nathan, *Chinese Democracy*, p. 63. – 6. Béja, p. 17. – 7. L'expression est d'Anne Cheng, «Des germes de démocratie dans la tradition confucéenne», dans Delmas-Marty et Will, *La Chine et la démocratie*, p. 83-107. – 8. Fenby, p. 35. – 9. *Ibid.*, p. 46. – 10. *Ibid.*, p. 136. – 11. *Ibid.* p. 147-148. – 12. *Ibid.*, p. 213.

## CHAPITRE 3

1. Michel Bonnin, «Servante, épouvantail ou déesse : la démocratie dans le discours du pouvoir et dans celui de la dissidence en Chine», dans Delmas-Marty et Will, *La Chine et la démocratie*, p. 499. – 2. Fenby, p. 305. – 3. *Ibid.*, p. 311. – 4. Bonnin, p. 497. – 5. *Ibid.*, p. 496. – 6. Fenby, p. 330. – 7. Bonnin, p. 499. – 8. Fenby, p. 360. – 9. Bonnin, p. 501. – 10. *Ibid.*, p. 502.

CHAPITRE 4

1. Spence, *The Search For Modern China*, p. 663. – 2. Wei, *The Courage to Stand Alone. Letters from Prison and Other Writings*, p. 238. – 3. Fenby, p. 537-538. – 4. Wei, p. 204. – 5. *Ibid.*, p. 208. – 6. Fenby, p. 544. – 7. Spence, p. 664. – 8. Nathan, p. 34. – 9. Wei, p. 224. – 10. *Ibid.*, p. 136-142.

CHAPITRE 5

1. Salisbury, *The New Emperors. China in the Era of Mao and Deng*, p. 30. – 2. Fenby, p. 521. – 3. Nathan, p. 37-38. – 4. *Ibid.*, p. 101. – 5. *Ibid.*, p. 128. – 6. Zhao D., *The Power of Tiananmen. State-Society Relations and the 1989 Beijing Student Movement*, p. 126. – 7. Calhoun, p. 14. – 8. *Ibid.*, p. 16. – 9. Fenby, p. 574. – 10. Zhao Z., *Prisoner of the State*, p. 256. – 11. *Ibid.*, p. 257. – 12. *Ibid.*, p. 258. – 13. *Ibid.*, p. 259. – 14. *Ibid.*, p. 260. – 15. *Ibid.*, p. 250-251. – 16. *Ibid.*, p. 17.

CHAPITRE 6

1. Calhoun, p. 49. – 2. Zhao D., p. 85-86. – 3. Zhang, p. 12. – 4. *Ibid.*, p. 16-17. – 5. Calhoun, p. 34. – 6. *Ibid.*, p. 29-30. – 7. Fenby, p. 584. – 8. Calhoun, p. 30-31. – 9. *Ibid.*, p. 36. – 10. Zhang, p. 26. – 11. Zhao D., p. 148. – 12. Zhang, p. 26-32. – 13. Calhoun, p. 39. – 14. Zhang, p. 38-39. – 15. *Ibid.*, p. 46. – 16. *Ibid.*, p. 50. – 17. *Ibid.*, p. 53. – 18. *Ibid.*, p. 73. – 19. Fenby, p. 598. – 20. Zhang, p. 72. – 21. *Ibid.*, p. 107. – 22. *Ibid.*, p. 107. – 23. Fenby, p. 607. – 24. Zhang, p. 166. – 25. Fenby, p. 606. – 26. Zhang, p. 189-190. – 27. Calhoun, p. 81. – 28. *Ibid.*, p. 77. – 29. Zhang, p. 265. – 30. *Ibid.*, p. 358. – 31. *Ibid.*, p. 362.

CHAPITRE 7

1. Zhang, p. 430. – 2. Fenby, p. 641. – 3. Zhang, p. 313.

CHAPITRE 8

1. Pour un bon survol de l'impact de l'internet en Chine, voir le livre de Pierre Haski, *Internet et la Chine*. – 2. Yu Keping, *Democracy is a Good Thing. Essays on Politics, Society, and Culture in Contemporary China*. – 3. Nathan, « China's Political Trajectory: What are the Chinese Saying? », dans Li Cheng, dir., *China's Changing Political Landscape. Prospects for Democracy*, p. 29. – 4. Le livre blanc est accessible sur plusieurs sites internet, dont celui du *Quotidien du peuple*: www. chinadaily.com.cn/english/doc/200510/19content_486206.htm – 5. DeLisle, « Legalization Without Democratization in China under Hu Jintao », dans Li Cheng, dir., *China's Changing Political Landscape. Prospects for Democracy*, p. 197. – 6. Shambaugh, *China's Communist Party. Atrophy and Adaptation*, p. 119-120.

ÉPILOGUE

1. Voir notamment l'enquête de l'universitaire américaine Kellee S. Tsai auprès de trois cents entrepreneurs et cadres chinois, *Capitalism Without Democracy. The Private Sector in Contemporary China.* Une enquête plus récente auprès de deux mille entrepreneurs chinois révèle qu'une forte majorité d'entre eux rejettent l'idée d'élections multipartites en Chine : Jie Chen et Bruce Dickson, *Allies of the State : China's Private Entrepreneurs and Democratic Change.* – 2. Perry et Goldman, dir., *Grassroots Political Reform in Contemporary China,* p. 2. Voir également Gunter Schubert, « La démocratie peut-elle coexister avec le parti unique ? Pour une appréciation nuancée des élections villageoises et cantonales en Chine », dans Delmas-Marty et Will, *op. cit.* p. 713-733, – 3. Shambaugh, p. 52. – 4. Yang Yao, « The End of the Beijing Consensus », *Foreign Affairs,* 2 février 2010. – 5. Pei, « Will the Chinese Communist Party Survive the Crisis ? », *Foreign Affairs,* 12 mars 2009. – 6. L'expression est du sinologue américain Andrew Nathan. – 7. Pei, *op. cit.,* p. 15. – 8. Voir Larry Diamond, « The Democratic Rollback. The Resurgence of the Predatory State », *Foreign Affairs,* vol. 87, n° 2, mars/avril 2008, p. 36-48. – 9. L'expression est de Yuan Zhiming, jeune philosophe qui a dû quitter la Chine après Tiananmen. Zhang, p. 522.

# Liste de dissidents et de figures politiques

## Bao Tong
Bras droit de Zhao Ziyang et responsable du comité des réformes politiques institué par Deng Xiaoping. Considéré comme trop proche des leaders étudiants, il est limogé en 1989 et condamné à sept ans de prison. Depuis sa libération, il vit assigné à résidence à Pékin.

## Chai Ling
Dirigeante de l'aile radicale du mouvement étudiant, elle est surnommée la Jeanne d'Arc de Tiananmen. Dans les jours qui suivent le massacre, elle fuit à Pékin et réussit à gagner Hong Kong dans la cale d'un bateau. Elle vit à Boston où elle dirige une entreprise de placements étudiants.

## Chen Zeming
Intellectuel et réformateur chinois, collègue et cofondateur avec Wang Juntao du premier Institut de recherche politique indépendant en Chine. Emprisonné pour son soutien aux étudiants, il vit à Pékin où, depuis sa libération, il milite toujours pour les réformes politiques.

## Deng Xiaoping
Vétéran de la Grande Marche et de la révolution communiste. Évincé par Mao lors de la Révolution culturelle, il est réhabilité à la mort de celui-ci et dirige la Chine jusqu'au début des années 1990. Instigateur du virage économique chinois des années 1980, Deng lance une réflexion sur les réformes politiques. En 1989, peu disposé à accepter les demandes des étudiants, il ordonne aux soldats d'écraser le mouvement de protestation de la place Tiananmen.

## Hu Jia
Défenseur des victimes chinoises du sang contaminé. Premier militant chinois condamné à la prison pour ses activités sur internet.

## Hu Jintao
Président et secrétaire général du Parti communiste depuis 2002. Nommé par Deng Xiaoping. Ingénieur de formation, technocrate, on lui doit les concepts de société harmonieuse et

de développement scientifique pour justifier le monopole du Parti communiste sur le pouvoir et écarter toute demande de réforme démocratique.

## Hu Yaobang

Secrétaire général du Parti communiste et partisan des réformes démocratiques au sein du leadership chinois. Limogé par l'aile conservatrice du bureau politique en 1987. Sa mort, en 1989, déclenche le mouvement de protestation sur la place Tiananmen.

## Jiang Zemin

Secrétaire général du Parti communiste dans la foulée de la crise de Tiananmen. Conservateur modéré, il consolide les réformes économiques de Deng Xiaoping et autorise l'adhésion des gens d'affaires au Parti communiste.

## Li Peng

Premier ministre et partisan de la ligne dure contre les étudiants en 1989. Responsable de la loi martiale qui va mener à la répression du mouvement de protestation. Connu en Chine comme le «boucher de Tiananmen».

## Liu Xiaobo

Universitaire et critique littéraire qui a négocié le départ des leaders étudiants de la place Tiananmen. Emprisonné dans la foulée de la crise de Tiananmen, il continue de militer pour les réformes politiques à sa libération. Condamné à nouveau à la prison en 2009 pour avoir lancé la Charte 08 réclamant des élections libres, il reçoit, en 2010, le prix Nobel de la paix.

## Mao Tsé-toung

Père de la révolution communiste chinoise. Dirigeant suprême de la Chine de 1949 jusqu'à sa mort en 1976. Dictateur dont les purges et les politiques ont causé la mort de dizaines de millions de Chinois.

## Sun Yat-sen

Révolutionnaire et réformateur chinois. Fondateur du parti Kuomintang et premier président de la République chinoise en 1912. Considéré comme le père de la Chine moderne.

## Tchang Kaï-chek

Disciple de Sun Yat-sen, chef des forces nationalistes, ce militaire de carrière unifie la Chine sous son régime autoritaire dans les années 1920. Écorché par l'invasion des armées japonaises, il perd le pouvoir au profit de Mao et de sa révolution communiste. Défait, il fuit à Taiwan où il établit un gouvernement parallèle à celui de Pékin.

## Wang Dan

Leader emblématique et chef de l'aile modérée du mouvement étudiant de Tiananmen. Arrêté à Pékin après quelques semaines de fuite, il est condamné à une lourde peine de prison. En 1997, il est exilé aux États-Unis. Il vit et enseigne actuellement à Taiwan.

## Wang Juntao

Intellectuel et réformateur chinois. Conseiller des leaders étudiants du mouvement de Tiananmen, il est considéré comme l'une des « mains noires » derrière le mouvement de protestation et condamné à une lourde peine de prison. Exilé aux États-Unis en 1994, il travaille à New York dans le milieu universitaire.

## Wei Jingsheng

Ancien garde rouge devenu militant politique. Grande vedette du mouvement du Mur de la démocratie en 1978, il est reconnu coupable de trahison et emprisonné à deux reprises avant d'être exilé aux États-Unis. Il vit à Washington où il dirige une fondation vouée à la démocratie en Chine.

## Wen Jiabao

Premier ministre depuis 2003. Surnommé Grand-Papa Wen, il est considéré comme le visage humain du régime communiste. Survivant politique virtuose, il échappe à la purge qui emporte son ancien patron Zhao Ziyang dans la foulée de la crise de Tiananmen.

## Xi Xinping

Successeur pressenti du président Hu Jintao. Fils d'un héros communiste, il est considéré comme l'un des représentants de la génération des princes héritiers de la révolution communiste. Il a gravi patiemment les échelons du pouvoir et se situe dans la lignée de la pensée du parti. On ne s'attend pas à ce qu'il instaure des changements radicaux.

## Zhao Ziyang

Premier ministre puis secrétaire général du Parti communiste. Mène le mouvement pour les réformes politiques jusqu'à son limogeage à la veille du massacre de Tiananmen. Tenu responsable de l'agitation étudiante, il est assigné à résidence jusqu'à sa mort en 2005.

# REMERCIEMENTS

Je tiens à remercier mon éditeur, Pierre Filion. Il a cru en ce projet, a su le soutenir et le mener à bon port, jusqu'à ce que le livre trouve sa cohérence sans dériver dans des eaux académiques. Je tiens également à saluer l'engagement de la maison d'édition Leméac envers les ouvrages qui portent sur les idées.

Je suis, encore une fois, redevable à mon épouse Anne et à mes fils d'avoir toléré un mari et un père qui travaillait « sur un autre livre ». Leur ouverture d'esprit et leur sens de l'aventure ont fait de notre séjour en Chine une période inoubliable de notre vie. Nous en sommes sortis plus soudés et enrichis. La Chine est en train de vivre l'une des transformations les plus spectaculaires de l'Histoire. Les Chinois s'accommodent de ces transformations avec un flegme et une ténacité dont seraient capables peu d'autres peuples. Je suis reconnaissant à tous les Chinois qui m'ont ouvert leur porte sans demander quoi que ce soit en retour et qui ont partagé un moment de leur vie avec moi. Malheureusement, se confier à un journaliste étranger en Chine comporte encore aujourd'hui parfois des risques. Leur générosité n'en est que plus louable.

Je tiens enfin à remercier le Conseil des arts du Canada pour sa subvention de recherche. Sans cette aide, ce projet n'aurait jamais pu voir le jour.

# TABLE

OUVRAGE RÉALISÉ PAR
LUC JACQUES, TYPOGRAPHE
ACHEVÉ D'IMPRIMER
EN AOÛT 2011
SUR LES PRESSES
DE MARQUIS IMPRIMEUR
POUR LE COMPTE DE
LEMÉAC ÉDITEUR, MONTRÉAL

DÉPÔT LÉGAL
1re ÉDITION : 3e TRIMESTRE 2011
(ÉD. 01 / IMP. 01)